U0054123

兩岸關係概論

On Cross-Taiwan Strait Relations

----石之瑜----

序

目前關於兩岸關係的學術著作很多，基本上有兩種寫法。最流行的一種是以討論政策主張、意識形態、交流互動爲主；這種著作大量採用報刊資料的片段章節爲佐證。另一種寫法是套用社會科學框架，把兩岸關係當成是抽象理論的一個個案分析；這種著作喜歡援引英語世界的文獻作爲寫作指南。這兩種寫法各有優劣，但有幾個鮮爲人所注意到的共通前提。首先，他們對外在行爲的重視，都超過對內在動機的體會；其次，他們對兩岸關係的強調，都超過對兩岸各自內部發展的觀察；再其次，他們對現實條件的關注，都超過對歷史脈絡的整理；最後，他們對未來的規劃都避而不談。

現在這本書有幾個特點，可以彌補上述文獻的不足：

一、我們對於兩岸內部的政經發展、黨政關係、社會結構如何影響兩岸關係，與它們如何受兩岸關係影響，作了全面的介紹。

二、兩岸領導階層的性格、心態、決策文化，與社會整體的精神狀態，都在書中深入分析，從而爲兩岸關係研究增添一些人味兒。

三、我們還提供了一個大事紀年，一組網路資源，一套中、英文相關的書目，和二十餘個國內、外的文件。這些文件精挑細選，特別刪除了一些冗長無意義的官方贅語（如兩岸各自發表的政策白皮書）。

四、尤其值得一提的,是書中最後一部分文字,對兩岸關係未來的發展,勾勒出某些具體的制度規劃,使得本書在時間角度上,有了完整的交待,不會因爲二十一世紀的來臨遭到淘汰。

感謝翁如賢、姚源明、李鳳玉、王憶萱、左正東、陳炳臨幫忙蒐集資料、校對、整理文稿。也謝謝楊開煌、高朗、王業立、周陽山、朱浤源、吳安家、邵宗海、翁松燃、王曉波、呂學海、朱堅章、陳儀深、黃競涓、張亞中、曹治洲、高國鼎、王良能、張良任在不同場合,對個別篇章所提供這樣或那樣的意見與協助。家人的朝夕相處使出版腳步加快許多,爸爸、媽媽的狀況逐漸穩定,兩個孩子倒是花樣百出,討人喜歡,皆聽內人主持大計,裡外兼修,掌握軍心。最佩服葉忠賢對出版事業的傻勁與拼勁,不然這本書根本起不了頭,問不了世。現在就希望讀者諸君能參加在一起,共同來了解、實踐兩岸關係。

石之瑜

目　錄

前言╱基層分權制╱人事與財政╱選舉提名委員制╱務
實外交問題╱統一談判方向

第1章　認識兩岸折衝背景

第1節　多重文明的脈絡

前言

　　當前觀察台灣海峽兩岸關係的視野，有三種高度。在第一種視野裡，兩岸問題的關鍵，是要說服彼岸接受自己關於主權的立場。所以大陸上嘗有人主張，台灣只能是中華人民共和國的一省；①相對地，台北則有人鼓吹，中華民國和中華人民共和國是兩個主權獨立的政治實體。②在第二種視野裡，兩岸問題的癥結，是如何透過中國整體的改革與發展，恢復中國人在世界上的地位。因此大陸方面有人相信，只要大陸發展起來了，就不存在台灣要脫離中國的問題了；③而台北方面也有人指出，只要中共能進行轉變，消弭兩岸之間在制度與生活上的差異，中國的統一，就會水到渠成。④

　　第三種視野，不同於第一種視野裡的主權訴求，也不同於第二種視野裡的民族振興呼籲，而認為兩岸衝突的表象，來自於人們對台灣在人類文明史上角色的忽略。台灣是中、西兩大文明交匯之地，又兼具了日本經驗，成為當今世界上主要的文化橋樑之一。不論是用主權的觀念，或民族主義的立場，都可能造成不同文明背景的人之間，產生相互猜疑，使人難以欣賞

台灣特殊的多重文化淵源，厥爲兩岸關係的深層結構。⑤若能培養出一種人類文明的宏觀氣度，則排外氣氛強烈的主權訴求，與征服氣氛濃厚的民族主義呼籲，都可以獲得舒緩。

中國人的主權觀

十九世紀下半葉，西洋文明挾其鉅大的物質生產力，對講求誠意正心的中華文化造成無比的衝擊。中國文化這種與自然一體的靜態歷史，擋不住西洋文明那種急功近利的洋槍大砲。中國知識份子的天下爲公理想，與其中的天人合一哲學，更難教化西洋科學家人定勝天的驕傲。在道統不能再放諸四海皆準的時代裡，中國人只好去學西洋泊來的主權觀，用人爲的國界，圈出一塊看似客觀的地理空間，宣稱自己佔有它，藉以作爲排斥洋人的理由。⑥

在中國傳統的觀念裡，割地賠款不是什麼主權問題，而是維繫天朝制度的便宜措施。不過，中西大通之後，中國人學會了在西洋國家觀裡看事情的角度，也開始覺得自己不如人，權利受侵犯。爲了恢復中國起碼的尊嚴，至少要能與西洋國家平起平坐，而主權這個觀念，剛好可以用來鼓吹國家與國家的平等。表面上，過去儒家用來嚴防夷夏的禮儀規範，失去了重要性，天子的臣民變成了國家的公民，然而實際上，人們心裡所想的，其實還是一股以中國爲中心，必欲排斥白種人帝國主義而後已的立場。⑦這是中國王道文化隱晦不彰的時期。

無獨有偶，中國人這種情緒，也在日本人身上找到。日本與中國在應付西方文明挑戰時的反應不同。經歷了兩百年鎖國時期的日本封建社會，並無天下至尊的虛矯，反而靠著綿密的

社會尊卑秩序，醞釀出要保衛天皇的命運共同體意志，這與中
國社會兩千年的鬆散結構相較，自然不可同日而語。⑧經過了
明治維新，日本掙扎著要做一個現代意義的西方國家，先是想
學西方一樣，在東方找個殖民地即朝鮮，後來因而與中國一戰，
造成了深遠的影響：

1. 日本發現中國積弊不振，對於黃種人文明的墮弱，深感
   不安，興起要改造中國之心；
2. 在擊敗中國之後，日本原先取得了遼東半島，後來因為
   西方國家干涉，而不得不將半島交還中國。日本人由此
   逐漸體會出，原來西方國家從未把日本看成西方的陣
   營。一旦日本企圖成為西方世界一員的夢醒了，則轉而
   強化了日本作為東方領袖，對抗白種人的信念；
3. 中國將台灣割讓給日本，從而使得台灣成為中國人反日
   情緒的歷史起點，也讓日本人證明自己有能力，可以改
   造中國社會。

可是，畢竟日本的成功，與其反抗白種人的熱烈情緒，使
得在中國進行革命運動的人，不少對日本心嚮往之。⑨近代中
國的體制內改革派，與體制外革命領袖，均一再前往日本尋求
協助。中國和日本似乎是天然的盟友，這也是中日兩國均有人
鼓吹大亞洲主義的重要原因。嚴格說來，中國人啟用主權觀念
或提倡大亞洲主義的深層動機，都是要反抗白種人，振興民族。
可是，主權和大亞洲主義是相互衝突的兩個觀念，中、日兩國
之間還要談論主權的話，無異傷害了大亞洲主義的情感。⑩

在日本國內高漲的軍國主義氣焰看來，積弊的中國似乎唯
有靠日本來鞭策。當一九〇五年日俄戰爭結束，日本發現自己

擊敗了一個半西方國家之後，中、日之間的關係趨於緊張。日
本爲了建構一個大東亞共榮圈，不容許中國在大亞洲主義旗幟
之下談主權。大亞洲主義突然成了中國民族主義的負擔。在猶
疑之間，日本不斷地擴張在中國的殖民行動，一再激起反日的
愛國運動，卻反而使得日本更加驚懼，感到征服中國刻不容緩，
從而揭開了八年中日戰爭的序幕，中國在抗日戰爭取得了慘烈
的勝利，完成了中國作爲現代主權國家的追求過程。對中國人
而言，讓他們眞正體會主權涵義的，不再是白種帝國主義，而
是「反日」。

　　中、日兩國同文同種，使得單純以種族主義爲內涵的國家
觀，不能處理日本的挑戰，這就決定了，中國的主權觀是以反
日作爲歷史起點。這一點，至今是中共領導人理解兩岸關係的
重要參考依據。如果不凸顯主權，中共無法說明，自己爲何不
接受可以更有效動員反白種人的大亞洲主義，與日本的領導地
位。於是，不僅主權成了中國人振興民族的工具，振興民族也
成了主權的內涵。對中共而言，反日的主權，與民族主義，已
經成了二而一的現象。⑪

　　中國人的日本經驗並非全國一致。日本在台灣的殖民嚴苛
威猛，除了從生活細節著手改造，也在殖民後期進行皇民化運
動，皇民家庭必供奉日本的天照大神，焚毀中國家庭的祖宗牌
位，徹底從心做起。⑫更重要的，是在二次大戰期間效忠皇軍的
台籍日兵，也與受到日本教育影響的人一樣，對「支那」抱著
卑視的態度，在戰後復員之後，起著不可忽視的社會效應。當
日本將台灣歸還給中國之後，兩種不同的生活習慣與文化觀
點，不協調地並存了。⑬一方面，是接受過日本教育的台灣人，

對中國的「不衛生」有反感，視爲落後；另一方面，則有來自
大陸的傲慢，對在台灣的日本臣民不屑。當國軍來台、國府亡
命時，經歷南京大屠殺的政權，與曾效忠天皇的前日本殖民地，
不得不相處在一起，學習相容與共存。

兩岸的冷戰經驗

　　國、共內戰與世界範圍之內的冷戰相結合，使得美國與蘇
聯之間的集團抗爭，各自吸納了因爲內戰而分裂的中國雙方。
意識形態的鬥爭，強化兩岸在觀念與立場上的差異，淡化了在
文化上的共通性，益加使得台灣往西方陣營所熟悉的政治經濟
體制靠近。雙方隔海的政治權力鬥爭，則使得資源不足的台灣，
不得不仰賴以美國爲首的西方陣營，作爲安全的後盾。

　　美國對台灣在二次大戰之後的影響是多方面的。⑭早期的
看法是，這個影響是軍事的與政治的，但後見之明顯示，美國
的重要性，同時也是文化的與道德的。政治上，台灣依賴美國
而能暫時維持在國際上的地位；軍事上則接受美援。隨著台灣
經濟的成長，對美貿易成了台灣的重要命脈，這就鼓勵了台灣
人對美國文化進一步的欣賞與學習，台灣開始以美國的角度來
理解自己的政治經濟發展，採用了美國熟悉的價值觀。

　　事實上，斯時執政的中國國民黨所奉行的三民主義，相當
程度地汲取了西方文明的精華，故在中國分裂之後，仍能繼續
在觀念上與美國主流的政治經濟主張相互銜接。毋庸置言，國
民黨來台初期，籠罩在淪亡的恐懼之中，其統治手段非常，與
官方宣傳的民權標準不符之處頗多，從而爲熟稔西方民主實踐
的國內、外人士，提供了批判的對象。⑮八〇年代以來在台灣內

部進行的政治改革，相當程度是在以美國為主的西方制度，作
為模仿對象。

美國泊至台灣的價值觀念，透過台灣赴美留學人數的激增
而源源不絕，除了政治上的民主與人權觀念，是大家耳熟能詳
的，經濟上的市場與自由經濟觀念，以及社會上的環保主張，
都先後從美國輸至。⑯於是台灣逐漸通過美國考驗，成為美國經
驗在世界各地的模範，不僅經濟上迅速成長，且終能推動和平
的政治變遷，採納了民主化的一些制度框架。

中國大陸對美國的態度迥然不同。首先是在一九五〇年開
始，中共與以美國為主的聯合國部隊，進行了長達三年的韓戰，
從此開始了三十年不輟的批美宣傳。⑰一九五八年，中共發動八
二三砲戰，要求國民黨基於民族主義，不要仰賴美國第七艦隊。
⑱在文化大革命期間，美國與蘇聯同時遭到中共猛烈的批判。⑲
一九七四年，中共正式在聯合國大會上提出三個世界理論，指
責美國是霸權。⑳到了蘇聯陣營崩解之後，美國已確定是九〇年
代唯一的世界霸權。矛盾的是，自中國分裂三十餘年來，中國
對美國的批判止於口頭，而實則從不拒斥與美國謀求關係的改
善，因而展現出的，是危機感很低的一種對抗。這在八〇年代
之後已發生演變。

過去美國帝國主義的表現，主要是在台灣問題方面。此所
以當美國總統尼克森在一九七二年訪問大陸，簽訂了《上海公
報》，與一九七九年雙方發佈了《建交公報》，重點都是台灣
問題與反霸兩點，㉑並不發生所謂帝國主義對中國進行新的圖
謀。然而在八〇年代改革開放開始之後，中國人對美國長期以
來友好，迅速恢復。尤有甚者，美國的立場與人權觀念大量傳

入,受到知識界一定程度的關注與重視,在這個文化接觸之下,引發了帝國主義謀我日亟的恐懼,以為和平演變中共政權的媒介無孔不入。㉒

接受了西方人權觀點的台灣,則在九〇年代開始重新檢討歷史案件,為過去主張台獨的人翻案。自日本,尤其是美國,返台的台灣獨立運動領袖,合法地在台灣推動台獨,擔任民選的公職。固然美國概念中的人權理念有所起步,但在中共眼裡,過去帝國主義企圖分裂中國的陰謀,益為真實,而且是配合著和平演變的大戰略,選在中國人對世界開放的關頭,意圖宰制中國。㉓所以,台灣自詡的美式民主化,雖然沒有改變中國人傳統的政治文化,卻是已讓中共重新正視,是否美國帝國主義要分裂中國。

多重文明

台灣地處中國文明的前緣,受日本殖民經驗的洗禮,又最早接觸反映西洋個人主義的政治經濟制度,不可能用單純的民族主義、主權、生命共同體等主張任意範定。所以,中共提出「一國兩制」主張的前提,即大多數台灣人均接受以中國為主體的民族主義,與台北當局提出的「生命共同體」口號的假設,即台灣兩千一百萬人的福祉,應與大陸十二億人民的未來有根本分歧,兩者均非中庸的歷史命題。

依照「一國兩制」的主張,中國統一之後維持兩岸現狀,誰也不吃掉誰,故大陸與台灣可以井水不犯河水。㉔這個主張,徹底否定台灣所處的中、西文明交匯地位,對於全體中國人可以有積極意義。起初,中共或許認為,一國兩制可以結束中國

因內戰造成的分裂，也是它作為內戰勝利者的宣告，既體現了它對戰敗者的寬厚與憐惜，也間接否決了美、日帝國主義對台灣獨立的鼓動。但統治台灣的國民黨努力地促進本土化，並無意願再逐鹿中原，㉕使得彼岸關於結束內戰的思考，在此岸失去了意義，一國兩制也難對國民黨有所吸引。

今天，中共假設台灣的人一心只想維持現狀，故堅持用一國兩制這種旨在維持現狀的方式，來進行統一的遊說工作，殊不知此一設計，恰好使中國的分裂取得了制度的基礎，也阻止了有豐富日本與西方經驗的台灣人，對中國文化的演進作出貢獻，使他們不能和中國人共同思索，該如何包容西洋的科學觀，緩和其中的霸氣。如果台灣與中國只能統一在名義之下，則台灣人民唯一的選擇，是做一個不能刺激中國進步的假中國人，而且因為自己的日、美經驗，成為中國範圍內被歧視的一群。這種不完整的中國人的定位，等於是說台灣人好逸惡勞，苟且偷生，反而強化他們的分離感，與異化他們的中國意識。簡言之，目前的一國兩制主張，只能作為對台灣的日本經驗與西洋文明的反動，對台灣人民歷史責任的蔑視，與對中國人懼外仇日情結的妥協，實係排外心理下的畸形產物。

同理，九〇年代以來，台北當局愛不釋手的、含有濃厚日本風味的「生命共同體」理念，㉖仍是催化彼岸猜忌，分殊島內人心的重要關鍵。所謂生命共同體或主權在民的理論（後者則是西洋宗教戰爭的產物），㉗都主張以佔據一塊地理空間，來作為一切統治正當性的來源。這些觀點中，台灣與大陸的血緣聯繫不具備任何政治意義，當然就震撼了將台灣視為是反日、反帝一份子的中國民族主義者。就像當年中國人藉著反日來建立

中國主權，今日台北官方，也難免要藉一些反華詞藻，㉘來建立台灣的主權，重蹈了近代史上，人們因爲親日、反日形成認知盲點的覆轍。

既然共同體強調的，是對一塊地理空間的佔領與區隔，則台灣內部許多出生地不在台灣的人（即未受過日本教育的社群），自然就成爲共同體的潛在威脅，他們的文化背景，則成了台灣內部社會歧視的根源。此何以島內省籍意識的爆發，乃是鼓吹共同體意識的必然效果，也是西洋文明強調主權疆界，而中國文化重視跨疆界的天下一家，兩者交相磨擦下具體而微的、具有台灣特色的文明衝突產物。㉙這項文明衝突壓迫到每一個人：因支援大陸希望工程被指爲資匪的人；因配偶赴大陸實行一國兩妻而無以爲對的人；因宣揚西方教義遭中共黨官毆打的人；因從事民運被通緝但台灣拒予庇護而遭強制遣返的人等。

台灣的定位

台灣的人應該說明，文明交匯的經驗如何豐富了中國文化，這是中國人欣賞西洋文明的契機，也是西洋文明尊重中華文化的起點。台灣人具有得天獨厚的歷史條件，既能超越西方式的主權思考，又能喚起自己文化深層中，那股普遍關懷的天下一家情操。在這種澄清之下，台灣人民在兩岸關係上的作爲，自當以發揚人性爲出發點，培養所有中國人互助成長的寬廣領域，與包容關懷的生命實踐，以求超越狹隘的地域主權，爲中華文化與西洋文明的交匯，提供一座橋樑，創造條件。㉚只要能發揚人性，超越主權，就可以使統一與獨立的紛爭不再咄咄逼

人，使中華文化的傳承者，能爲人類文明相融而努力。

註 釋

①過去北京一直避免將「一個中國」具體指涉爲「中華人民共和國」，在一九九三年首屆亞太經合會上，台北代表提出了「以一個中國爲指向的現階段兩個中國」政策，作爲對抗北京的「一個中國」主張，當時北京的代表爲國家主席江澤民，首度表示一個中國即中華人民共和國，而台灣是中華人民共和國的一個省。至一九九七年下半年之後，北京爲了推動兩岸談判，又重新強調，一個中國不必指中華人民共和國，其內涵不須深究，目的是使台北免於擔心自己成爲中華人民共和國的地方政府。

②九〇年代初，台北只主張將兩岸看成一個中國之內的兩個對等政治實體，到一九九六年之後，台北官方已接受「現階段的兩個中國」政策，李登輝總統並公開呼籲北京承認中華民國具有獨立的主權。詳見本書第三章第一節。

③季崇威，〈總論〉，輯於季崇威（編），《中國大陸與港澳台地區經濟合作前景》（北京：人民日報出版社，1996），頁1-38。

④參見郭哲，〈民生主義應在兩岸展現光輝〉，輯於財團法人逸仙文教基金會（編），《海峽兩岸中山先生思想學術研討會輯要》（台北：財團法人逸仙文教基金會，民84），頁454-481。

⑤這種深層結構或稱之爲後殖民主義的遺緒，參見丘貴芬，〈是後殖民，不是後現代〉《中外文學》23，11（1995）：141-147。

⑥關於主權觀的來源，參考R. B. J. Walker, *Inside/Outside: International Relations as Political Theory* (Cambridge: Cambridge University Press, 1993).

⑦關於民初革命領袖的種族主義傾向歸納,參見朱法源,《同盟會的革命理論》(台北:中央研究院近代史研究所,民84)。

⑧中、日兩國民族主義的派生,及後來與激進共產主義的分合,決定了東亞兩條迥異的發展路徑,參見Germaine A. Houston, *The State, Identity, and the National Question in China and Japan* (Princeton: Princeton University Press, 1994);有關書評,可見《台海兩岸》春 (1995,3):146-148。

⑨在甲午之戰後,大量中國留學生前往日本,日本對於中國革命不乏熱心同情之人士,如同盟會即在日本成立,革命領袖如孫中山、宋教仁等皆留日,因此而造成中、日兩國領導彼此之間的錯誤期待,見萬憲等,《中國百年外交風雲錄(中)》(瀋陽:瀋陽出版社,1995),頁822-825。

⑩關於大亞洲主義引起的愛恨情仇,可參見John Hunter Boyle, *China and Japan at War, 1937-1945* (Stanford: Stanford University Press, 1972); Marius Jansen, *Japan and China from War to Peace, 1894-1972* (Chicago: Rand McNally College Publishing, 1975).

⑪中國人至今慣稱日本人為「日本人」,而有別於「外國人」,可見「國」對中國人來說不是「主權」觀念,而另有「種族」概念在內,見Chin-yu Shih, "Defining Japan," *International Journal* L (Summer 1995):539-563.

⑫見李筱峯,〈二二八事件前的文化衝突〉《思與言》29,4(民80):185-213;胡佛,〈行政院「二二八事件」研究報告意見書〉;蔡錦堂,〈日據末期台灣人宗教信仰變遷:以「家庭正廳改善運動」為中心〉《思與言》29,4(民80):115-154。

⑬這方面當有許多討論,例見徐宗懋,《日本情結》(台北:天下,民

86) ；及其《台灣人論》（台北：時報，民82）。

⑭舉凡政治、外交、經貿、文化諸方面，無不受美國影響，參見陳一新，
　《斷交後的中美關係》（台北：五南，民84）。

⑮早期台灣的反對運動訴求是回歸憲法，與一般要求變更憲政秩序的革
　命大不相同，見石之瑜，《兩岸關係的深層結構》（台北：永然，民
　81），第三章。

⑯早期的美援，美軍駐台，與美國參謀，到後來全方位的留美教育，使得
　台灣在各領域中的管理與技術，都深受美國體制之影響，而台灣的新聞
　媒體大量由美國傳播界發掘題材，教育界由美國大學畢業生中網羅人
　材，均決定了台灣只能成為美國價值的接收者，而難以發展屬於本土的
　術語或價值。

⑰參見《偉大的抗美援朝運動》（台北：中國書局，1954）。

⑱見《中華人民共和國對外關係文件集，1958》（台北：世界知識，
　1959），頁175-178。

⑲參見《匪俄鬥爭原始資料彙編》（台北：國際關係研究中心，民68-民
　71）。

⑳當時的代表是鄧小平。三個世界理論是統一戰線的實踐，因為三個世界
　的區分不是依照意識形態（美、蘇同在第一世界）、經濟發展（日本在
　第二世界而蘇聯在第一世界）、國力大小（瑞典在第二世界，中國在第
　三世界）等標準，可見所謂三個世界是以中國為中心，與中國關係上沒
　有牴觸的，或牴觸小的，就在第三世界，牴觸最大的在第一世界，是世
　界革命的敵人。

㉑參見Winberg Chai and Wou Wei (eds.), *Chinese Mainland and Ta-
　iwan* (Taipei: Asia and World Institute, 1995), pp. 255-260, 262.

㉒典型之例，見華原，《痛史明鑒》（北京：北京出版社，1991），幾乎

北京八〇年代末期所有文化與知識沙龍的名人，都成了和平演變的棋子。

㉓例見宋強、張藏藏、喬邊，《中國可以說不》（台北：中國工商聯合出版社，1996）。

㉔北京訴求的重點是，海峽兩岸「誰也不吃掉誰」，台北則寄望雙方能在「民主、自由、均富」的制度之下統一。見中央台辦的談話，輯於姜殿銘（編），《台灣一九九一》（北京：中國友誼出版社，1992），頁414。

㉕參見《建立中華民族的新時代》（台北：中央文物供應社，民81），頁158-160；另見黃主文，《一個分裂的中國》（桃園：世紀出版社，民81）。

㉖參見新華社評論員，〈鼓吹「生命共同體」製造分離意識〉《人民日報》（1995.8.5）。

㉗參見Phillippe C. Schmitter, "Dangers and Dilemmas of Democracy," *Journal of Democracy* 5, 2 (April 1994).

㉘故又謂中國是封建、落後的，見李登輝總統就職演說，（民85.5.20）。

㉙見石之瑜，《後現代的國家認同》（台北：世界，民84）。

㉚在答覆記者詢問時，李總統說：這塊土地上匯聚著來自大陸各地、海外以及本土的眾多菁英人才……已經逐漸孕育出一種嶄新的文化新機；加上台灣地理位置的特點，更成為大陸文化與海洋文化交會激盪最佳場所。在多元文化長期而充分的輻輳整合下，使台灣……成為中國文化的「新中原」……對中國大陸正面臨的文明更新困境，注入新的激素與活力。參考李登輝，《經營大台灣》（台北：遠流，民85），頁181-182。

第2節　全球價值的省思

前言

在討論兩岸關係的時候，人們會遇到一些耳熟能詳的口號，如民主、自由、主體性、人權等。①這些口號反映的，是西方社會演進過程中，人們曾經歷過的一些深刻哲學反思，從而得出了關乎生命價值與認同的種種主張，現在卻已經藉由無所不在的媒體傳播，與多層次的文化交流，成了世界各地人們都能朗朗上口的常識。由於這些口號，反映的是西方物質文明在擴張與演化，不見得能爲成長於不同文化經驗的人，所共同體會。②所以，一方面，人們有了共通性的世界價值語言；但另一方面，又分別依據自己的生活經驗，實踐出在內涵上未必一致的意義，這是吾人在兩岸關係中鼓吹這些價值時，不得不愼的原因。

從台灣的角度來理解，則大陸上的改革開放，與八〇年代末以來，東歐與蘇聯的社會主義政權的瓦解一樣，都是印證了世界潮流，莫之能禦的現象，從而預期大陸將和台灣步向同一民主化與自由化的歷程。③但是對大陸而言，這種想法，剛好反映了西方帝國主義和平演變中共社會主義政權的臆想，故而迫使大陸官方不得不從事各種和平防變措施。④這種大陸終將民主化的信念，隱含的是一個西方文藝復興以來，長久不變的假設，即人們要以個體的身分，主動地向外在世界表達自己，影響環境，從而完成自我實現。然而，西方內部已興起了另一

股自我批判的潮流，反省上述所謂的世界價值體系所蘊藏的壓迫性。⑤這些反省，提供了在台灣的人從事自省的一個新視角，或可藉之澄清自己在兩岸關係中定位。

對流行價值的檢討

　　國際上的民主潮流並未遵循著西方的經驗。事實上，西方經驗的本身，也不具備一致性。民主制度愈來愈難以規範愛國主義、種族主義、各類原教主義。這些與民主實踐未必相容的情感，表現在包括南非、南斯拉夫、美國等文明背景迥異的地區。簡言之，人們透過民主程序所要表達的，只是自己關於國家、宗教、族群、階級、性別等方面的一些認同。當這些認同之間出現歧異時，民主制度不能提供解答，這個現實可概稱之為民主異化。⑥

　　在台灣，雖然近年來民主選舉不輟，然而完全依照個體意願參與決策、影響立法的例子並不多見。不僅一般公民如此，就是民意代表也不例外。他們並不將主要的心力，投注在立法程序上，而多花時間於關說或作秀方面。可見，民主參選的程序，只是在選出一些將來可以進行關說的媒人，以致於選票本身可以買賣，出現了廣泛的賄選現象。⑦因此，台灣的民主發展的特色，不是決策過程的公開，而是政策執行的過程中，受到了更多方面的參與壓力。人們不關切立法的原則是否有利於自己，只關心立法原則在用到自己身上的時候，能透過關說，取得有利的結果。這與大陸上近年實施政治改革後，所產生的效果類似。新的經理階層在遭遇難題時，所運用的政治資源，不是人民代表大會，而是關係。⑧政治改革只是創造了更多的

關說管道。

這種中國式的政治文化，有其產生的背景。中國文化中集體主義與道德倫理的因素極重要，在愛國、民族大義、天下為公之類的口號或期許之下，鮮有人能明目張膽地在公眾場合主張自己的利益，⑨這就迫使人們必須在幕後進行關說、利益交換，才能達成自己的目的。⑩民主化的結果，是使得民意代表取得了當眾詰難政府官員、控制政府預算的機會，其實也就是強化了民意代表進行關說的能力。

其次，關於世界經濟邁向市場化與自由化的印象，也應該有所保留。資本主義企業雖然主張自由流通，但具體的個案，在在顯示出，保護主義或任何能用以區隔市場、壟斷資源的手段，向來為企業所歡迎，也是使大企業益富、小企業益加依賴的不二法門。世界經濟趨勢中正出現兩股潮流，一個是整合的潮流，貿易聯盟與關稅區紛紛出現，大企業一方面取得更大的市場，另一方面則摒除了貿易區之外的其它大企業，前來從事商業競爭。另一個是分割的趨勢，亦即是各個關稅聯盟彼此之間如何對應的問題。

台灣的自由化政策，並未跳脫這種以自由化為名，但卻不見得對所有人有利的特色。有的人鼓吹華人經濟圈，⑪希望藉由民族主義的動員，來擴大華人企業的市場規模，其中當然就是以日本企業作為競爭的潛在對手。相對於此，則有人認為台灣的企業最好根留台灣，⑫其它人甚至提出類似重商主義的概念，主張培養民族資本家。⑬大陸上對於全面自由化的想法當然不能接受，因為聽來像是要放棄社會主義。⑭不過，在語言上，仍然採用了有相同效果，但意識形態色彩較淡的說法，如個人

化或股份化。然而，在未來市場上具有主導位置的，仍然是國有大、中型企業。這些國有企業中的一定比例，仍然不能適應市場，羈絆著改革，似乎是市場化必須最先改造的對象。⑮可是，起著絕對領先作用、高科技、跨國投資的其它一些大企業，則又是全國經濟仰賴的重鎮。不僅市場的穩定可以透過它們來間接維持，國家的利稅收入，也靠它們支應。這就使得市場化與個人化的吸引力，有所降低。

　　無論是在西方，或在兩岸，大企業的政治力量頗為令人側目，不僅因為它們手邊資源豐裕，僱工數量龐大，可以減輕社會福利的壓力，而且更因為它們隨時可以提供政治人物較勁所需的財力，而不得不成為政治的焦點。⑯世界市場自由化的趨勢，只可能是有條件、有限度的自由化，而且往往擴大了優勢地區、優勢部門、優勢企業的領先差距。其結果，兩岸之間的經貿互通，多半是少數人先蒙其利。

　　西方世界內在的省思指出，民主化與自由化主張背後的假設，是人與人的平等。但在實際生活之中，人與人並不平等，所以平等的主張，掩飾了人對人的剝削。而且，平等的假象，容許少數有資源的人，藉著自由與民主的口號，造成全球資源的耗竭，與環境的破壞，因此充其量只是西方的一種文明霸權。尤有甚者，西方文明霸權所尊奉的個人主義，忽略了人與人之間的連帶關係與情感依附；⑰其所信仰的國家主義，更忽略了世界人類所共通面臨的跨國問題。⑱民主化與自由化的潮流，充其量是讓人們在政治場合或市場競爭中，暫時忘卻自己的情感歸屬與社會群性，但每逢關鍵的衝突時刻，仍然常常會回到對抗性強烈的原始認同上，只有在那個脫離了個人主義的人情脈

絡中，才能獲得心理的安定，並動員大量的支持。⑲

後兩岸關係

在上述西方的反省中，也可以看到發生在兩岸之間一些值得檢討的現象。民主化與自由化的若干徵候的確在兩岸都出現，一言以蔽之，即是個體自我意識的高漲。但不同於西方經驗者，乃在於中國人的自我意識，反映出了政治領導在道德號召上的隕落。在台灣，是本土政權的興起，徹底摧毀了數十年以反攻大陸為訴求的道德號召，打破了長久遵循的政治倫理；⑳在大陸，則是十年文化大革命的結束，揭穿了上層政治鬥爭的本來面目，造成信心與信仰的危機。㉑兩岸的發展，不約而同地使人們對道德口號疏離。結果是，台灣的政治領導人物與黑道、財團、派系緊密結合；大陸的黨官幹部貪污腐化，中央與地方、上級與企業之間爭奪財政權。兩岸的政治經濟改革，都造成上下交征利的現象，這是民主自由信徒必須三思者。

跨兩岸的交流則紛紛出現。兩岸在血緣、經濟、文化方面各自的主體性日漸模糊，㉒就是黑社會的走私、販毒、環境保育的災害都是跨兩岸的。唯一不能跨兩岸的，只剩下政治人物，他們因為對國家主權立場上解釋不同，始終處於對立的態勢。似乎在兩岸之間，也出現了在世界潮流中看到的雙元與多元並存現象。雙元指的是政治的對立，多元則指的是兩岸社會資源的整合與交流。這使得每一個生活在台灣與大陸的人，都面臨兩種壓力。一種是人們必須滿足以國家名義行使的政治壓力；另外一種，則是基於自己生活經驗，所可運用的社會資源誘導力量。這兩種壓力，常迫使人們必須在不同場合，輪流扮演不

相一致的角色。㉓

　　比如說，一個大陸沿海的國營企業廠長，可能透過各種管
道，企圖取得來自台灣的資本，與台灣商人進行合作；另一方
面，也可能在各種政治集會場合高喊愛國主義，要求台灣同胞
立即回歸祖國。但這兩個角色未必一致，因為，如果有一天兩
岸統一了，所可享有與台商貿易的優惠可能也隨之消失，但人
們忙於生活，不會有時間去顧慮這種潛在的衝突。又比如說，
一個台灣的商人，可能在政府進行務實外交，企圖向外擴張國
際生存空間的時候，做出某種程度的捐獻，甚至將一部分的資
本移向東南亞，配合政府的「南向」政策。但是他說不定又在
其它時間，把大部分的精力，都放在如何開拓大陸市場上。

　　對於兩岸政府而言，其本身可能也無法完全一致。比如說，
在經濟發展問題上，中央計劃委員或地區省市，很可能想儘量
吸引台資，一方面舒緩資金短缺的壓力，另一方面或可使他們
成為統一的助力。但中共又必須擔心，台商進入大陸使得精神
污染問題更嚴重，也造成區域主義更加盛行，同時提供了不肖
黨官截取不義之財，或台商將夕陽工業移轉大陸並剝削勞工的
情事。台灣方面也有矛盾情結，雖然希望能在大陸市場上，找
到台商在國際競爭力下降後，所失去的勞力密集部門商業機
會，但又擔心這麼做，會使台灣經濟對大陸過度依賴，部分台
商成為中共的同路人，造成政治上的不良後果。

　　當台北的經濟部門，鼓吹與大陸經濟往來的時候，往往會
利用一些政治上的口號，說要將台灣經驗傳播於大陸；而政治
部門在擔心台灣過度依賴大陸時，則會採用一些經濟的理由，
指大陸的投資環境很差，不如到國際上找尋新的投資管道。㉔政

府自我角色拿捏不準，因此而產生行為與政策的不一致，就表現在不同單位的不同立場之間。民間團體逐漸適應，在遇到自己政府的時候，講主權、生命共同體、國際化等口號；在與彼岸企業家討論問題的時候，卻只關切市場與利潤。這種每個人在時間與空間上被切割，必須輪流扮演不同角色的趨勢，完全符合世界各地的後現代潮流。㉕

大陸的改革，一方面是打破政治與經濟上的中央集權，但卻又保留了單位社會主義所有制，故企、事業單位的職工的住房、福利、退休、遷徙，甚至婚嫁、喪葬、教育，均由單位主持，政治改革雖然容許選舉時，採用差額制，增加競爭，但在提名過程中更加重視協商，使得立場偏激的候選人，不會脫穎而出。這種保留了區域特色與小集體認同的改革方案，與西方所習以為常的個體參與主張，頗有不同，其民主改革是集體主義風味濃厚的民主，㉖其市場改革則是封建主義氣息瀰漫的市場。㉗

由此看來，後兩岸關係時代即將降臨，以主權國家、個人民主、個人自由為號召的改革，不可能描繪出兩岸關係的全貌。講求多重認同、小集體認同、社區特色、跨國界、跨主權現象的發展，已開始主導兩岸關係。後兩岸關係，指的就是不以兩岸主權對立為前提的交流關係。在後兩岸關係中，政治領導既會憂心忡忡，擔心自己的主權界限被混淆，又會滿懷希望，但願有機會能證明自己的制度較優，可以改造對方，民主化與自由化與否反而不重要了。

危機與轉機

當前兩岸關係中有危機也有轉機。危機是兩岸的政治領導人，均仍習慣性地高舉主權或民族主義的旗幟，希望能在後現代的國際關係中，重新掌握資源。面對著各種新興的、自發的社團組織，兩岸政府又開始啟用一些道德性的、意識形態的口號，希望重新組合人們的思緒，鞏固逐漸模糊的政治認同。㉘這種作法，當然會使政治與後現代的潮流進一步疏遠，未始不會更加深政治人物的孤立感。這就促成兩岸彼此採用衝突性的政策，以能維持起碼的敵意，促使社會團體自覺必須繼續仰賴政治力量。於是，兩岸會將對方看成是自己社會失控的原因，彼此的對抗將因而加深。

兩岸之間也有一些轉機，既然目前兩岸的各種交流，已建立起了自我遵循的邏輯，不完全受到政治事件的左右，則藉由資源的互換，人們可以擴大生活實踐的空間，對彼此的成長經驗作出實質的貢獻，進而珍惜在情感上的相互依附，則兩岸敵意賴以維持的社會基礎就不存在了。㉙後冷戰時期的民主化與自由化潮流，有一些迷思的成分，過去阻擋著西方價值的共產集團固然崩潰了，但卻不代表著民主自由價值就可以取得普世皆準的內涵，兩岸之間的交流，不需要是違反民主或自由主張的，但這些交流所孕育的後兩岸關係氣氛，則未必是與民主化及自由化相銜接的趨勢，因此，有必要釐清一下，世界潮流中什麼樣的價值體系，可以與後兩岸關係配合。

後現代潮流中，有基於宗教愛心的、環境保護的、兩性倫理的等。在政治上則有反對主權戰爭的和平運動，強調地球的

不可分割性。這種想法與民主自由學說不同，不承認人類歷史
會步著西方的足跡，單線演進，而看到了壓迫性強烈的民族主
義及文明霸權。㉚多數後現代作家因此多對人的理性持著不信
任的態度。事實上，後現代訴求本身也有時表現得壓迫性十足。
以環境保育為例，兩岸同時面臨著國際環保組織制裁的壓力。
後現代團體往往運用冷戰式的制裁手法，對主權國家進行懲
罰，希望他們推動後現代的環保價值。㉛這個過程當然充滿了矛
盾，但兩岸政府彼此在主權問題上的衝突，不容許在這些方面
彼此同情，攜手合作。而後現代團體的制裁手段，不能照顧到
後現代價值尚未在兩岸生根，故在基本上仍是西方文明產物的
事實，使得環保組織，多少也繼承了西方文明霸權的風格，這
也是後現代團體始料未及的。

　　總而言之，民主化和自由化的價值，與後現代人的兩岸多
重認同，多層次交流現象同時存在著，再加上中國自己承襲的
集體主義文化，與近年來政治道德隕落的趨勢，使得兩岸所面
臨的價值混沌十分類似。在這個前提之下，任何簡單的、線性
的價值宣告，恐怕都不能起著主導的作用。兩岸關係首須承認
的，就是中國人對集體認同的需要，和對集體道德的反彈，兩
者是矛盾而真實地共同存在，這一個現象，則確實與後現代潮
流相符。

註　釋

①例見金耀基，《兩岸中國民主的反思》（台北：天下，民79）；陳其
　　南，《公民國家意識與台灣政治發展》（台北：允晨，1992）。
②參見Lily Ling, "Democratization under Internationalization: Media

Reconstructions of Gender Identity in Shanghai," *Democratization* 3, 2 (1996); Chih-yu Shih, "Public Voter Private Citizens: The Meaning of Election for Chinese Peasants", in C. P. Lin(ed.), *PRC Tomorrow* (Kaohsiung: Sun Yatsen University, 1996), pp. 146-164.

③中央文工會（編），《建立中華民族的新時代》（台北：中央文物供應社，民81），頁293-294。

④關於和平防變的宣傳，在一九九〇與一九九一兩年之間達到最高潮，主要是受到西方國家在八九天安門民運之後，進行對中共制裁的局勢所影響。參見莊漢隆、陽敏，《西方「和平演變」戰略史話》（北京：長征，1991）。

⑤最犀利的批判指出，非西方國家在世界潮流下，已經徹底喪失了表達西方術語之外的社會價值，見G. G. Spivak, "Can the Subaltern Speak？" in C. Nelson and L. Grossberg (eds.), *Marxism and Interpretation of Culture* (Chicago: University of Illinois Press, 1988)；又參見A. Sweedler and J. Scott (eds.), *Border Regions in Functional Transition* (Berlin: Institute of Regional Development, IRS, 1996).

⑥民主異化現象的提出，見石之瑜、李念祖，《實踐兩岸關係》（台北：正中，民83），頁82-87；詳細的分析，見張麟徵，〈台灣政治發展與統獨爭議〉，發表於「前瞻與回顧──團結自強學術研討會」，台北（民87.1.4）。

⑦關於賄選，屏東地方法院法官曾在民國八十六年作出一項判例，認係吾國固有之文化，而予以受賄選起訴人不起訴之處分，執政黨國民黨亦因爲賄選不堪其擾，而推動將賄選普遍存在的鄉鎮長選舉取消，擬改由官派，即令鄉鎮長爲該黨固有之動員管道，亦在所不惜，足見其問題之嚴重。

⑧參見Margaret Pearson, *Joint Ventures in the People's Republic of China* (Princeton: Princeton University Press, 1991).

⑨參見Richard Solomon, *Chinese Political Negotiating Style: 1967-1984* (Santa Monica: Rand, 1995).

⑩見Lucian Pye, *The Dynamics of Chinese Politics* (Cambridge：Oelgeschlager, Gunn & Hain, 1981); 黃光國〈人情與面子：中國人的權力遊戲〉，輯於李亦園、楊國樞、文崇一（編），《現代化與中國化論集》（台北：桂冠，民74）。

⑪參見台灣研究會（編）《大陸與台港澳的經濟關係與合作》。（北京：中國友誼出版公司，1991）；侯家駒，《經濟統一論》（台北：聯經，民79）。

⑫台商赴大陸投資，人們擔心使台灣資本流失。有人因此主張南向，以分散風險；有人則主張改善台灣投資環境，以留住資本；有人進一步擔心台商受到大陸政治壓力，變成不利於台灣的紅頂商人。但南向不能回答「根留台灣」的問題。事實上，多數台商採「台灣接單、大陸出貨」，實不發生根留台灣的問題，且台灣的貿易順差，大量仰賴大陸台商自台灣進口零件至大陸。故上述種種質疑，並非持平之論，見〈國家發展會議〉關於兩岸關係部分的多數結論。

⑬所謂重商主義，在大陸政策方面所指者，就是以國家的力量來推動對外商務交往，並將商業利益視作國家利益，因此重視全盤規劃，在兩岸的特殊時空中，又特別是以大陸為對象，以整合台灣政經勢力，配合國際政經潮流，切割中國大陸為內涵，例見張瑞猛等，〈鄧後之大陸變局與台灣之角色〉，發表於「中國大陸未來變局與台灣因應之道研討會」，台北（民80.5.20）；蕭全政，〈國民主義：台灣地區威權體制的政經轉型〉《政治科學論叢》2（民80.5）。

⑭自一九九五年至一九九七年，一共出現四份〈萬言書〉流傳於北京，其中第一份出現於九五年末，首先探討者，即所有制問題，見〈影響我國國家安全的若干因素〉，輯於石柳子（編）《北京地下「萬言書」》（香港：明鏡，1997）。

⑮中共前副總理朱鎔基因爲整頓經濟而樹立敵人，但事實證明他宏觀調控成功，在執意退休下爲中共勸回，於一九九八年續任爲國務院總理，發下宏願，要在三年內整頓國有企業。一九九七年中共十五大召開，進一步釐清國有企業改革之思路，重提大陸目前仍處在「社會主義初級階級」，並正式將股份制提上黨的議程。較早關於國企改革的思路，參見曹鳳岐，《中國企業股份制的理論與實踐》（北京：企業管理出版社，1989）。

⑯著名於世的首都鋼鐵廠領導周冠五，即因涉入其子周北方的官倒案，而遭撤職查辦，連帶影響北京政界之動盪，事發於一九九五年二月。

⑰來自西方內部的自我批判，已經汗牛充棟，例見Carol Gilligan, *In A Different Voice* (Cambridge: Harvard University Press, 1982); Jean Bethke Elshtain, "Sovereignty, Identity, Sacrifice," *Social Research* 58, 3 (Fall 1991); Joan Toronto, "Beyond Gender Difference to a Theory of Care," *Signs*, 2, 4 (1987): 644-663.

⑱見V. Spike Peterson，*Glbhal Gender Issues: Dilemmas in World Politics* (Boulder: Westview, 1993); Betty A. Reardon, *Women and Peace: Feminist Visions of Global Security* (Albany: State University of New York Press, 1993).

⑲關於個人主義與人情關係的複雜現象，參見石之瑜，《中國文化與中國的民》（台北：風雲論壇，民86），第二章。

⑳參見黃光國，《民粹亡台論》（台北：商周，民85）。

㉑所以，凡是受到生產大躍進所造成災害愈烈之處，改革進行得愈快，蓋
當地共產主義信用已不再具有道德之拘束力，見Dali Yang, *Calamity
and Reform in China* (Stanford: Stanford University Press, 1996).

㉒對於兩岸關係當中所出現的一些後現代跡象，主體性模糊，思路多門的
分析，參考羅曉南，《當代中國文化轉型與認同》（台北：生智，
1997）。

㉓在大陸，國家與社會不是能夠清楚兩分的概念，一個人必然同時扮演國
家與社會雙重角色，西方觀察家以社會如何控制國家，或國家如何穿透
社會爲研究命題，偏頗多矣，參考林琳文，《後社會主義中國》（台
北：生智，民86）；石之瑜，《中國大陸的國家與社會》（台北：五
南，民83）。

㉔此之謂「南向」政策，鼓勵商人往東南亞，但因文化與經濟條件不佳，
雖有民間響應，並不踴躍，加上九七年東南亞金融風暴，幣值鉅貶，若
干曾配合南向之廠商在東南亞之資產大量縮水，使九八年後的南向政
策成效依然受限。關於「南向」作爲分散赴大陸投資熱，亦爲大陸所認
知，見劉映仙，〈1995年海峽兩岸經貿關係綜述〉，輯於姜殿銘
（編），《台灣一九九五》（北京：九洲圖書，1996），頁14-25；至
於較早要求投資大陸降溫的説話，可參見《工商時報》（民81，10，
31）之報導。

㉕參見李英明，《中國大陸學》（台北：揚智文化，民84）。

㉖參見Chih-yu Shih, "A Massline Approach to Chinese Political
Reform," *Peace and Conflict*, 3, 4 (1997): 353-371.

㉗因爲市場中的企業仍然具有家父長制之下全面照顧的功能，鄉鎮企業
尤其負有發展地方的責任，參見John Wong, Rong Ma and Mu Yang
(eds.) *China's Entrepreneurs: Ten Case Studies* (Singapore: Times

Academic Press, 1995); Chih-yu Shih, "Chinese Managers' Motivation for Investment," *China Information* 7, 2 (Autumn 1992).

㉘在台北，這種口號包括「生命共同體」、「兩千一百萬人」、「鞏固領導中心」、「超越悲情」等，參見黃主文，《向歷史負責》（桃園：世紀出版社，民86）；在大陸則窮鄉僻壤、大街小巷都掛著要求「團結」的標語，對象則是以江澤民為核心的領導班子。

㉙參見石之瑜，《人性與中國主權》（台北：世界，民84）。

㉚經典之作為Edward Said, *Culture and Imperialism*(New York: Vintage Books, 1991).

㉛此可名之為環保帝國主義，人們對於自己社會過度開發產生的疏離，不能在所處的社會進行改革，而寄望於正在全力開發的非西方世界能有所警惕，但非西方社會對帝國主義、殖民主義記憶猶新，力求振興而不顧環保，於是環保人士挾前帝國勢力強制執行。參考John Pierce et.al., *Citizens, Political Communication and Interest Groups* (Westport: Praeger 1992); P. K. Scarce, *Eco-warriors* (Chicago: Noble Press, 1990).

第3節　國際政治的現實

前言

　　許多人關心兩岸關係，可是不知道應該將兩岸關係看成是國際關係，還是國內關係，這不是一個學術問題，而是一個政治問題。故凡是主張台灣應該在中國範圍之外獨立建國的人，或認爲兩岸是中國之內兩個分裂的主權體的人，便會傾向於用國際政治的角度，分析兩岸關係。①在政治立場上不傾向於台灣獨立的人，多數基本上也主張兩岸處於分裂分治的狀態，故不能用國內關係來理解兩岸關係，所以在一定程度上，尚能接受國際政治的分析角度。②相對於此，中共方面則視兩岸關係爲一種暫時狀態，因爲強烈主張統一，故不贊成用國際政治的角度處理兩岸關係，恐怕國際的角度，會產生一種不良效果，即容許兩岸分裂的現狀，在觀念上被固定下來，使分裂的中國，不會往統一的方向發展。③所以，中共希望能用一種動態的眼光，觀察中國結束分裂的過程中，有哪些助力與阻力。④

　　在中共的觀點中，其實仍然隱含了重要的國際政治因素，只不過國際分析的焦點不同。對中共而言，國際政治是用來理解美、日兩國如何介入中國內政，將中國因爲國民黨與共產黨內戰而分裂的現實，透過國際干預，而將之固定下來。⑤依照北京的立場，台灣各界的人用國際政治學來分析兩岸關係，這種作法的本身就是美、日國際干預中國的結果，使得台灣的人，在認知上只會用美、日的角度看中國問題，也因而間接、但深

刻地影響兩岸關係的定位。仔細比較，中共的國際政治分析對
象──中國與美、日的關係，與台灣的國際政治分析對象──台
灣與中國的關係，其實都增加誇大了對抗性，忽略了社會性。

國際政治的盲點

　　國際政治學的發展，受到冷戰的影響至鉅，主要的著眼點，
是國家與國家之間的對抗，故人們相信在國際間最重要的事，
就是保衛國家安全。⑥這種國際政治學，是為了因應美、蘇的
冷戰而興起，但在後冷戰時期來臨之後，仍影響著人們對於政
治現實的理解角度。⑦後冷戰的特色，是人與人之間的往來，
不再受國家主權疆界所限制，因此用國家主權之間絕對互斥的
政治分析，無法掌握政治的本質。⑧然而，國際政治學的主流，
不會因為冷戰結束就離開工作崗位，這就保證，冷戰式的分析，
會與後冷戰的國際交流，不協調地共存在一起。⑨

　　當台灣用國際政治學的觀點來看待兩岸關係時，必須先假
設兩岸是兩個互斥的主權體，如此才能進一步分析，兩岸分別
用什麼方法，在國際政治上合縱連橫，對抗彼此的威脅。⑩同
樣的道理，大陸所觀察者，是美、日如何以台灣作為國際戰略
棋盤上的棋子，對付中國。⑪為了彰顯以地理疆界為主要內涵的
主權，台灣不得不思考，是否可以用美、日兩個與台灣關係最
密切的國際強權，來突破中共對台灣在國際政治上的封鎖。⑫而
中共便一定要想辦法，使得美、日兩國的力量，被排除在中國
的主權範圍之外。⑬不論是台灣或大陸，在作上述思考時，有一
個共通的假設，即當政治領導以國家的名義分配資源，行使外
交國防政策時，在主權疆界之內的人具有共通性，而在主權疆

界之外的人，與在主權疆界之內的人，他們彼此之間的利益，一定具有相互衝突性。⑭這點值得三思。

由於國際政治是站在互斥與對抗的角度，來理解國家主權之間的互動，就自然忽略了跨主權的通性，也誇大了主權之內的人的共通性。比如說，在台灣之內有資本家與勞動者的差異，也有性別、省籍、職業、宗教方面的不一致，誰能決定，台灣勞動者與大陸勞動者之間的共通性，與台灣和大陸之間的主權對抗性，哪一個比較重要。⑮只能說，強調主權的效果，是壓抑了兩岸內部各自存在的差異性，鼓吹了兩岸之間的差異性，其結果，當然有利於兩岸內部各自具有優勢的人，使他們能將社會利益分配的不公平加以掩飾，引導人們將注意力集中在兩岸之間的衝突上。

故以主權為國家安全考量的基礎，常使得安全的保障更困難，只能算是狹隘的安全觀。⑯因為，若北京將大陸對抗美、日軍事威脅的國防措設強化，就會使台灣的人受到威脅。當台灣的人為了強化自己的主權保障，購買潛艇、戰鬥機、坦克時，又讓中共感到西方的勢力已經深入台灣，圖謀使中國永久分裂，所以中共益加謹慎，必須從事更多的軍事演習，並且絕不肯放棄在台灣海峽使用武力的權利，從而深化了台灣各界的危機。在這個相互威脅的過程中，愈來愈多的資源被用來製造經濟效益低的武器，影響社會福利方面的支出能力。⑰

有人認為，對國家安全概念的質疑，會影響到國家安全。⑱然而，如何去比較兩岸用於防止環境污染所得的效益，和用於閒置的國防體系的效益呢？何況，國際政治的對抗，只能鞏固強化既有的敵意，造成愈來愈多的敵意。以大陸沿海漁民竭澤

而漁的作法為例，造成大陸沿海漁產的危機，偶遇魚群，大陸漁船必而群起追逐，至進入台灣海峽各海防領域而不自知，這種行為，被台灣一再解釋成軍事刺探，或是動員漁民包圍外島，形成衝突自所難免。⑲故國家安全的狹隘觀點，促成了威脅無所不在的危機感，也使兩岸關係中的政治面，難以有所突破。

兩岸關係中的敵意

以主權為主要考量的國際政治具有強烈的排他性，使人常常產生一種印象，以為秩序與真理只存在於主權範圍之內，出了主權，就是混亂無政府的恐怖狀態。⑳台灣媒體經常報導大陸社會的落後與犯罪猖獗，這些報導雖然具有真實性，但其顯著性卻缺乏比較，故鮮有人會覺得台灣的官商勾結，與大陸的官倒腐化具有一樣的危險性，綁架殺人，與大陸的車匪路霸一樣恐怖。同理，大陸過去也傾向相信，只有與美、日帝國主義勾結，台獨運動才有發展，換言之，當台獨運動與主權外的干預銜接後，就顯得特別可怕。

上述的秩序感，造成大家對主權之外的人、事都採不信任的態度，甚至有卑視的心態，故台灣的人覺得大陸什麼都落後，於是又發展成了強烈的自保傾向，此何以台灣一再強調，兩岸之間的任何決定，必須首先考慮到兩千一百萬人的福祉；㉑而大陸則不斷重申，在改革開放過程中，要重視國情，從現實出發，保留中國特色。㉒中國文化中的集體主義在此貢獻良多，為加強同舟一命的感覺，台灣特別在面對大陸時，提醒人民都培養出生命共同體的感覺；㉓而大陸則在面對美、日等國時，以振興民族、恢復文化作為自我提醒的口號。

　　內在的眞理與外在的混亂是主權觀的一體兩面，自然容易
孕育出保守的自衛心態。國際政治的基本假設，就是別人具有
侵略性，自己則是守勢，且所有自己可能的擴張，都是站在守
勢的立場進行的。過去，台灣的政策是反攻大陸，所以從來沒
有在政治上鼓吹主權的概念。民國八十年代以來，台灣終止了
動員戡亂時期，將兩岸關係定位成兩個政治實體之間的關係，
如此一來，台灣就採取了守勢。的確，站在一個已經民主化、
自由化的立場看，台灣相信自己已經發展到歷史的下一階段，
當然沒有必要與舊的中原文化發生衝突，破壞自己的成就。此
所以台灣的立場，從一個看似自不量力，非要推翻共產政權不
可的反共復興基地，一轉而爲要求大陸放棄武力的自保政策。
㉔主權觀念的凸顯，不可不謂爲關鍵。

　　自視爲眞理代表的心態，也促成中共在外交上採取守勢，
強調和平。八〇年代末期，中共提出了國際政治新秩序的看法。
㉕除了一再表達和平共處的外交方針外，也是在重覆反對外國
干預中國內政的立場。這些姿態，將過去中共大喊世界革命、
鄉村包圍城市的造反外交，一改而成爲守勢的、現狀的國際戰
略。配合著對外的守勢，中共對於內部的異議，也益加不能忍
耐。外在的弱勢與內在的高姿態常是共生的，致反和平演變的
教育宣傳，與反精神污染的政治鬥爭不輟。可以看出，在中共
以和平與發展爲基調的大方針之下，旣然它把台灣問題定位成
中國內部的問題，就表示在台灣問題上中共不採取守勢，反台
獨成爲對外搞和平與發展的先決條件，不受和平與發展的總方
向所限制。

主權觀下的大陸政策

台北方面依據國際政治主權原則而制定的大陸政策，可以有強化台灣主權感覺的作用。大陸政策的層面有三，國內的、兩岸的，與國際的，在在都反映了台灣建立一個排他主權的努力。

在國內的政策方面，台灣進行了憲法修正的工作，使得台北領導人，不必再在中華民國法統的脈絡裡，非要與中共對抗不可。這個作法引起爭議，有人認為脫離法統，就是走向獨立建國；[26]但也有人相信，唯有重新有一部憲法，才能在面對大陸時，以一個新的政治實體身分，與之折衝。[27]與修憲相配合的，是建立由公民直選產生的總統制，並且淡化中原意識。基本上，這些國內的調整，都是在使兩岸之間的互動，從國、共兩黨內戰的歷史中脫離，而成為兩個主權之間，近似國際政治的互動模式。

在兩岸的政策方面，台北強調在兩岸經貿的交流方面要週期性的降溫，[28]以免台灣過度依賴大陸，這基本上反映了國際政治的要求，即一個主權體必須在一定程度上自給自足，或分散風險。如果國際政治處於集團對抗或國家對抗時，則尤其不能依賴敵人。這種將大陸視為敵對國家的作法，並不能說服從事實際經貿交流的人，去敵視大陸。畢竟，只有用主權的名義觀察兩岸關係的時候，才會有強烈的願望，將大陸看成台灣的敵人。在表達對大陸的不信任時，台北拒絕在沒有官方名義的場合裡，與大陸從事政策協商。[29]這一方面表示，台北官方不願與中共往來，另一方面也使台北覺得安全。其前提，當然就是大

陸是個落後的地方,少接觸最好。除非,大陸也肯向台北承認
大陸一樣,認可台北是個獨立於大陸之外的對等實體,只有如
此,才可以緩和台灣的主權者心中所擔憂者,即被那個落後外
來者侵犯的恐懼。

　　在國際政策方面,主權成了台北的目的,而非手段。因為,
主權原本是用來排他,如此才能保護自己國內的資源,今天,
台灣卻付出了大量的經貿資源,希望交換國際社會對台北主權
地位的承認。㉚這個心態,說明了為什麼台北要將兩岸事務國際
化。兩岸關係的國際化可以有三個效果:使兩岸關係成為和國
際關係一樣,從而產生對人具有威脅性的混亂無政府感覺;其
次,說明了在兩岸關係中建立主權實體的重要性;最後,台北
特別擅於引用西方的人權、市場與民主等觀念來表達自己在世
界價值體系中,居於較大陸而言相對先進的位置。也正是如此,
台北覺得在國際政治的架構之下,自己才較有可能是站在多數
或優勢的一方。㉛

　　雖然,在政策上可以分成國內、兩岸,與國際三個層面,
但其實都是環繞著主權的建立在打轉,也就是在把兩岸關係當
成國際關係來處理。國際政治的本質,無非是依據地理空間的
區隔,劃分內外,在內部的是一國。問題是,既然市場、資本、
觀光客都是跨國界的,則凸顯主權的結果,只能有助於敵意的
強化,而無助於人與人之間透過交流,發展出相互同情與諒解
的觀點。大陸政策中的主權前提,決定了我們心中的大陸,必
須是落後的與威脅的,這不利於兩岸關係的發展,使台灣的人
夾在交流與排斥之間,不能有所掌握,殊為可惜。

主權與民族主義

在國際政治中，向外侵略或擴張的人，鮮有用主權作為口號的，因為主權是用來排外的說法。擴張性行動的理由，通常是民族主義、意識形態、市場或宗教的。過去兩岸關係具有強烈的衝突性，是雙方都採納了民族主義與意識形態的觀點。㉜對國際政治學而言，這些可以成為擴張性行動藉口的說法，都違反了國際政治的規範，因為它們破壞了主權現狀，使得國際政治賴以運作的基礎——即國家，成為了模糊的對象。如台灣就是以共產主義違反中國文化傳統，作為反攻大陸政策的說明，而大陸則是明白地以反帝國主義要求台灣回歸，故兩岸關係在二次大戰後的三十年間，從來不屬於國際範疇。

在八〇年代以後，中共繼續以民族主義作為兩岸關係的基本前提，所以當然不承認兩岸問題是國際政治。不過，台灣提出的分裂分治、政治實體等主張就顯然是不符合中共的民族主義立場。首先，民族主義有著歷史傳承的意涵，是個時間觀念，而主權則是對一塊特定地理疆界的佔領，故是一個空間的概念。時間的概念是演進的，而空間的概念是靜滯的，其間在哲學上的意涵不可不察。主權既為空間的概念，則主權無所謂歷史進步性，亦即成了主權者的人們，已經進入歷史發展的最先進階段，故無須再擔心民族的生、老、病、死。此何以台北領導階層宣稱自己已經走進歷史的開端，㉝也就是從民族、法統、中原等歷史文化概念中超越，進入了歷史發展的最高階段。

在這個最高階段裡，人們不再受到民族認同所宰制，而是一個個理性的自由意志主體，故也是為什麼又有人稱這個階段

是歷史的終結，㉞蓋人類將不再因為民族、宗教的歸屬而殺戮，故歷史在此結束了。這個說法，對於認為自己民族受盡欺凌的人而言，當然具有震撼，怎麼自己歷史的創痛尚未平撫，中華民族尚未振興，就有人要把過去因為帝國主義而受壓迫的人，和民族的血淚一筆勾消，宣稱自己是一個沒有歷史的新人類呢？故此一以主權為唯一訴求的說法，使得自認為民族猶待統一的中共，感到威脅十足。㉟更重要的，是將民族主義看成了國際政治中的落後現象，使得民族一統的工作，失去了正當性。這是為什麼主權或類似的政治實體、法律管轄權與生命共同體等排外主張，反而使得兩岸關係有時激化成一個情感的問題。

兩岸關係非國際化

　　無疑的，兩岸關係必須視現存國際政治為一項重要變數，但身為兩岸交流的主體，中共與台北均不適合將兩岸關係完全放在國際政治的角度來理解，無論其國際的焦點，指的是美、日兩國，或中共。國際政治使人用對抗與衝突的觀點處理兩岸關係；不當地將劃在主權之外的地方，看成是落後無秩序的；耗費許多資源在維持兩岸的敵意；甚至對歷史發展的歷程作了早熟的定位。尤其值得自我提醒者，是國際政治誇大了主權內外的差異性，忽視了主權之內的差異性，可見兩岸關係的發展，顯然就不應該完全放在國際政治的架構裡思考。

註　釋

①將兩岸關係看成國際關係，則台灣就在觀念上取得了獨立於中國之外的身分，從而彌補了國際法上不承認台灣主權地位所造成的心理遺

憾,例見張旭成、沙特拉(編),《如果中共跨過台灣海峽》(台北:允晨,民84)。

②例見包宗和,《台海兩岸互動的理論與政策面向,1950-1989》(台北:三民,民79)。

③參見國務院台灣辦公室副主任唐樹備在紐約接受僑報(1994.9.16)之訪問。

④中共海協會董事長汪道涵特別指出,「一個中國」不是指中華民國,也不是指中華人民共和國,而是指未來一個統一的中國,是「現在進行式」,這個看法與「國統綱領」略有重疊,依照國統綱領,一個中國也是指未來統一的中國,但兩岸分裂現狀若不先相互承認,則不可往統一的方向發展,故不是汪道涵所說的「現在進行式」,參見姜殿銘(編),《台灣一九九五》(北京:九洲圖書,1996),頁526。

⑤例見郭相知、張彩琴,〈國共關係近四十年之演變探討〉《台灣研究》2(1988);劉國奮,〈台日關係的發展及其對兩岸關係的影響〉《台灣研究集刊》3(1992);張華蕉,〈維繫美台關係基本因素分析〉《台灣研究集刊》4(1991);王科華,〈評李潔明與李登輝的「新主權觀」〉《台灣研究》4(1991)。

⑥國家安全是大陸上反對改革開放的人,與台灣反對兩岸民間三通的人,所共同採用的政策理由,關於「國家安全」概念圖利於統治集團的分析,見V. Spike Peterson (ed.), *Feminist (Re)visions of International Relations* (Bouldor: Lynne Rienner, 1992); Cynthia Enloe, *Bananas, Beaches, and Bases* (Berkeley: University of California Press, 1990); 石之瑜,《女性主義的政治批判》(台北:正中,民83)。

⑦因此,所謂國家安全,是操作主權名義的人創作出來的,參見David

Campbell, *Writing Security* (Minneapolis: University of Minnesota Press, 1992).

⑧參見John Ruggie, "International Regimes, Transactions, and Change," *International Organization* 36 (1982); Robert Kechane, *Neo-realism and Its Critics* (New York: Columbia University Press, 1986).

⑨所以在政治領域中是兩極或單極的,在經濟領域裡成了多極的,見 James Rosenan, *Turbulence in Woild Politics* (Princeton: Princeton University Press, 1990).

⑩例見中央社 (民84.7.27) 電文關於李登輝總統在國民大會提出的〈國情報告〉,提到「外交處境雖然困難,我們還是要一步一步地走出去,既不自我設限,也不自我膨脹」。

⑪照中共的看法,台北決策者是「挾洋自重」,見姜殿銘,前引,頁404-408。

⑫例見Parris Chang, "Don't Dance to Beijing's Tune," *The China Journal* 36 (July 1996): 103-106.

⑬見姜殿銘,〈任人宰割的歷史絕不能重演〉《台灣研究》3 (1995) :1-2。

⑭「外交」一詞的前提是,進行外交的雙方有互斥的關係,所以才會需要用外交來調和,但調和的結果不能否定互斥的關係,所以每一次外交交涉,都創造一次互斥的氣氛,據此,是外交在製造主權,而不是主權在發動外交,見James Der Derian, *On Diplomacy* (Oxford: Blackwell, 1987).

⑮結果往往是主權者藉愛國主義之名,壟斷了勞工等弱勢階級的效忠,因此,發動對外的衝突,一向是鞏固領導中心最有效的方式,參見Melvin Gurtov and Byong-Moo Hwang, *China under Threat* (Baltimore:

John Hopkins University Press, 1980).

⑯故愈表示重視本國國家安全,就愈引起外在對象的猜忌,造成彼等加強防衛,從而又對本國形成升高的威脅,如此循環不息,謂之爲「安全困境」,見Robert Jervis, "Security Regimes," *International Organization* 36 (1982).

⑰參見Andrienne Harris and Ynestra King (eds.), *Rocking the Ship of State* (Boulder: Westview, 1989).

⑱雖然主觀上,質疑者無意於損及人們的利益,但客觀上難免成爲敵方的同路人,見吳新興,〈國內情勢對我國參與國際社會的限制與展望〉發表於「國際空間再突破之策略研討會」,台北 (民85.11.23.) 。

⑲葛敦華將軍於一九九五年在台北Lincoln Society早餐會上之演講有此分析 (Fishery of Taiwan and Scope for Cooperation and Potential Conflict with Nations in the Asia-Pacific Region), Taipei (1995.1.25) ;另參考謝仁和 (編) ,《我國漁民生計與兩岸關係》 (國家發展研究文教基金會,1996) 。

⑳參見Richard Ashley, "Living on Border Lines," in J. Der Derian and M. Shapiro (eds.), *International/Intertexnal Relations* (Lexington: Lexington Press, 1989).

㉑見黃主文,《解剖統獨》 (桃園,世紀出版社,民81) 。

㉒這些關於國情的討論與國情教育在九〇年代初期如雨後春筍,一直到一九九四年之後才緩和,例見彭承福,《國情國策概論》 (重慶:西南師範大學,1990) ;韓振鋒,《國情學》 (北京:中國國際廣播出版社,1991) 。

㉓「生命共同體」的提出,是希望不再堅持「漢賊不兩立」,不要「自我孤立」,以「尊嚴的走入國際社會」,參考李登輝總統 (民81.12.4.)

的談話,次日見於台北各報。

㉔參見行政院大陸委員會(編),《台海兩岸關係說明書》(台北:行政院大陸委員會,民83.7),台北特別受到「東西德對等相待、互惠交往與和平解決爭端的理性原則」所啓發。

㉕李鵬的政府工作報告海外版刊於《世界日報》(1990.3.22):19。

㉖見陳志奇,〈「制憲」等於「動亂」〉《台灣日報》(民80.8.27)。

㉗故有人認爲,在不被大陸承認的情況下,或在沒有敵我意識的情況下,不能開放人民的交流,否則是投降,見許宗力在國是會議的發言,見國是會議實錄編輯小組(編)《國是會議實錄》(台北),頁1035。

㉘造成「冷熱程度不一的持續交流」,參見邵宗海,《兩岸關係與兩岸對策》(台北:時報,民85),頁43-70。

㉙李總統在一九九七年訪問中美洲,行程中特別指示,中共必須先承認中華民國爲一個主權國家,兩岸才可進行政治談判。

㉚有人稱此爲「凱子外交」。但因花費過鉅,原本積極推動務實外交者,也開始考慮外交休兵,例見李登科,〈兩岸外交對抗互蒙其害〉《聯合晚報》(民86.9.3):2;關於外交休兵如何進行,參考王人傑,〈如何促使兩岸外交休戰之研究〉《國際關係學報》12(民86.10);石之瑜,《兩岸關係飛龍在天》(台北:世界,民84)。

㉛見陸委會之宣傳,前引,謂「共產主義已證明不爲人類接受」,而台灣「成功地實現了中國歷史上第一個富裕、尊重人權與法治的民主社會……迎向世界」。

㉜參考石之瑜,《人性與中國主權》(台北:世界,民84)。

㉝除了李總統宣告台灣進入了「歷史的開端」,《國統綱領》也作此假設。參見石之瑜,《兩岸關係飛龍在天》(台北:世界,民84),第一章。

㉞見Francis Fukuyama, *The End of History and the Last Man* (New York: Aron, 1992).

㉟中共針對李登輝總統發表了四評，明指他是台獨運動的推動者，其根據恰在於他特別強調「主權」、「國際生存空間」、「生命共同體」、「雙重承認」，不提中華民國而提「中華民國在台灣」、「分裂分治」、「中國一詞是含糊不清的」等，見姜殿銘，前引，頁482-505。

第4節　意識形態的包袱

前言

在世界範圍之內談意識形態，則九○年代以來的社會主義勢力明顯地在衰退。當今世界僅存的社會主義政權，除了中共之外，僅餘像北韓、古巴、越南等國。不過，社會主義政黨、政綱與思想，則無疑仍然存在於世界各地。所以，所謂社會主義之衰退，應該特別指明，是以中央計劃體制爲內涵的社會主義，發生了退卻。

社會主義的撤退，符合了當年美國採取的冷戰圍堵戰略。依照圍堵政策的期待，資本主義國家只要能夠防止社會主義向外擴張，則遲早社會主義政權不能維持。①與此相呼應的，則是和平演變的戰略，希望透過接觸、經濟成長、社會交流，而將社會主義逐漸轉變成與西方資本主義同質的制度，因此而有了七○年代盛行一時的匯合論。②依照這個說法，東歐與西歐的經濟發展，將使兩種社會制度下的社會結構趨同。此外，國際戰略家也提出了所謂的關聯政治理論，③想藉由東、西方的社會交流，孕育社會主義陣營之內的利益團體，俟其有朝一日改變當地決策結構，因此而出現了七○年代的「以談判代替對抗」主張。九○年代的發展，似乎印證了上述說法有部分是正確的。不過，仍必須知道，中央計劃的失敗，相當程度是專政制度造成的，而非社會主義的理想必然會導致的。

在社會主義陣營中，則相對地有和平移轉的看法，即能透

過西方民主制度的運作，由社會主義政黨取得政權，則可以和平地改造資本主義社會。④這裡的困難是多重的。首先，爲了取得選票，社會主義政黨必須與資本主義社會妥協，使得民主社會主義看來悖離了社會主義。⑤其次，這些民主社會主義政黨與社會主義國家的執政黨應該維持什麼關係，也莫衷一是。⑥最後，什麼才構成社會主義的外交政策，也缺乏共識。⑦結果，不僅社會主義國家間、政黨間的步調不一，就是同一個社會主義國家或政黨的對外政策，也因時、因地、因人而有差異。

當九〇年代社會主義陣營全面瓦解之後，人們不得不關心，在兩岸交流中，社會主義的中共，會因其意識形態的迥異，而起什麼特殊作用？兩岸的交流，是否會對社會主義產生衝擊？或社會主義能否與資本主義的台灣並存？

一國兩制與和平共處

中共提出了「一國兩制」的主張，作爲解決台海兩岸統一的模式。所謂一國兩制，最基本的原則，就是中國之內同時存在兩種制度，在中國大陸實行社會主義制度，在香港、澳門與台灣則實行資本主義制度。在一國兩制之下，因爲大陸地區相對而言特別廣大，生產力的總水平也高，所以應該將社會主義制度當作主體。⑧最初，一國兩制是用來解決香港問題的，但隨著世局的演變與兩岸關係的發展，再加上大陸內部政經環境的演進，一國兩制正逐漸成爲中共改革理論中的重要部分，值得深入探討。

早在五〇年代，中共就喊出和平共處的口號，⑨認爲資本主義國家內部原有的階級鬥爭，已因爲資本主義的擴張性外

交，而得以舒緩。所以，促成資本主義社會過渡的最好辦法，就是抵擋住他們的向外侵略，使之無法轉移國內鬥爭焦距。中共提出的和平共處，在理論上便是要暴露資本主義國家外交的侵略本質。然而，和平共處的口號雖然響亮，但未必能有效確保和平。中共是世界上唯一曾與美、蘇兩大超強都打過仗的國家，而且週邊的鄰居像韓國、台灣、印度、越南，都曾是中共作戰的對象。對中共而言，這些戰爭的本質，皆表現成自衛反擊，對象若非帝國主義，就是霸權主義，和彼等的同路人。⑩隨著帝國主義（即美國）與霸權主義（即蘇聯）勢力之消長，中共對世界鬥爭的評估也在轉變，有時將主要矛盾置於帝國主義與第三世界之間，有時將之置於兩大超強之間。⑪

理論上的問題到九○年代變得簡單的多了，既然過去的蘇聯霸權已經不再存在，則現在帝國主義與霸權主義就合而爲一，厥爲美國。⑫於是，原本存在於資本主義與社會主義之間的鬥爭，與存在於帝國主義與第三世界之間的鬥爭，均在相當程度上開始和美國與中共之間的鬥爭有所重疊。更要緊的，是八○年代中期以來的趨勢，似乎是代表資本主義的力量，正在打倒代表社會主義的力量，而且代表帝國主義的北方國家，宰制了代表第三世界的亞、非、拉等南方國家。

的確，中共爲了自己的四個現代化，也開始與西方國家大量交往，似乎是在對資本主義力量屈服。爲了澄清視聽，中共在一九八二年首先提出了「獨立自主」作爲外交的總指導方針，也就是說，作爲一個社會主義國家，並不會因爲和資本主義國家打了交道，就會依附於資本主義國家。⑬獨立自主的原則，多少在當時是要表示，中共將與美、蘇兩大超強維持等距，

但在八〇年代中期以後，社會主義陣營式微了，到了九〇年代，蘇聯分裂成十五個加盟共和國，更無所謂與兩大超強等距可言了。在這個背景之下來理解一國兩制，別有意義。

　　一國兩制的主張顯示，在中國範圍之內，資本主義與社會主義可以共存，那麼理論上，當然這兩種制度也可在世界範圍內共存。如果今天只看到蘇聯與東歐的社會主義撤退，就對世界潮流妄下斷語，以為中共的社會主義也一樣脆弱，則中共有壓力要證明大家都錯了。中共今天可以用一國兩制的實踐，向全世界昭告，不僅社會主義可以與資本主義在社會主義國家之內共存，而且最終將是以社會主義為主體。言下之意是，社會主義之所以不能和資本主義和平共處，是因為資本主義的侵略本質不允許和平，相形之下，一國兩制反而可以顯示社會主義的優越性和包容性，因此，即令在世界範圍之內看，社會主義中共似乎被孤立了，但在中國範圍之內，則是資本主義被孤立，或被呵護，[14]所以一國兩制就成為社會主義不墜的主要標誌，因而不能單純地以對港、澳、台的統戰理解之。

一國兩制與社會主義

　　八〇年代中期之後，中共將四個現代化的口號更推進了一步，開始提出改革開放的發展路線。四個現代化的提出，只是否定了過去政治掛帥的作法，未必能明確地替社會的屬性作好清楚的定位。這時，中共的理論家提出了一套修正過的理論，稱為社會主義初級階段論。根據這套理論，社會主義的發展必須依據實際，故又提出有中國特色的社會主義，指出中國大陸人口多、底子薄的現實，故當前最主要的工作是發展生產力。

⑮據云,社會主義初級階段最根本的矛盾,存在於人們日益增長的物質文明需要,與落後的生產力之間。然而,這並不代表中國大陸要走回資本主義的道路,只是不妨使用一些資本主義方法。⑯

初階論指出,在特定的歷史條件下,一個社會可以不必經過資本主義階段,直接進入社會主義社會。如在中國,因為有官僚資本主義、帝國主義與封建主義「三座大山」的壓迫,如果不進行革命,提早進入社會主義階段,就不可能發展生產力。⑰然而,中共在進入社會主義階段之後,實施了違反市場規律的中央計劃體制,反而使生產力無法發展,故而有了八〇年中期之後的改革開放。在改革開放時期引進了市場的概念,但不代表是走資本主義道路。理論上,資本主義與社會主義之區分,是依據勞動佔有關係決定的,而中央計劃與商品市場的區分,是依據勞動交換關係決定的。因此,只要在勞動佔有關係上,堅持以公有制為主體,則即令在勞動交換關係上引進了商品市場,也不會改變中國大陸的社會主義屬性。⑱

有了商品市場,當然不能避免出現私營經濟,或是以盈利為目的集體經濟,而事實上,這些自由運作的經濟活動,有助於提升市場效率,故亦為中共所鼓勵。這時,大陸的企業所有制形態便活絡起來。有的是純由私人集資興辦的,有的是生產單位集資興辦的,也有的是政府部門或學校等事業單位集資興辦的,更複雜的是處於不同部門、地區之間,經過橫向聯合之後,由好幾個單位集資興辦的。這些現象可通稱之為多種所有制的並存,⑲是初級階段為發展生產力而出現的特殊景觀。除此之外,另外又有由外資投建的三資企業,透過資本、技術與物

資方面的合作，進入大陸。

在初階論的背景下，一國兩制的主張格外有意義。根據中共經濟理論家的說法，一國兩制進一步擴大了社會主義的空間，有利於提升生產力。⑳一個國家之內的兩種制度，無疑就是社會主義內的多種所有制並存現象的擴大。假如在理論上，一國之內不能有兩種制度的存在，則初級階段下的多種所有制也不能容許。相反的，為了發展生產力，一國兩制容許社會主義所有制作出突破，進一步地能和資本主義所有制合作，提高生產效益，因此乃是在社會主義初級階段裡，解決中國統一模式的當然抉擇。

一國兩制的道德意涵

對北京來說，中國是否應該統一？這基本上是一個民族主義的問題；中國應該如何統一？則這就成了一個意識形態的問題。在中共看來，台灣如果拒絕一國兩制，其涵義未必是反對中國統一，但毋寧仍然關乎中共政權的合法性。因為，台灣是個資本主義社會迨無疑義，台灣如果不接受一國兩制，豈不就表示資本主義制度不肯與社會主義制度共處嗎？那麼，社會主義在世界範圍之內被孤立的焦慮將難以平撫。

其次，如果一國兩制被當成是多種所有制的擴大，台灣的資本主義制度就只能是某一種特殊的所有制而已。如果台灣不接受一國兩制，亦即不接受自己的生活方式只是社會主義主體之下一種所有制的表現，那麼，是否表示大陸內部的多種所有制，也一樣可以提高層次，成為一國之中平行的多制？則在一國多制之下，就很難斷定，公有制力量的總合，一定會大過於

其它所有制與台、港、澳的資本主義的力量總合,則中共就難以說明,是否一國多制的社會,仍是一個社會主義爲主體的社會。

第三,初階論特別提出了歷史階段可以跳越的主張,認爲已經進入社會主義階段的地區,斷無理由回頭再去走資本主義的路。同理,是不是台灣的資本主義也未必要經過社會主義,就可以先到達社會主義的高級階段?亦即由政府支配絕大部分的財產,進行社會安全、社會福利等各方面的措施。但是,一國兩制的主張卻將大陸與台灣固定在社會主義與資本主義的對比上,台北若否定一國兩制的定位,也無異不接受中共以資本主義來硬替台灣歸類,則即令在馬克斯主義歷史發展的階段的理論中,[21]大陸都未必具有優越性,或先進性,因此也等於是否定了中共作爲全中國合法領導的正當性,故具有重要的政治道德挑戰意義。

最後,初級階段需要多少時間可以發展成高級階段呢?中共提出一百年的說法,所以它主張在香港於一九九七年回歸中國之後,維持五十年不變[22],即到二〇四七年不變。其實,更精確地說,應該是五十二年不變,至二〇四九年,那年恰爲中共建政一百年。故理論上,在二〇四九年左右,香港的一國兩制就可以同化於高級階段的社會主義。然而台灣或香港、澳門在二〇四九年的所有制體系是什麼狀態,恐怕不是用唯心論的方式可以事先決定好的。在這個前提下否定一國兩制,也就表示在二〇四九年的中國大陸,未必能發展進入高級階段。何況,生產力發達與否,也是一個比較性的問題,資本主義社會的生產力是否會在五十年內停滯,或會先發展成社會主義的高級階

段呢？社會主義初階論沒有回答這個問題，當然也就無法就五十年後的世界所有制體系先行定位。

資本主義的統一模式

台灣基於資本主義在八〇年代末期以來的大獲全勝，擬出不同於一國兩制的統一模式。在台灣的理想之中，大陸的改革開放，會在社會中創造出一批中產階級，他們為了保護，或提倡自己的利益，必然會要求更多的政治參與，從而使得大陸的政、經、社體制，走向民主化、自由化，與多元化的道路。㉓台灣的策略，應該是加速催化這個過程。根據台北方面擬就的《國家統一綱領》，主張在大陸東南沿海集中開發，如此可以在台灣與大陸之間，透過沿海地區的資本主義化，而取得兩岸之間的一些緩衝地帶，而在《國統綱領》的最尾，提出以民主、自由、均富作為統一的理想狀態。這些想法，不脫離和平演變、匯合論，或關聯政治的模式。

台灣鼓吹的資本主義，除了私有財產之外，與世界上的先進資本主義仍有不同。一方面是集資能力分散，並無大規模的企業在主導，因此真正在市場上主導競爭的能力，還不如大陸社會主義之下的大、中型國有企業。㉔二來是台灣私有資本的技術能力不足，在世界市場上是屬於依附型。第三是台灣的勞工成本提升，在勞力密集產業競爭力下跌、技術密集產業起步晚的歷史條件之下，缺乏開創空間。所以即令台灣商人以三資企業型式，在大陸沿海設廠，㉕但以其規模與技術水平而言，尚不足以與具有調控能力的大企業相比，由於台灣本身沒有很多大企業，所以中、小企業主成為社會上重要的意見領袖，形成特

殊的中小企業主階級,他們也是七〇年代以來台灣政壇上反對
運動的主要支持者。然而,這種經驗未必能在大陸依樣畫葫蘆,
主要就是在技術與規模上,他們仍相對地薄弱。國有大、中型
企業的僱工人數仍然超過台商的僱工人數甚多,很難想像以台
資的力量,可以改變大陸社會的階級結構。

　　台資力量的有限,也使得不少人主張,台灣的出路在於更
深的國際化,使得台灣完全融入世界資本主義體系,則在面對
大陸時較有保障。㉖不過,由於台灣中、小企業在世界市場上所
依恃的,是其靈活性,而非不可取代性。以靈活性而言,低技
術與廉價勞工則為不可或缺之條件,故它的靈活性幾乎就保證
它是可以被取代的。因此,即令台灣商人能更進一步融入世界
資本主義體系,並不代表台灣具有更多的保障,因為世界資本
主義的資產階級不對台灣作技術轉移。倘若比較兩岸的吸資能
力可看出,在台灣方面,除非技術大量提升,否則外資不會來
台,此所以政府力圖建立亞太營運中心,希望使自己成為世界
資本主義的重要依據。㉗但在大陸方面,除了因為市場龐大,具
有規模效益方面的吸資條件,更有數千家國有企業,可逐漸開
放接受外資持股,故世界資本對大陸的相互依存,會高於台灣。

　　簡言之,世界範圍內的社會主義崩潰,並沒有反映在兩岸
關係的勢力消長方面。重點不在於台灣能否代表資本主義力
量,穿透大陸,而在於中共自己如何處理初階論下,多種所有
制並存的現象。資本主義與社會主義的戰爭尚未結束,究竟它
們能否共存,或誰是最後勝利,今後仍是大陸改革開放的重要
課題。㉘

註　釋

①這是冷戰開端時刻著名的圍堵政策，見Wilson Miscamble, *George F. Kennan and the Making of American Foreign Policy, 1947-1950* (Princeton: Princeton University Press, 1991).

②參考蔡政文，《現階段和解中的歐洲》（台北：三民，民67）；林碧炤，《國際政治與外交政策》（台北：五南，民79），頁241-258；吳新興，《整合理論與兩岸關係之研究》（台北：五南，民84）。

③參見James Rosenau, *Linkage Politics* (New York: Free Press, 1969).

④早期中共對於民主社會主義抱持相當批判的態度，關於民主社會主義的介紹，參考任純祥，《民主社會主義評述》（長春：吉林人民出版社，1991）。

⑤參考劉吉、顧肖榮、周羅庚、孫克勤合著，《黨制之爭》（上海：人民出版社，1990）。

⑥參見新馬克斯主義的論辯於J. Holloway and Sol Picciotto (eds.) *State and Capital: A Marxist Debate* (London: Edward Arnold, 1978).

⑦參見Christopher Chase-Dunn, *Socialist States in the World System* (Beverly Hills: Sage, 1982).

⑧這個觀點源自於鄧小平，鄧小平認為在一國兩制之下,社會主義地區仍然是主體，所以誰也不吃掉誰的說法，是社會主義對資本主義表示寬容，見李達，《一國兩制與台灣》（香港：廣角鏡，1987），頁159-160。

⑨最早是周恩來在一九五三年年底提的，以因應韓戰結束與史達林過世後的新局面,見謝益顯，《國際鬥爭的基本原理與我國外交政策的基本原則》（北京：外交學院,1983）（油印本）；後來發行成專著,名為《外交智慧與謀略》（鄭州：河南人民出版社，1992）。

⑩故即令是印度或越南之類的鄰邦，中共均在觀念上將之定位爲帝國主義或霸權主義之同路人，見謝益顯，《折衝與共處》（鄭州：河南人民出版社，1990）。

⑪參考Peter Van Ness, "Three Lines in Chinese Foreign Relations, 1950-1983," in D. Solinger (ed.), *Three Versions Of Chinese Socialism* (Boulder: Westview, 1983).

⑫中共官方首次單獨提及美國爲霸權，而未同時論及蘇聯的情況是在一九九〇年，參見Chih-yu Shih, *China's Just World* (Boulder: Lynne Rienner, 1993), p.105.

⑬資本主義和社會主義的區別點，在於誰擁有生產工具，至於生產互換關係是市場或計劃，無關乎社會主義的本質，參見陳烽，〈社會形態的兩重劃分與社會主義及其初級階段〉，輯於上海市委宣傳部（編），《第一次大潮》（上海：三聯，1989）。

⑭由於中共在九〇年代中期大舉推動改革進程，不搞姓社姓資的爭論，使得鄧小平關於一國兩制以社會主義爲主體的主張，益加不相干，則強調大陸與台灣的差異，反而好像是在維持大陸的社會主義門面，假如沒有一國兩制作包裝，是不是會暴露大陸已然遠離社會主義的尷尬？

⑮參考路印林、方立等，《生產力與社會主義》（北京：解放軍出版社，1989）。

⑯鄧小平一九九二年南巡講話進一步打開了改革的思路，一言以蔽之，就是不搞改革就下台，改革的推動則要實事求是，不搞爭論，關於這點，曾引起相當多的辯論，參見樊立勤，〈改革開放，不容動搖〉，輯於石柳子（編）《北京地下「萬言書」》（香港：明鏡，1997），頁49-123。

⑰基本上，所謂官僚資本指的是蔣宋孔陳家族，帝國主義是外國勢力，封

建主義是割據軍閥，參見中央電視台，〈走向英特奈雄那爾〉《解放軍報》（1991.9.19～23）。

⑱參見蔣學模，〈對資本主義和社會主義的再認識——我國經濟體制改革的理論基礎〉，輯於《第一次大潮》，前引。

⑲參見岳福斌，《社會主義初級階段商品經濟論》（北京：中國展望出版社，1989）。他認爲國有企業像飛機的機頭與機尾，飛機主體是集體企業，機翼則是其它類型企業，缺一不可。

⑳見高光等，《中國社會主義初級階段結構研究》（北京：中共中央黨校出版社，1988）。

㉑問題是，中共的社會主義初階論允許大陸跳越歷史階段，不必經過資本主義，就直接由封建主義進入社會主義，但有沒有容許台灣也跳越歷史階段，直接進入共產主義？而且，倘若一國兩制是多種所有制的擴大，是否表示大陸內部已有一國多制？則台灣與上海的地位如何區分？恐怕必須要靠人爲的介入，而不是靠生產力與生產關係的標準，則一國兩制與多種所有制實在沒有必然之關係。一旦一國兩制不是反映生產關係的上層結構，而是反映人爲的設立，則其穩定性就失去了歷史規律的保障了。見石之瑜、李念祖，《規範兩岸關係》（台北：五南，民81），頁23-40。

㉒五十年不變的原意，是大陸可以在五十年後進入新的歷史階段，但大陸各地發展不一，廣東、上海若干地方已經超越台灣，但其它地區仍落後甚多，五十年後亦然，且港台的發展也不會停滯不動。

㉓台灣與西方學者都有這種期待，見趙建民，《威權政治》（台北：幼獅，民83）；另見Gordon White, *Riding the Tiger* (Stanford: Stanford University Press, 1993).

㉔事實上，台灣一向仰賴中小型企業的靈活，在世界市場上找尋新的空

間，徐小波以NIKE爲例，說明台商的彈性與適應能力，他的講話發表
於台北Lincoln Society早餐會。 (APROC: What's Right or Wrong
with It), Taipei (1996.3.1)。一九九七年亞洲金融風暴，以大企業爲主
的韓國發展模式就因爲外債過多，而面臨危機，台灣之中小企業貸款比
例較低，因此受到波及較小。這種中小企業結構也是大陸台商的特色，
迨無疑義，因此宏觀影響力是無組織、非系統的，不容易扮演和平演變
的功能，相反的，反而因具有高度彈性，而頗能配合大陸當地的生產結
構。另可參考陳重安（編），《亞太營運中心對兩岸關係的衝擊》（台
北：國家發展研究文教基金會，民84）。

㉕《國統綱領》甚至主張將台資集中在東南沿海，希望聚沙成塔，產生政
治影響力。但這個想法未必適當，因爲會使台商成爲明顯易管的目標，
旣不符風險原則，又不適合台商無孔不入的特性，好在台北當局對投資
大陸採降溫政策，所以缺乏任何影響台商投資方向的工具，故台商雖頗
集中於上海、福建、廣東，但大體上仍遍及全大陸。

㉖一種作法，就是讓外資來台設立分公司，再以分公司投資大陸，就達成
旣能國際化，又能進入大陸市場的目的。目前外資選擇台灣作爲前進大
陸跳板者，不如選擇香港的多。參見魏燕愼、谷源祥，〈大陸、香港、
台灣經濟關係的發展與前景〉，輯於台灣研究會（編），《大陸與台港
澳的經濟關係與合作》（北京：中國友誼出版公司，1991），頁60-
76。

㉗關於亞太營運中心的構想，參見杜震華，《亞太營運中心的理論與實
踐》（台北：華泰，民84）；但由於台北反對兩岸直接通航，使得此一
構想難以推動，造成台灣競爭力不能迅速提振，則藉由國際化來取得與
大陸相衝的想法，迄難落實。

㉘北京左派刊物《中流》、《眞理的追求》在二十世紀末發動了另一批

意識形態的辯論，但因爲讀者群有限，尚未形成氣候，大陸的國企改革能否順利，下岡（遭解職但仍支基本薪）工人的出路能否市場化，均將決定左派階級思想有無可能復甦，或對政策產生多大程度的制約作用。

第5節　民族主義的情感

前言

　　在國際政治學界，人們習慣於冷冰冰、純理性的思考模式，用在兩岸關係的分析上，難免會強調如經濟發展、國家安全、權力均衡之類的觀念。①影響所及，好像不用客觀中立的態度，就不能體會兩岸關係當中的結構限制，也就無法據以制定妥適的政策。然而，兩岸領導人與實際從事交流的人，體會到的動機，可能卻與分析家的觀點不同。雖然政治人物常常用民族情感、悲哀、信任、欺凌等等情感用語，表述他們的感觸，②這些辭彙絕少出現在兩岸關係的觀察家口中。倘若分析時缺乏對情感因素的體會，就必然出現偏差，使得分析重點會從說不出口的感覺，偏離到那些可以計算的物質利益方面去。

　　像民族主義就不是一個可以計算的東西。許多西方觀察家習慣將民族主義與成長、安全、均衡等觀點並列，視爲國家利益的一種。如此一來，人們在分析兩岸關係的時候，就必須斤斤計較於孰者爲重，比如在成長與民族主義之間作選擇，倘若成長重要，那麼中共就會屈服於外國勢力對中國內政的一些干預，以便換取可以銷售貨物的市場，異之則反。③一般而言，美國是個民族大熔爐，沒有什麼強烈的民族情緒，所以爲了服務冷戰而發展的美國國際政治學，就處理不到民族情感的問題，這說明了何以美國學術界只肯把民族主義看成是多個國家利益中的一個。如此一來，當政策決定一旦完成，則決策者在

民族主義價值上，就只可能是提倡或抑制兩種結果，而不可能
認識到，有所謂忍辱負重，或君子報仇三年不晚的心態。嚴格
說，在中國，民族主義從來不是與其它國家利益觀點平行的價
值，它是一種深層的心理傾向，並不直接決定政策的具體內容，
但決定了決策者的心情，也主導著他們理解世局的大原則。

民族主義的範圍

　　民族主義既非一種可以衡量的客觀價值，則其所涵蓋的範
圍，勢必將因人、因時、因事、因地而有所不同。④因為民族
主義是一種主觀情感，因此難以定義，而且表現的形態也具有
多樣性。對中國而言，民族主義與近代史上西方帝國主義的擴
張息息相關，不僅西方的事物仍然在今天激起民族主義的反
應，高昂的民族主義者也積極地搜尋關乎西方入侵的跡象。⑤簡
言之，民族主義是在與西方的衝突之中，發展出來的一種區隔
敵我的機制。

　　在民族主義的前提之下，中國與其它國家的交往不可能是
純粹理性的範疇。以中共最敏感的人權問題為例，人們常聽到
的辯論焦點是，西方的人權觀是個體人權觀，有一定的社會經
濟背景與資產階級意識形態；⑥而中國式的人權，首重生存權
與發展權，因此不可能為了少數追求資產階級自由化的民運人
士，犧牲為了保證民族生存的政治穩定與社會和諧。根據這個
邏輯，是先有了關於人權理念的不一致，才發生中共與美國之
間的爭議。可是仔細檢視中國人對個體人權觀的反應，卻可以
看出，民族主義其實扮演了關鍵的角色。

　　首先，在大陸內部事實上有不少人接受一定程度的西方人

權觀點。⑦根據大陸若干法學家的研究，人權觀點固然是西方資產階級發展出來的，但也是人類共通的遺產，社會主義社會不必全盤拋棄。⑧其次，中國的集體主義傳統，也從來不認為統治者可以濫殺無辜。甚至，當社會上出現動亂或腐化的跡象時，領導人應首先檢討自己，何況民主運動人士並非是社會腐化的產物，而是不滿於社會腐化而亟思能有所監督。最後，是中共自己一再以歷史上的帝國主義集體壓迫，作為回答西方對中共迫害人權的批判，並且不斷用西方社會內部對女性、少數族裔與勞工階級的不公平待遇反擊西方的人權觀點，這未必不能為西方接受，故中共的批評更證明人權觀的跨國特性。

這些表現證明了一件事，中共內部並不全面反對個體人權觀，只是反對由美國或其它西方國家向中共提出來；而且，個體人權觀與集體人權的保障不必是全部牴觸的，只是在民族主義情緒激揚了之後，這兩種人權觀就不得不相衝突了。換言之，中共必須將美國提出的人權觀，看成是西方對中國內政的干預，才能夠保障、鞏固其民族主義的認同。因此，真正的問題不是人權理念的差異，而是先有了民族主義情緒在前，決定了美國與中國的對立地位，才使得美國與中共在人權理念上的差異，看來具有威脅性，如此則中共的全面辯駁就可以振振有辭了。

台灣在觀念上是接受了美國的人權觀。與一般民運人士相同，台灣也站在歷史先進的角度，抨擊中共落後的人權實踐。⑨然而台灣對於民運人士的協助，卻顯得十分溫和。事實上，台灣曾數度將來台尋求庇護的民運人士，遣返大陸。⑩台灣夾在美國與大陸之間，一方面在觀念上接受了西方的人權觀，顯

示了沒有強烈反美的民族主義情緒；另一方面，卻又沒有意願真正提倡大陸的人權保障，顯示對美國人的人權觀未必完全體認。台灣的啟示是，弱的民族主義，是人們接受美式人權觀的必要條件，但非充分條件。

民族主義與主權

如前曾述及，民族主義是一個擴張性的政治理由，主權則為排他性的政治口號；民族主義是跨越地理疆界的，主權則是依附於地理疆界的。[11]在兩岸關係上，人們看到守勢或弱勢的一方，即台灣，在民族主義情感上遠低於採取主動的一方，即大陸。同理，在中共面對世界時採行的是守勢，則談的也變成是以主權為內涵的和平共處原則。主權的維護，表示是對現狀的支持；民族主義的提出，則表示是對現狀的不滿，希望重新分配資源，改變名分。

民族主義與主權並非完全不能接合，大家耳熟能詳的國族主義，或中共近年最常喊的愛國主義，就是民族與主權接合的體現。[12]但是，將中華民族變成了國族之後，其意義仍然是不確定的，表面上，國族或愛國的提法，是針對外來的帝國主義而談的，充滿了排他性與自衛性。人們仍然不得不深究，這個國族包不包括非漢族的少數民族，或海外華僑，答案端視當時的政治氣氛而定。[13]當政治氣氛是內斂的，中華民族則是主權者用來凝聚內部共識的口號而已，因此對於海外華僑可以不聞不問。擴張氣氛濃郁的時候，則可能具有華人血統者，皆所關切的目標。可以看到，在文化大革命的喧囂時期裡，不僅是台灣的中國人必當征服，印尼、越南等地的華僑，都是向外擴張的

對象。

民族主義與主權是兩個不同的出發點，表現在兩岸關係上，就出現兩種主張。比如大陸希望統一全中國，振興民族，主張用一國兩制，如此可以維持台灣既有的制度，又可以防止台灣往獨立建國的方向發展。台灣則主張一國有兩個政治實體，甚或兩個中國，以防止大陸追求統一而傷及台灣的主權地位。民族主義觀點裡的中國，就與主權觀點裡的中國，有了起碼三個不同的重點：⑭

1. 對民族主義者而言，中國是無所不包的天下文化，對主權者而言，只是一個國家的國號；

2. 對民族主義者而言，中國是是歷史時間上綿延不絕的生命，對主權者而言，只是一塊地理空間上可以切割範定的領土；

3. 對民族主義者而言，中國是人們情感的寄託，對主權者而言，只是理性的物質資源。

站在振興民族的角度看，就會希望兩岸的資本能更有效的相互流通，中國人自己能做的，就不要靠外國人；更廣泛的提法，就是華人經濟圈，所以華僑投資或台商投資，都在大陸佔有優勢，享受差別待遇。然而，如果站在國家主權觀出發的話，則台灣必須阻擋大陸對台資的吸引。有人認為，台商到大陸投資，給予大陸更多的外匯，這些外匯，後來可能為中共用來在外交上經援第三世界，使其與台北斷絕外交關係的資源。⑮

在台灣內部，總體而言，民族主義的情感是溫和的，但也有兩股民族主義的力量在形成對抗。一種是長久以來就存在的中華民族主義，認為所有台灣人都是中國人，台灣人在歷史上

受過日本殖民統治，是全中國的創痛。⑯這種民族主義，尤其鼓勵兩岸之間的交流，而把台灣與美、日等國的政治聯繫，看成是帝國主義分裂中國的圖謀。台灣內部的中華民族主義，因而並不支持主權觀下的政策主張。

相對於此，則有台灣民族觀。⑰有的台灣民族論者，根本否認台灣與大陸之間具有通性，即令民族通性曾經存在，也因爲台灣近年的發展而出現歧異。⑱這種民族論，當然支持台灣爭取國際主權承認，改變台灣的身分與地位。困難之處在於，台灣民族的範圍，不是根據血緣文化決定的，而是根據地理空間範定的，則那些在台灣內部鼓吹中華民族主義的人，竟也是台灣民族的當然成員，對於台灣民族論者，就必須先征服台灣內部的中華民族主義者，⑲這就像在中國範圍內的中華民族主義者，必先求能征服其內部的台灣民族論者，其理相通。

民族主義與武力犯台

國內外的軍事分析家，喜歡用純粹的軍力對比，說明中共若對台採用軍事行動，會付出很大的代價，因此台灣不必對此太過操心。⑳在台灣也有所謂的毒蠍理論，認爲要讓台灣的國防實力提升到一定的程度，中共若要進取台灣，則即令攻佔，也必須付出生命。㉑這些分析的問題，是缺乏情感因素，尤其是民族主義的熱血澎湃，往往不能用理性衡量。

台灣一再地指責中共不肯放棄以武力來侵犯台灣。面對這樣一個問題，中共是無法回答的。對中共而言，侵犯的行爲，只可能發生在兩個國家之間，而不會發生在主權之內，故中共作爲主權者，當然有權利派兵至中國範圍內任何地方，包括台

灣。中共不能回答台灣關於武力犯台的問題，因爲無論答案爲何，都使得中共好像承認兩岸是兩個主權者之間的關係。中共的對策是，提出在一個中國的原則下，兩岸可以終止敵對狀態。㉒由於台北探的是主權觀，不能接受中共的一個中國前提，於是就使中共不得不懷疑，是否台灣意圖利用中國分裂的狀態，獨立建國。

為了解決這個疑惑，中共訴諸於民族主義，提出了中國人不打中國人的立場。㉓但這個提法，不僅沒有澄清疑點，反而引來更多的解讀，先是有台灣的領導人認爲，中國人與中國的概念都是模糊的。㉔後來有人指出，假如想要從事台獨，就不是中國人了，故中共只會打那些從事台獨的人。㉕其它人從兩個不同的角度反駁。一種人指出，如果中國人不打中國人，爲什麼還會發生中共用坦克車鎮壓天安門從事抗爭的中國大學生。㉖另一種人則認爲，從事台獨的人，也還是中國人，所以中共要打的，其實是支持台獨的外國野心份子。㉗

中共碰到的難題，與台灣民族論者是相同的，亦即到底民族主義範圍的認定，是個主觀意志的問題，還是客觀分析的問題。如果主張台獨的人不算是中國人，那麼主張自己是中國人的美國人或日本人，是不是就算是中國人？顯然，中共只能用主權疆界的範圍來決定，誰必須是中國人而誰又不是，故而認定在台灣的人，因爲處於中國範圍之內，不可以主張台獨。但如此範定中國人的話，則主張台獨的人當然仍是中國人，則就又不屬於自己可以攻打懲罰的對象了。

明白講，所謂中國人不打中國人的說法，是在鞏固外國人謀我日亟的印象，保護中國人的民族認同。台灣每次把北京當

成外國，指責它不放棄武力犯台時，便進一步增加中共的疑懼，因此就更不敢作出承諾，從而深化台灣方面的擔心，於是更要不斷追問質疑，形成惡性循環。一旦民族主義與主權結合成了愛國主義之後，民族主義必然成為對台灣征服的主要動機，此所以中國在主權範圍之內駐兵，成了對外宣告主權，對台要求效忠的模式，此何以在討論香港回歸中國的時候，駐兵問題上中共絕不鬆手，㉘即令駐軍充其量只是一種象徵性的行為。

　　香港問題是民族主義呈現自己的重要場所。中共與英國在香港問題上發生爭執，是因為中共認為英國企圖透過香港，來影響大陸，所以對於任何英方片面的想法，一概視之為帝國主義的陰謀。事實上，也正是民族主義的力量，使中共向英方堅持改變現狀，由中國收回香港。英方許多安排，倘若是旨在維持英商在港的既得利益，當然就成了帝國主義的陰謀。中英衝突熾烈之際，剛好是西方國家紛紛出售武器給台灣，又是彼等因為天安門民運被鎮壓，而聯合經濟制裁中共的時候，因此中共在九〇年代初期，常常用八國聯軍圍城來形容自己的處境。㉙香港問題上的民族主義情緒，是人們觀察台灣問題時有利的參考，雖然對象不同，前者是英國，後者是美、日，但被壓迫的歷史情緒同樣都很強烈。台灣若堅持以主權觀處理兩岸關係的話，必須要對這種民族情緒嘗試疏導。

世界政治與中國民族

　　跨越主權疆界的宗教、民族與資本正在世界各地形成性質各異的衝突，主權的強調，無法解決跨主權的問題，這在中國範圍內也是如此。主權是一個由觀念出發，經過歷史建構而形

成的制度，但宗教神、民族魂、革命黨等象徵符號，則是人們情感寄託的對象。當國家主權與民族主義結合的時候，主權的力量就龐大，當分開的時候，主權就薄弱。所以，台灣的中國人，如能與大陸的中國人，結合在同一個主權之下，對於能夠行使中國主權的人來說，當然是一件好事，但對於可能因此而失去主權的人，或成爲此一主權敵對的國家，就不得不憂心忡忡了。㉚他們基本上就成了中共眼中的帝國主義野心家及同路人了。

兩岸關係因而具有了更深層的意涵，除了是東方文明與西方文明、集體主義與個人主義、國內關係與國際關係、社會主義與資本主義的折衝，更反映了深層的民族認同。這個民族認同，旣是上述諸多兩分概念的潛在動機，使得中國民族可以藉由不同的風貌，展現自己的獨特性，又是這些兩分概念的產物，使得中國民族能夠宣稱自己確實與眾不同。今天，中國與世界之間的區隔，在兩岸關係方面呈現出模糊地帶，這就促使民族主義者將大量的情感與資源，投注在如何分開台灣與世界，以便台灣在民族認同上靠近中國。中共對自己意識形態的定位刻意淡化，對西洋與日本文化在台灣的經驗則加以排斥。凡是不同意這種作法的人，就成了中國民族的潛在敵人，此兩岸關係必爲世界政治主要焦點之原因。

註　釋

①如周煦（編），《國際新秩序》（台北：政治大學外交系所，民81）；吳玉山，《扈從或對抗》（台北：正中，民86）；吳新興，〈兩岸軍事現代化互動關係之研究〉《理論與政策》（1996，夏）；蔡瑋，〈第三

次台海危機〉《東亞季刊》27，6（民85.10）；明居正，《雙贏？雙輸》（台北：致良，民85）；趙建民，《兩岸互動與外交競逐》（台北：永業，民83）。

②例見司馬遼太郎訪問李登輝總統後發表〈生爲台灣人的悲哀〉，《自立晚報》（民83.4.30～5.2）；另參見徐宗懋，《沒落的貴族》（台北：時報，民80）。

③有人指出，中國民主的最大障礙是民族主義，故如經濟上的改革開放造成中國南北分裂，則民主化的契機就大增，見Edward Friedman, *National Identity and Domocratic Prospects in Socialist China* (Armonk: M. E. Sharpe, 1995); 對民族主義在觀念上釐清，見石之瑜，〈民族主義是不是國家利益？〉《中國大陸研究教學通訊》26（民86.12）。

④參見楊逢泰、邵宗海、洪泉湖、謝政諭（編）《民族主義論文集》（台北：黎明，民82）；趙剛，〈新的民族主義，還是舊的？〉《台灣社會研究季刊》21 (1996)：1-72；廖咸浩，〈本來無民族，何處找敵人？〉《中外文學》24，12（民85）：143-155；葉富國，〈「假台灣人」專輯說明書〉《島嶼邊緣》8 (1993)：102-107；丘貴芬，〈歷史記憶的重組和國家敍述的建構〉《中外文學》25，5 (1996)：6-27。

⑤例見張蔚萍等，《兩種戰略──和平演變與和平防變》（重慶：重慶出版社）；蔡仲德，《反和平演變與培養接班人》（上海：同濟大學出版社，1991）；宋強、張藏藏、喬邊，《中國可以説不》（北京：中國工商聯合出版社，1996）。

⑥例見陳先達，〈社會制度與人權〉《新華月刊》5 (1992)；徐衛東、申政武、鄭成良，〈論人權的意識形態標準與法律標準〉《新華月刊》

3（1992）。

⑦參見石之瑜，《中共法制理論解析》（台北：三民，民82），第七章；
張文顯，〈人權的主體與主體的人權〉《中國法學》5（1991）；陳春
龍，〈法治與國家穩定〉《法學研究》2（1992）；顯明、國智，〈言
論自由的法律思考〉《法學》8（1991）。

⑧見林喆，〈法律權利概念的解說〉《法學》6（1991）；楊海坤，〈中
國社會主義法治的理論與實踐〉《法學研究》1（1991）；陸滬生，
〈確立維護「宗教信仰自由」的憲法觀念〉《法學》4（1991）。

⑨美國總統柯林頓與中共國家主席江澤民在一九九七年十月底會晤，柯
林頓在聯合記者會上不諱言表示美方人權立場，指中共在處理一九八
九年天安門學運的事件上，是站在歷史錯誤的一方。台灣在批評中共人
權方面也有週期性的發動，如在一九九四年千島湖船難有廿四名台灣
旅客遇害，台北高層據以指稱中國大陸沒有人權保障。

⑩只有已經為西方同意庇護的民主運動人士，台灣才肯同意彼等入境，因
此所謂保障人權是有選擇性的，只有那些無害於區隔台灣與大陸的海
外民運人士，可以來台，證明大陸與台灣分屬於不同的主權。因此，在
台灣的實踐中，人權是建立主權地位的工具，離西方社會所推動的普遍
人權，仍有相當的差距，參見《聯合報》（民84.3.7）：4。

⑪參考E. J. Hobsbawn, *Nations and Nationalism Since 1780* (Cam-
bridge: Cambridge University Press, 1995); R. B. J. Walker, *Inside/
Outside* (Cambridge: Cambridge University Press, 1993).

⑫參見Michael Hunt, "Chinese National Identity and the Strong State,"
in L. Dittmer and S. Kim (eds.), *China's Quest for National Identity*
(Ithica: Cornell University Press, 1993).

⑬關於外交心情的討論，參見Jack Holm, *The Mood/Interest Theory of*

American Foreign Policy (Lexington: University of Kentucky Press, 1985) ;在研究中國外交的大陸學者裡,也有看到氣氛的重要性者,但因爲對作家本人習以爲常,並没有將氣氛的重要性明白說出,見Quansheng Zhao, "Achieving Maximum Advantage," presented at the American Political Science Association annual meeting, San Francisco (September 1, 1990).

⑭見石之瑜,《民族主義外交的困境》;《人性與中國主權》(台北:世界,1995)。

⑮另一方面,會成爲中共「以商圍政」,推動中國統一的籌碼,有人稱爲「一國」(一個中國)、「兩手」(經濟寬鬆、政治緊縮)、「三心」(存心打壓、處心矮化、有心主導)、「四要」(要武、要批、要拉、要通),見唐彥博,〈兩岸經貿交流情勢暨未來發展探討〉,發表於「21世紀兩岸經濟文化發展學術研討會」,台北 (1997.5.6) ;因此謂台灣的資源必須用在與中共的外交競爭上更爲重要,參考蔡政文,〈當前中共封鎖台灣生存空間之策略〉《中國大陸研究教學通訊》2 (民83.4) :17-18。

⑯見李家泉,〈李登輝「悲哀」的根由及其出路〉《海峽評論》47 (1994.11) ;李家泉,〈還有多少中國人的情感〉《文匯報》 (1994.6.10) 。

⑰例見許信良,《新興民族》(台北:遠流,民84) ;史明,《台灣人四百年史》(台北:蓬島文化,1980) 。

⑱見洪金聲,〈台灣民族的誕生〉《台灣新文化》12 (1987) :22-29;Thomas Liao, "Formosa and China," *Far Eastern Economic Review* (May 15, 1958, May 22, 1958).

⑲見黃主文,《新台灣人》(桃園:世紀出版社,民84) ;也有人認爲不

必拘泥於民族的定義,如陳隆志,《台灣獨立的展望》(台北:自由時代,民76)。

⑳一般最經常討論的中共渡海能力不足,制空權尚未完全掌握等;中共在九五年與九六年三次飛彈演習,正是希望證實中共仍有牽制台灣的能力,與摧毀軍用機場的準確度。參考張旭成、沙特拉(編),《如果中共跨過台灣海峽》(台北:允晨,民84);Peter Yu (ed.), *The Chinese PLA's Perception of an Invasion of Taiwan* (New York: Contemperary US-Asia, Research Institute, 1996).

㉑參見魏鏞,《突破》(台北:商周文化,民84),頁222-226。

㉒最早是台北方面由邱進益提出兩岸簽署和平協定,其目的不言可喻,是藉協定來凸顯兩岸為互不隸屬的政治實體,後中共時國家主席楊尚昆表示,可以在一個中國的原則下考慮這個建議。又過不久,就有大陸方面提到停火協議或終止敵對狀態的談判。而「終止敵對狀態」在江澤民發表八點促談聲明後,成為北京主要的訴求。

㉓對於誰是中國人這個問題,北京在態度上起過變化。當江澤民提出「中國人不打中國人」的時候,台獨主張者可能不包括在內,而在一九九五年下半年之後,官方媒體已經確指李登輝為台獨的推動者,是否他仍屬於北京眼中的中國人呢?到了一九九八年,中共發動新一波的促談,並指出,除了極少數頑固的台獨份子之外,其它北京都歡迎與之接觸,則中國人的範圍又擴大了。

㉔在學理上要定義中國或中國人固有其困難,參見Steven Harrell, *Cultural Encounters on China's Ethnic Frontiers* (Hong Kong: Hong Kong University Press, 1994);王明珂,《華夏邊緣》(台北:允晨,民86);但在政治上卻成為難以接受的事,就像主張台灣生命共同體意識的人,也很難替共同體下定義,但卻在政治上必須假定共同體範

圍明確。

㉕解放軍設在北京的中國軍事科學院一位少將研究員，曾在（一九九四年一月）受訪時指出，當初「人家進去了，把你們給變了，從來沒講過什麼道理，現在要把你們變回來，也就只能進去了，不能講道理」，所謂「人家」指的是日本，「你們」指的是台灣。在他的談話中，台獨原本是中國人，被日本改變了才不是，現在還可以變回來。

㉖李登科在對國防部三民主義巡迴教官座談時對與會學員的提示，台北（民85.12.26）。

㉗參見姜殿銘，〈對九七後兩岸關係走向的淺見〉「21世紀兩岸經濟文化發展學術研討會」，台北（1997.5.6～7）。

㉘參見許家屯，《許家屯回憶錄》（台北：聯經，民82），頁107-111。

㉙參見亞倫‧懷丁，「從香港問題與美法售台戰機看中共圍城心態」《中國時報》（民81.12.25）；鄧小平，〈振興中華〉《鄧小平文選》三（北京：人民出版社，1993），頁357-358。

㉚「中國威脅」論即在此背景下甚囂塵上，例見國家發展研究文教基金會（編），《中共軍事威脅與我國對策》（台北：國家發展研究文教基金會，民84）；威廉‧歐佛，《中國威脅》（台北縣：智庫，民84）；吳建德，《中國威脅論》（台北：五南，民85）。

第2章　體察兩岸社會變遷

第1節　改革發展的趨勢

前言

　　台海兩岸自八〇年代之後，皆積極進行改革，對大陸而言，必須要走出文化大革命的陰影，重新建立社會的方向。對台灣而言，則是恢復憲政秩序，實現民主制度，擺脫動員戡亂時期的政治包袱。改革的必要性雖然如此急切，但是改革的理論工作則無法一蹴而成，有待在實踐之中逐漸摸索成形。

　　台海兩岸的改革，是在世界性的改革與和解背景中進行的。先有美、蘇兩大超強的對抗降低，既而是社會主義陣營瓦解。緊接著，在世界各地的宿敵冤家紛紛展開談判。意識形態的主導性消逝了，集團政治的運作模式失去效率。過去，每個國家都有一個明確的敵人，現在敵人的影像模糊了，無怪乎許多人在短期之內失去了國家目標。①影響所及，過去國內各種社會資源的動員方式，受到質疑。有的國家亟思覓得新的敵人，以求繼續保障冷戰體系下的既得利益，其它國家則發生政治變動，長期執政的政黨或強人，若不是遞嬗更迭，則也必須改弦更張，才能適應新的社會形勢。

　　台海兩岸的交流，順著世局的變遷，在八〇年代中期逐漸

開展，雙方內部的政治氣氛也大幅寬鬆，對於過去的政治實踐
與社會安排，重新檢討。無獨有偶，兩岸均出現了求新與復興
兩股力量。在大陸，這兩股力量就表現成體制外的改革與計劃
體制的優化之間的折衝；②在台灣，則是本土化與回歸憲法之
間的相互激盪。③改革的層面甚為廣泛，像大陸上的文化領域
裡，出現了傳統與現代的辯證思索，④政治領域的集中與民主，
⑤經濟領域的市場與計劃，⑥法律領域的法治與法制，⑦管理
領域的產權與經營權等等，⑧不一而足；台灣的本土化訴求更
是遍及社會每一個角落，舉凡教育、文藝、體育、影視、學術、
金融界，本土化的呼聲，蔚為風潮。⑨兩岸交流的步調，也受
著雙方各自的社會改革在邁進。

道德政治的隕落

　　中國政治文化向來主張，領導人物要有高超的道德素養，
能秉持天下為公的無我精神，為民服務。大凡社會上的變遷與
動盪，往往繫乎上層的政治風氣。倘若政治人物能夠與民無爭，
則即令經濟上的成長不盡如人意，社會仍大體能維持和諧，則
社會大規模的改革運動，鮮能風起雲湧。所謂改革，在中國的
政治文化之中，通常是領導階層所發動，若逢下層抗爭爆發時，
其中主要的任務，多只是替換不適任的領導人，而不是進行體
制的革命改造。⑩

　　然而，八〇年代以來，兩岸所進行的改革，則相當程度地
超越了領導階層所想像的範圍，成為社會自發性的迎合、創造、
推動。這種現象，不得不從整個領導階層的道德號召喪失，人
民失去得以依附服從的權威，從而造成上下交征利的情況中去

理解。這種對於中國政治文化中的尊卑秩序徹底疏離的現象，並不等同於中國歷來的政治反抗運動，因為並不是在找尋一個真命天子，或英明領導，而是發乎內心的對權威領導的不信任。這並不代表中國人的集體政治性格發生了根本的轉型，而是人們對於秩序的渴求，不再能從年高德劭的領導人身上獲得滿足，也不再能託付給一個崇高理想的革命政黨身上，讓它去完成。

大陸上的政治道德隕落，始於群眾路線的濫用。⑪過去的中國政治實踐，絕少有將人民大量捲入的，因此，每當天災人禍出現，造成民不聊生之際，則解決之道，在於等待一個知道休養生息的天子出現。在正常的狀態下，政治上效忠天朝的人民，擁有自己的活動空間，此中國傳統民間社會的典型。政治上的動員，是民間社會的禁忌，若能無為而治，則天下太平。中共的統治則反是，它的群眾路線強迫人民將自己的經濟資源貢獻給社會，作為自己道德淨化的表態。過去人們向來認為，只有作為領導階層的君子才是道德教化的所在，村夫村婦本就是追逐小利，趨避小害的。但群眾路線則使得社會上每一個人，都要在其它人的面前交心，表達自己的共產主義道德，奉獻所有，⑫則每個人在政治上的效忠，不僅不能換得民間社會自足成長的空間，反而成了對自己在經濟上的一種懲罰。

群眾路線最初是表現在農業合作化方面，後來發展成生產大躍進與人民公社運動，但又因為政策過於偏激，暫時收斂，不過農民教育的運動則在各地推廣。毛澤東在一九六〇年代末期發起了文化大革命，鼓動紅衛兵造反，砲轟黨中央，砸爛公檢法。⑬這一連串的群眾路線，對道德政治的風格造成負面影

響。首先，群眾既然已經奉獻了資源，則他們比誰都更爲道德
純淨，過去仰賴仕紳、鄉紳，以及後來依靠共黨幹部的菁英階
層來教化，現在不再能覺得他們高高在上。其次，幹部失去了
領導所依靠的道德號召力，而且還須親自下田，則他們也沒有
誘因再作一個無私的領導者，反正在群眾路線中，無所謂社會
地位。⑭再其次，高層政治的內鬥，捲入了群眾，於是無法再掩
飾在宮廷城牆之後，因此使人民對政治人物的性格徹底認識，
看清了鬥爭的本質，進而嘲弄其原有的教化功能。⑮

在台灣，當國民黨在內戰中敗北來到台灣時，面臨生死存
亡的關頭，勵精圖治。它運用政治力量，進行土地改革，強迫
本土的地主接收公營事業股票，交換土地，於是形成了早年國
民黨的政治菁英與本土的經濟菁英分流的社會結構。⑯加上大
陸戰敗的經驗，國民黨嚴格的反貪污腐化，成爲開發中國家罕
見的廉能政權。不過，純粹由黨政軍勢力組成的政府，仍缺乏
統治台灣的正當性基礎，因而在反攻大陸、消滅共產暴政的動
員戡亂體制下，維持了四十年的戒嚴統治。政治上的威權領導，
卻不協調地依附在民主憲法之下，形成難以自圓其說的窘迫。

爲了說明統治的正當性，國民黨拒絕修改憲法，以能昭示
它將憲法帶回大陸的決心。⑰然而，爲了統治的實際需要，它又
必須作出許多毀憲避憲的權宜措施。結果，廉能的政府，崇高
的理想，及有效的統治，先是創造出了一批知識份子，能夠用
國民黨自己揭櫫的憲政標準，批判國民黨的專政統治，造成第
三世界罕見的現象，即反對運動不要求修改憲法，而要求回歸
憲法，比執政者更忠於憲法。⑱後來在經濟發展之後，本土的企
業家紛紛興起，投入反對運動，使得台灣的領導階層面臨了作

繭自縛的局面。這是國民黨政治道德隕落的內在邏輯。

　　同樣起關鍵作用的，是國際局勢的發展，這在國民黨的術語當中，就是國際姑息逆流瀰漫。⑲在世界局勢中，美、蘇與中共三角關係的形成，使得美國興起了聯中共以制蘇聯的想法，中共的國際地位驟然上升，在一九七一年進入聯合國取代台北的席位，次年復與美國簽訂《上海公報》，進行關係正常化。這些發展，對於宣稱要反攻大陸的國民黨造成震撼。如果反攻大陸不能實現，則復興基地的定位方式便不能持續，戒嚴統治與動員戡亂亦失去意義，為了找尋新的統治正當性基礎，國民黨開始民主化的改革。⑳

　　民主改革的步調就是選舉，而為獲得勝選，國民黨開始大量地吸收本土菁英，反對運動也開始在地方選舉中展露頭角，迫使國民黨與地方派系及財團結合，這些改革，率先在國民黨內發生鬥爭，新崛起站在改革一方的人，藉用了本土的菁英支持，取得主導；㉑繼而則是本土精英竄升，進一步將原本改革的勢力打敗，㉒於是開啓了國民黨本土化與金權化的發展。就在短短的幾年當中，從國民黨十三大到十四大的召開期間，完成了上述的政治轉型，反共政權變成了本土政權，幾乎所有高層領導均是新面孔，造成政治規範蕩然無存，人民可以透過各種管道，影響決策，與聞政治鬥爭祕辛，高層人物的幕後關說、利益輸送、黑道介入，完整而迅速地呈現在社會的面前，厥為中國道德政治隕落的典型。

改革理論的摸索

　　儘管改革是在道德隕落的前提下進行，兩岸領導人均深

知，一定程度的道德號召，乃是政權正當性不可或缺的基礎。由於政治人物與政黨本身已經失去民心，則道德號召的內涵，不得不透過意識形態的理論建構來完成。這是兩岸官學界理論工作者的重責大任。

根據中共理論家的設計，改革的關鍵仍是在掌握好群眾路線，但群眾路線不應該是什麼大鳴大放的文革模式，而是共產黨領導下的政治協商，也就是民主集中制。依照中共的自我檢討，過去太重集中而忽視民主，才造成群眾路線的偏差，故今後政治改革與經濟改革，要保證民主協商精神的貫徹。㉓表現在經濟民主上時，要重視企業經營權，不能凡事由計劃官員拍板定案；企業內部則要重視職工參與，提高職工代表大會的權力。如此一來，市場引導企業，企業將資訊回饋給計劃體制，則計劃官員得以掌握全局，作出因應。同理，表現在政治民主上時，各級人民代表大會要辦好每一次選舉，從提名、候選到當選，都要透過政治協商，而且對於人代會的法定權力，㉔確實行使，以保證全國領導能體察潮流，作出調適。

民主協商必須要有人來進行集中工作，在這方面，無論是理論或實踐似乎都要求由共黨來擔任，蓋共產黨是無產階級政黨，既是無產階級，就不可能會為了一己之私利，累積自己之財富，而作出圖利於自己的事。實踐上，固然有不肖黨官搞官倒腐化，然而這是要靠人民代表大會加強民主監督來防範，而不能靠推翻無產階級政黨來完成。倘若無產階級政黨可以、也應該與別的黨更替執政，是否表示無產階級之內，或社會之中有不可化解的敵我矛盾呢？㉕這在理論上，應該只可能發生在資產階級社會。所以，所謂多黨執政，就是資本主義復辟的現

象，不能容忍。即令人民內部出現了矛盾，只要無產階級政黨在執政，仍能依據長遠利益與整體利益進行協商。㉖此共黨執政的正當性基礎。

　　相對於中共的理論家，台灣的改革理論工作重點，是強調新局面的來臨，因此在宣傳風格上，比較不注重整體理論的建構，而傾向於採用即興式的口號，逐步地、片面地將訊息傳送給民間社會，因此在每一階段，常有不同的訴求重點。最早的口號就是改革，後來採用本土化。配合的說法，包括「歷史的開端」、「世代交替」、「新台灣人」、「建立新中原」等。最關鍵的理念就是要拋棄歷史的包袱，除舊佈新，建立台灣生命共同體的意識。㉗

　　依據求新的心態而佈下改革的歷程，基本上可以分成五個步驟。首先，必須結束舊國民黨的動員戡亂體制，取消戒嚴；其次，大幅修正憲法，中台灣地區人民直接選出的新國代，認可新憲法的效力；再其次，推動多層次的、全面的選舉，徹底將政權本土化；第四步是走向國際社會，重新以一個新的主權身分加入之；最後，則是面對大陸，商談兩岸之間新的政治安排。㉘

改革與兩岸關係

　　雖然在改革的理論上，中共所提出的民主集中制與前章述及的社會主義初級階段論，和台灣的歷史的開端與民主自由主張，並不相一致，但是改革過程所遭遇的現象，卻有一些共通性。不同之處，主要是中共強調中國特色，對於文化大革命以前的建國經驗抱持著大體肯定的態度，而台灣則力求拋去其中

國歷史包袱，故對國民黨遷台的歷史，帶著原則上批判的心態。不過，兩岸對歷史態度的迥異，不能改變所面臨問題的雷同性，即中國政治文化裡對於道德政治的那種預期，無法得到妥善照顧。大量焦慮出現之際，兩岸同時產生了官商勾結現象，人們對政治疏離、經濟行為短期化、社會犯罪形態轉變、移民現象或民工潮現象大量增加、社會公平感受到質疑。㉙

這些亂象，因應著改革的步調而發生，也隨著兩岸交流的開展，而傳播到彼此的社會中，使得兩岸人民對於對方的印象受到負面影響，但也在另一方面，因為既有社會倫理的式微，與制度化管道的解體，政治上的對抗姿態，完全不能斷絕兩岸民間社會之間，無孔不入的往來。有人因此而暴富，也有人因此而血本無歸。改革的歷程，除了創造民間社會自主運作的空間，也同時提供了法律管轄不到的各種犯罪漏洞。與傳統中國社會最大不同之處，在於兩岸均欠缺一個能夠安穩人心的道德權威。所以，雖然民間社會的活力逐漸恢復，人們都缺乏安定感與方向感，這說明了為何短期與局部利益的考量，充斥在兩岸的改革過程中。

由於兩岸政治經驗的差異，從事改革的人，往往不能理解另一岸的改革，對於彼此的推論前提與歷史條件，均難共享，從而產生許多誤會，總以為對方的改革，只是在謀一黨之私，並不足取。也由於對彼此的改革了解不夠，傾向於貶抑對方的改革成果，從而就誇大了自己的成就，忽視了自己的問題。故從台灣的角度看大陸，就會以為中共只要不放棄一黨專政，與社會主義公有制，則改革注定失敗；㉚而從大陸的角度看台灣，會覺得除了在流行歌曲的創新方面台灣具有優勢之外，在

所有其它領域裡，台灣都必須依賴大陸。㉛簡單說，台灣認爲自
己民主化完全成功，是因爲和大陸在比，忽略了農民社會的條
件，也忽視了台灣民主中的金權、黑道和派系現象；而大陸在
嘲弄台灣經濟瓶頸時，忽略了台灣管理與資訊上的敏銳性，也
忽視了大陸經改過程中的浪費與浮誇。

改革與兩岸交流

　　大體而言，兩岸在改革中碰到的共通現象，多少是因爲相
同的政治文化背景而產生的；兩岸改革經驗的差異，則是具體
的歷史環境，包括資源多寡、地理位置、國際格局、黨政結構、
領導人物等等方面的不同而促成的。因此，兩岸的人民都只需
要很短的時間，就可以適應對方在具體環境中的特殊情況，因
爲大家思考的方式、擔心的問題，基本上是相通的。只要能消
除自大的心態，很快就可以和彼岸的人民一樣，運用改革過程
中的法律漏洞，培養觀察政壇變局的敏銳嗅覺，欣賞令人喜怒
哀樂的節目。因此，儘管改革帶來了層出不窮的社會問題，而
且改革理論相互扞格，仍然對於促進兩岸人民的交流，有總的
貢獻。何況，社會問題的發生，與中國範圍內的道德隕落的關
係較大，與兩岸交流的關係較不密切。

　　相反地，兩岸民間社會各種合法與非法的往來，有助於領
導階層認識到兩岸改革共同面對著的文化重整問題。如何接合
兩岸的改革理論，將以本土化爲訴求的改革，與以群衆路線爲
訴求的改革，作通盤的比較、檢討、接合，是兩岸改革者可以
共同努力的方向。在這一點上，民間社會擴大交流的努力，已
經有所成效，使人民普遍知覺到，兩岸的改革，已不再是兩個

分開的過程，而是緊密結合的共生現象。

註　釋

①在美國這樣的移民社會，也碰到類似的效忠問題與敵我意識含混的危機，見David Campbell, *Writing Security* (Minneapolis: University of Minnesota Press, 1992).

②見石柳子（編）《北京地下「萬言書」》（香港：明鏡出版社，1997）。

③這方面詳細而多角度的整理，可參見《國民大會憲政座談會速記錄》（台北：國民大會秘書處，民83）；國是會議實錄編輯小組（編），《國是會議實錄》（上、中、下）（台北：民79）。

④參見李曉明，〈中國傳統思維模式及其現代化〉《江漢論壇》5 (1986)；俞吾金，〈當代中國文人的內在衝突〉《復旦學報》3 (1988)；王富仁，〈對全部中國文化的現代化追求〉《中國社會科學》3 (1989)。

⑤見孫國華，〈民主建設必須納入法治軌道〉《中國法學》5 (1990)；沈寶祥，〈人民民主專政在新時期的歷史使命〉，輯於北京市委宣傳部（編）《堅持四項基本原則反對資產階級自由化》（北京：北京出版社，1990）；Chih-yu Shih, *Collective Democracy* (Hong Kong: Hong Kong University Press, 1998).

⑥參見吳玉山，《遠離社會主義》（台北：正中，民83）；Chih-yu Shih, *State and Society in China's Political Economy* (Boulder: Lynne Rienner, 1995).

⑦見劉紹含，〈人民主權〉《法學》9 (1991)；曾德垓，〈「法律制度」與法治〉《法學》7 (1991)；張文顯，〈中國步入法治社會的必

由之路〉《中國社會科學》2（1989）；郭道暉，〈試論權利與權力的對立統一〉《法學研究》4（1990）。

⑧這方面的辯論，在八九天安門民運前夕最盛，參考譚乃彰等，《經濟體制改革六大問題研究》（北京：春秋出版社，1989）；曹思源，〈企業兼併與企業破產制度的比較〉，輯於田福庭（編），《中國企業兼併的理論與實踐》（北京：經濟管理社，1989）；首都研究與開發公司（編），《堅持承包制，搞活大企業》（北京：中國民主法制出版社，1989）。

⑨見台灣史研究會（編），《認識台灣，參考文件》（台北：台灣史研究會，民86）；杜正勝，〈台灣一定要進入世界〉《新台灣新聞週刊》69（1977.7.20～26）；李登輝，《經營大台灣》（台北：遠流，民84）。

⑩參考金觀濤、劉青峰，《興盛與危機》（台北：谷風，民76）；《開放中的變遷》（香港：中文大學出版社，1993）。

⑪李慎之稱此爲扭曲的大民主。「大民主」一詞由他向毛澤東提出，主要是希望把眼光放在長遠的、宏觀的民主制度，不料被毛拿去當成群眾路線來推動，見李慎之，〈大民主和小民主：中國和國際共產主義運動史上的一椿公案〉《聯合報》（民86.12.28～30）：9。

⑫參考Richard Solomon, *Mao's Revolution and the Chinese Political Culture* (Berkeley: University of California Press, 1971).

⑬見楊曦光，《牛鬼蛇神錄》（香港：牛津大學出版社，1994）。

⑭見Dali Yang, *Calamity and Reform in China* (Stanford: Stanford University Press, 1996).

⑮見扈穎航、官玉書，〈1959年廬山會議及其教訓〉《求是學刊》2（1985）。

⑯見Lucian Pye, *Asian Power and Authority* (Cambridge: Harvard

University Press, 1985), pp. 229-230.

⑰見劉錫五，《中國國民大會誌》（台北：民主憲政社，民58），頁145以下；李念祖，《動員戡亂時期臨時條款在我國憲法上之地位》（台大法律研究所碩士論文，民79）。

⑱反對運動者老費希平就鼓勵政府「既然實施憲政……，就應該按憲政體制，實行憲法之治」，他對不走憲法體制路線的反對運動也不贊同，最後只好退出民主進步黨。見費希平，《理想與期待》（台北縣：費希，民79），頁63，675-679。

⑲首先在一九六四年與法國斷交，一九七〇年以後分別與日本、加拿大斷交，並退出聯合國，至一九七九年與美國斷交。七〇年代初期流行的口號是「處變不驚，莊敬自強」。

⑳見John Copper, "Taiwan's Elections," Occasional Papers, University of Maryland College Of Law 5 (1984)：42-46。

㉑參見沈駿，《當代台灣》（合肥：安徽人民出版社，1990）。

㉒見若林正丈，《台灣：分裂國家與民主化》（台北：月旦，民83）。

㉓見人民出版社，《中共中央關於加強黨同人民群眾聯繫的決定》（上海：新華書店，1990）。

㉔根據《中華人民共和國全國人民代表大會和地方各級人民代表大會選舉法》，各級選舉應採差額選舉，選舉提名過程必須「反覆醞釀、討論、協商，根據較多數選民的意見，確定正式代表候選人名單」，關於村級幹部的產生，則有〈村民委員會組織法（試行）〉在規範，參見葉明德，《大陸人民的政治參與》（台北：時英，民83）；林長盛，《大陸農村村民自治制度研究》，行政院大陸委員會委託研究（民84）。

㉕見李青，《中國特色的社會主義政黨制度》（北京：中共中央黨校出版社，1991）；劉吉等，《黨制之爭》（上海：人民出版社，1990）。

㉖參見張一，《中國社會熱點難點疑點問題分析》（北京：解放軍出版社，1989）。

㉗見水野明，〈日本的「中國非國論」檢證〉《東南文化》1（1977）；劉進慶，〈剖析台灣親日反華的奴性史觀〉《開創與前瞻》台北（1997）；黃主文，《新台灣人》（桃園：世紀出版社，民84）；在一九九〇年國是會議預備會議開幕致詞中，出現了大量的「新」訊息，比如：「開創新時代」、「瞻望未來」、「繼往開來」、「再造新中國」、「未來與當前」、「前瞻修憲」、「步上新的坦途」、「今後努力的方向」等等，見《國是會議實錄》（上），前引，頁4-5。

㉘結束戡亂是民國八十年，完成第一次修憲是民國八十一年，立院改選成立新閣在民國八十二年底，開展渡假外交是民國八十三年，兩岸高層會談原設在民國八十四年，但因為前一年外交工作不順利，並未成功返回聯合國，而且看來困難重重，所以所有的計劃在民國八十四年暫停，從而有了民國八十五年以來為鞏固領導中心的修憲，及與在野民進黨推動全面合作，凝聚主流的發展。

㉙參見童星，《世紀末的挑戰》（南京：南京大學出版社，1995）；鄭杭生，《中國社會轉型中的社會問題》（北京：中國人民大學出版社，1996）。

㉚故謂，「它在政治上仍堅守『四個堅持』，以維持中共一黨專政。近幾年來，大陸經濟財政危機不斷，貧富差距逐漸擴大，社會問題叢生，均是這種『政左經右』路線造成的後果。」見行政院大陸委員會，《台海兩岸關係說明書》（摘要）（台北：行政院大陸委員會，民83）。

㉛上海市台灣辦公室張承偉在接受訪問時的表示（1992.2）。

第2節　集體認同的游移

前言

　　兩岸關係充滿了不確定性，其中主要原因之一，就是整個中國文化地區的集體認同，都在發生重大的變化。認同政治是冷戰結束之後才為人重視的現象，近十年來的世局發展，提醒了社會科學學界很好的反省機會，讓大家重新理解，冷戰的持續，在一定程度上只是反映了一個穩定的世界觀，人們依據所屬集團的意識形態，替自己的國家定位，取得了安定與秩序的感覺。然而，冷戰的結束，使得意識形態與集團政治隨之消逝，繼起的紛爭，是以種族與宗教上的民族主義為主軸，①附屬的挑戰，還包括古典的階級問題和新近浮現的性別問題。對於國家領導人而言，這些紛爭所帶來的最大挑戰，就是國家與社會的集體認同發生動搖。②

　　台海兩岸在大的認同危機潮流中，也各自出現了具有區域特色的認同問題。以中國大陸為例，其集體認同危機不全與世界性的民族、宗教問題相銜接，而仍然與意識形態相關。由於在社會主義陣營瓦解之際，中共仍然屹立不搖，使它成為世界上唯一的社會主義大國，但也不得不對自己的社會主義認同，產生內在的動搖，③再加上改革開放引進的思潮，使中共益加仰賴民族主義認同來作為統治正當性的基礎，已如前所述及。對於中共而言，社會主義仍為其建黨立國之命脈，如何因應資本主義潮流的挑戰，是中共的認同危機中主要的課題。

台灣的認同危機，也是在後冷戰時期湧現的。由於台灣在民族與文化上不能區隔於大陸之外，但在意識形態與歷史條件的限制下，又不能與大陸相融合，等到世界大趨勢發生變遷，意識形態與歷史條件下的兩岸抗爭，失去了意義，偏偏因為中共仍然維持著社會主義，且國共內戰造成的中國分裂逐漸固定成現實，使得台灣面臨了新的認同課題，即必須在文化、民族、意識形態，與歷史內戰等因素之外，找尋新的角度，才能理解並維繫台灣與大陸的分割，規範彼此的交流。

中國大陸的社資辯證

中共堅持社會主義路線，有其理想面，也有其現實面。理想面指的是當初革命的憧憬，希望建立無產階級政權，使農工大眾免於封建地主、官僚資本，與帝國主義的剝削。現實面則是關乎中共統治正當性的維護。何況，社會主義教育進行了四十餘年，要改弦更張，在旦夕之間找到取代社會主義，而又能滿足民族情緒，不牴觸政治安定的新社會認同，並非易事。然而，改革的進行不是任何人可以停止的，從而在社會上出現了許多現象，不全符合一般印象中典型的社會主義，中共要處理的主要問題，首先是社會主義是什麼？社會主義國家可以容忍哪些資本主義現象？

第一個現象是地方財政權的擴張。④改革的手段，是藉由因地制宜的規劃，發揮地方特色，鼓勵全國範圍內的分工。但是實際上，地方政府截取利稅，留作自己的基金，事實上妨礙了資源的流通。地方自主性的提高，咸信可以抑制社會主義象徵的中央計劃體制。

第二個現象是企業經營自主權的擴大，⑤實行廠長負責制，面向市場，並容許企業運用利潤誘因，激勵職工士氣，且在獲利之後，可以有相當部分留下來作紅利發放，或廠本身對有興趣的項目，進行再投資，擴展廠務基金。廠長若把企業搞活，自然受到職工擁戴，使得全廠幹部與職工，都只關心市場，而非計劃。

第三個現象，是私營經濟與外資企業已經大量出現，中央計劃體制所管不到的各種橫向聯合投資，愈來愈多。⑥他們一開始的時候，是替國營企業配套，現在不少已經能獨自面對消費者與國外買主。私營經濟主基本上是自利的，他們除了繳稅之外，不必像國有企業還要與國家分享利潤。所以他們在心態上，完全不必顧及計劃體制。私營經濟的擴張，就是預算外資金的擴張，代表計劃體制的相對削弱。

第四個現象，是中央計劃體制萎縮之後，爲了能夠平撫政府事業單位職工的不平心理，於是又鼓勵各單位自行集資，辦廠創收，造成全民經商的奇特現象。⑦有的單位與企業合作，有的由職工入股，使得社會上沒有一個具體的中立的管理者，人人有後門可以走，引起人們掛著社會主義大旗，卻猛挖社會主義牆角的現象，造成計劃體制內物資大量流失的現象。

第五個現象，就是因爲各企、事業單位際遇不同，管道各異，而使得有辦法的可以致富得快，沒有辦法的依然貧窮。⑧私營經濟主或個體戶順應市場潮流成功者，可以在短期之內成爲暴發戶，從事奢靡消費，助長社會攀比心理，與大眾的相對剝奪感。不習於貧富差距的社會，在短時間的改革下，出現了貧富階級分化的現象，讓許多人難以適應，但卻符合了資本主義

社會的邏輯,即由市場決定誰有資格致富。

　　然而,這五個資本主義現象,並不等同於資本主義。畢竟,市場並非只有資本主義社會才有,即令在極端的中央計劃體制下,仍需要透過價格來交易,而且計劃者必須揣摩開放市場的價格來訂價,如果出現差距,無異是鼓勵黑市出現,破壞計劃體制。社會主義之下,也不一定非靠中央計劃者來訂價,國有企業也是計劃體制中的一分子,當然也可以訂價,⑨蓋企業對市場的資訊,掌握得比中央計劃者更準確。企業也可以代表職工從事集團消費,因此又具有消費者身分。企業為的是生存,國家為的是滿足市場,兩相配合的話,產品的品質就有了保證,否則計劃就是做了,也是白做。關鍵在於,大型工廠的主要投資者仍是國家,廠長仍是公務員。

　　貧富不均也不見得是資本主義社會才有的。問題在於,貧富之間有沒有階級對立的問題,假如致富的人,只是因為有機會佔有生產資源,因緣際會,則就不會為了累積資本而形成階級。在社會主義之下,致富的人只是先富起來,理論上是無產階級對他們率先搞活市場的一種報酬,因此先富與後富之間的矛盾,不像資產階級與無產階級之間的矛盾,故非敵我之間的生死鬥爭,⑩而是時間先後的問題,因此可以透過協商來解決。在富人個人擁有大量資本之前,尚難論斷貧富不均現象是否為資本主義現象,而共產黨的功能,就在於防止富人湧現而變成資產階級。

　　真正關鍵的社會主義標準,就是財產權的歸屬問題。這也是今天中共體制改革當中的難題。改革初期用的是承包制與租賃制,⑪造成資源大量失控,且地方大企業與集體單位尾大不

掉，貧富差距加大，後來要採用股份制，就碰觸到社會主義的
核心問題。⑫如果企業採納股份制，國家必須設法保證，在所有
關鍵部門、關鍵科技等領導行業中，國家持股與社會集體持股
的比例，高過個人與國外資本家的股份，否則就真的是某種程
度的資本主義化了。⑬

　　總的來說，社會主義改革不必反抗資本主義現象，大陸是
否為社會主義國家，不能根據它是否採用了資本主義方法一事
來判斷，而要看它在資本主義方法之外，是否還保留了資本主
義社會看不到的一些特色，如共產黨專政、國有企業主導力量
的延續。大陸上認同危機的根本，恰在於財產權的股份化，會
不會是社會主義防線的崩潰？短期內藉用市場來發展生產力，
會不會引起資產階級復辟？全民經商的現象，會不會讓共產黨
鬆懈而容許外國資本趁虛而入？正因為這些問題沒有固定答
案，才會引起社會上的搖擺與不安，與方向感的欠缺。⑭

台灣地區的統獨爭議

　　在兩岸對立了四十多年後，台灣方面逐漸失去了說明此一
對立的意識形態理由，不僅世界上的社會主義與資本主義爭論
不再存在，而且大陸的改革開放也使它的社會主義立場，明顯
淡化。兩岸的對立，成為赤裸裸的政治對立，但兩岸人民基於
血緣、文化、經濟的往來卻日趨頻繁，尤其威脅到一向仰賴反
共作為統治正當性基礎的台北當局。⑮在這樣的背景下，提出以
主權獨立為號召的口號，成為政府說明兩岸對立應該持續的主
要理由。

　　不過，從事台獨運動的人當中，有許多並不滿足於主權獨

立的訴求，而希望有更高遠的道德訴求，因而台獨的面向，就具有了多樣性。它可以是建構台灣人認同的文化活動、⑯建立新民族意志的感官知覺運動、⑰追求獨立法律人格的技術活動，⑱或擴大台灣國際活動空間的戰略活動。⑲無論如何，建立新的台灣國，不可避免要從否定既有的政治認同發端。一旦分離主義成了一個集體認同的標的，則難以再用政治利害的考量，來決定是否應該獨立建國的問題。相反的，如果為了台獨而付出很高的代價，反而可以表達分離主義者的神聖使命感。

　　否定既有認同的途徑很多，其中象徵意義最高的辦法，就是拋棄代表中國的中華民國憲法。分離主義者向來主張要重新制憲，選出代表台灣人自己的總統。他們相信，新的憲法，只要能維護民主原則、司法獨立原則與權力分立原則，制憲的行為並不會違反憲政主義的基本精神，反而可以彰顯新國家的新認同。然而，如果憲法的形式不受尊重，則任何對當前政治的不滿，都可以藉由認同問題來表達，從而使得憲政規範受到不斷挑戰。那麼，民主、司法獨立與權力分立的原則所依附的憲法形式，也一併地定期受到挑戰。⑳對分離主義論者而言，這些在憲政規範與秩序方面的代價，若與獨立的意義相比，並不值得太過重視。

　　其實，主張用制憲來實踐分離主義的人，並不止於要求改變國號、國旗、國歌而已，也希望將表述中國政治文化特色的一些憲政設計，徹底改造。比如具有濃厚中國特色的監察院與考試院，就是許多分離主義者主張裁撤的對象，也的確說明了何以在八十二年修憲時，必須將監察權大幅削弱的政治背景。原本考試、監察兩院制度的設計，主要是要將民主、司法獨立、

三權分立等大原則，能依據中國文化習性，加以具體地落實。
分離主義者則希望透過抽象的邏輯思辨，來設計憲政制度，以
免除歷史文化的傳承。可見，保障憲政主義的精神，並非分離
主義者的目的，但卻用憲政主義精神反正仍可保留作為理由，
來說明重新制憲的並無不可，使得憲政主義變成了分離主義的
工具，則倘若一旦建國完成之後，是否憲政主義就會失去其價
值，值得憂慮。㉑

　　分離主義者往往主張，制憲是人類在自然法上的權利，而
今天憲法只適用於台灣地區，㉒則台灣人民當然可以要求制定
一部真正只適用於台灣地區的憲法。然而，台灣人的認同，如
果是要靠改變憲法施行的範圍來認定，則認同的概念，就是憲
法以內的觀念，與分離主義者所認為，認同是憲法以上的自然
法範疇之說法，有所牴觸。何況，假如一定要制定一部只能適
用於台灣地區的憲法，才能保障台灣認同的話，表示真正保障
台灣認同的，不是憲法，而是它的履行區域，那麼，制定新憲
法的理由就不存在了，畢竟，中華民國的憲法，在實際上也只
適用於台灣地區。尤有甚者，保障台灣認同的憲法，與保障中
國認同的憲法，其實也不必相衝突，這點台灣民眾多能有所認
識。假如，適用於台灣的憲法，不能用來保護中國人，即表示
台灣人與中國人的天賦權利有所不同，則來日台灣人民權利受
到壓制時，便無法用天賦人權為理由向世界人民尋求支持了。

　　台獨運動代表的是一種分離意識，反映了台灣在近代史上
受到日本殖民經驗的一種悲情意識。㉓有人將台獨運動看成對
於戒嚴體制的反彈，因此在台灣政治日趨多元化與公開競爭的
時空中，分離意識勢必須要找尋其它的理由為之宣傳。故也有

人指台灣是亞細亞的孤兒,才一心想靠獨立建國獲得認可。㉔長遠來看,台獨運動倘若茁壯,則將失去孤兒之類的自我認同,是否又必須追求新的自我表述方式?而且,一般社會中孤兒的情感表述,不必是非要追求絕對的獨立不可,未始不能考慮與人們建立人情關係,發展相互同情的依存感。

集體認同與兩岸關係

由於大陸上的社資辯證,導致經濟與政治上的各種循環搖擺現象,也使得兩岸關係平添變數。這裡有正面與負面兩種作用。正面的效果,是在這種莫衷一是的時代裡,兩岸人民取得了各種交流的空間。認同混淆的結果,是政府缺乏可資遵循的制度,則民間社會自主運作的能力得以發揮,而且也正是在靠這些自發性的交流活動,使得上層政治的紛擾,不會完全造成社會發展的停滯。既然集體認同發生了疑義,民間所有的活動,都可以在高層政治捉摸不定的口號中,找到可以掩護自己行動的正當性說辭,比如與台商交往的地方黨官,雖然可能違反了精神文明的準則,但卻可以宣稱是在進行統一大業的統戰工作;要求台商繳付各種規費與攤派的黨官,雖然造成在台商心中的負面形象,亦可以宣稱是在將台商納入體制,走共同富裕的社會主義道路。

負面的影響是,在社資爭論持續不斷、高層黨政派系受到各種政治考量的掣肘下,人們不容易在與台灣從事交往時,作出任何在原則上大的讓步,否則勢必成為政壇上遭人攻擊的理由。㉕更重要的是,當兩岸關係中出現爭議時,這種高層政治的分合,會引導大家往強硬的立場偏去。因為人們若在社資問題

上妥協不了的話，當然得在民族主義的立場上有所表態，這就使得兩岸關係未來的走向，有了大的框架，多少影響中共方面，造成它不能在短期事件上，作出順應輿情的的一些具體調整。

台灣的統獨爭議與分離主義聲浪逐步上升之趨勢，一方面使中共認識到問題的複雜性，而可能願意更小心謹慎地處理兩岸交流的各項議程；另一方面，也很可能增加中共的急迫感，擔心台灣內部分離主義聲浪的升高，會使中國統一的工作更困難。這兩種情緒的交織，使中共的對台政策也出現了口徑上的鬆與緊的循環。㉖它有的時候作出讓步，既希望贏得台灣的人心，又意圖藉機刺探台灣的想法，看台北是會適可而止，或得寸進尺。在其它時候，中共則發表嚴峻的談話，或進行軍事演習，或透過官學界在媒體為文批判，既是對分離主義的警告，又是在提醒它自己，千萬不要對美、日帝國主義干預中國內政的圖謀，掉以輕心。

台北方面夾在統獨立場之間，有時也表現得模稜兩可。所以台北的文件、談話、政策經常可以作出兩面解釋，大致皆是經過協商而妥協出來的。好處是，使得內部政治上的紛爭可以暫時平息，缺點則是因為語焉不詳，造成政策執行單位解讀不同，令出多門，一般經常往來兩岸之間的人，也無所依循，最後只好照自己的意思辦事，靠著嘗試錯誤，單打獨鬥。就像中共在對台問題上拿捏不定時，不得不採兩手策略，台北也因為自己立場的模糊，無論在面對大陸或人民的時候，也有人唱黑臉，有人唱白臉。集體認同的混淆，真是兩岸交流的現實。

註　釋

①參見Martha Cottam and Chih-yu Shih, *Contending Dramas* (New York：Praeger, 1992); Samuel Huntington, "Clash of Civilizations," *Foreign Affair* 73 (Summer 1992); Mark Juergensmeyr, *The New Cold War? Religious Nationalism Confronts the Secular State* (Berkeley: University of California Press, 1994).

②參見William Connolly, *Identity/Difference* (Ithica：Cornell University Press, 1991)；中央研究院近代史研究所（編），《認同與國家》（台北：中研院近史所，民83）；周蕾，《婦女與中國現代性》（台北：麥田，民84）。

③從而有各種和平防變的書籍問世,但中共畢竟與蘇東國家不同,大陸沒有蘇聯那麼複雜的民族問題,其政權的建立不像東歐各國,並非由紅軍在二次大戰後強加其上,而是自己打內戰之後建立的；同時,大陸的經改取得一定的成績有目共睹；最後,解放軍在四九年之前與黨合一,所以至今效忠於黨。

④參見倪健中（編）《大國諸侯》（北京：中國社會出版社,1991）。

⑤見吳敬璉等,《激進與漸進》（北京：經濟科學出版社,1996）；劉國光,《中國經濟改革和發展的新階段》（北京：經濟管理出版社,1996）；馬丁·施克蘭,〈是否只有產權的激烈變革才能挽救國有企業〉《改革》1 (1994)；宋承先,〈中國經驗：反「休克療法」的激進改革〉《上海經濟研究》(1995.3)。

⑥橫向聯合可以存在於地區之間、部門之間、不同的所有制之間、單位之間等等。見吉小朋,〈發展橫向聯合經濟,促進經濟體制改革〉《解放軍報》(1986.4.8)；劉樹人,〈積極推進橫向經濟聯合〉《經濟管理》,(1986)；徐榮安,《中國城鄉融合經濟學》（北京：中國展望

出版社，1988）。

⑦結果，各種單位包括中小學、縣環保局、社會科學院、外交部、台灣辦
　公室、人民日報、軍區等等，凡是想得到好處的單位，都在辦企業，因
　而出現一句順口溜：「十億人民九億商，還有一億在開張」。主要源
　頭，是一九八四年開始進行城市改革，以及為了調動社會從事生產的積
　極性，因此鼓勵各單位自行創收的放權讓利政策。十五年之後可說是全
　民皆商。

⑧貧富差距與社會主義是相牴觸的兩個概念，在理論上，中共指當前為社
　會主義的初級階段，必須容許一部分人先富起來，先富的再拉後富的，
　這也是九〇年代以來推動「希望工程」的思路，由沿海的單位承包內
　陸的，城市的單位承包鄉村的，所謂承包就是照顧的意思。但一般而
　言，地區差距愈來愈大，見許明（編），《關鍵時刻：當代中國亟待解
　決的27個問題》（北京：今日中國出版社，1997），頁378-403。

⑨不過，國有企業因為負有平穩物價的責任，故求過於供時，不能訂價過
　高，但又負有照料職工家計的社會功能，故供過於求時，又無法降價求
　售。

⑩見馮正剛，《社會主義初級階段》（長沙：湖南人民出版社，1987）。

⑪見王孔旭、彭明，《中國企業新模式初探，1987》。

⑫參考曹鳳岐，《中國企業股份制的理論與實踐》（北京：企業管理出
　版社，1989）。

⑬中共於一九九七年秋召開十五大，會後報告確定了國有企業改革可採
　股份制，重提「社會主義初級階段」作為當前發展的思想基礎，因而鼓
　勵多種所有制並存。

⑭民間流傳的萬言書抱怨到，「無論是在絕對人數上，還是在經濟實力
　上，當前我國的私營企業主都超過了一九五五年以前……，一個民間資

產階級已經在經濟上形成……，官僚資產階級糾合買辦資產階級的萌芽也已經開始出現」，見石柳子（編）《北京地下「萬言書」》（香港：明鏡出版社，1997）。

⑮故當教育部放寬兩岸大學學歷認證時，立時引起中共將顛覆台灣的恐慌，見第三章，第一節。

⑯例如洪惟仁的台語運動。

⑰例如許信良的新興民族理論。

⑱例如蔡同榮的公民投票運動。

⑲例如呂秀蓮的加入聯合國運動。

⑳例見許世楷，《台灣新憲法論》（台北：前衛，1991）。

㉑參見石之瑜，《兩岸關係的深層結構》（台北：五南，民81），第六章。

㉒例見彭明敏，《自由的滋味》（台北：前衛，1988）；許慶雄，〈台灣主權獨立與國民國家〉發表於「台灣歷史與文化學術討論會」，台北（1991.9.14）；新潮流，《到獨立之路》（台北：新潮流，1991）；黃伯和，《宗教與自決》（台北：稻香，1990）。

㉓其中一種分離主義代表的是中華民族主義的異化，原本是基於中華民族反日心態而發展出的抗爭，到後期成為追求獨立，從而變成反華，見陳昭英，〈論台灣的本土化運動〉《中外文學》23，9（1995）：6-43。

㉔參見陳映真，〈台獨批判的若干理論問題〉《海峽評論》52（1995）：30-38。

㉕換言之，愈是在兩岸交流中獲益的人，愈面臨兩種壓力，一是需要緩和兩岸關係以便持續在交流中獲利，一是需要在原則問題上表態，以免淪為台灣說客的負面印象，但如此無助於緩和兩岸關係。此地可能產生不

一致的行動，即在公開場合的政治立場堅定，在內部場合則扮演溫和角色，參考包宗和，《中共「中國社會科學院」台灣研究所與廈門大學台灣研究所研究人員論著內容分析及比較研究》，行政院大陸委員會委託研究報告（民82.7），頁204。

㉖起碼，在台灣民眾的認知中，這種循環是存在的，見邵宗海，《兩岸關係與兩岸對策》（台北：時報，民85），頁167。

第3節　政黨派系的分合

前言

　　最近十五年，台海兩岸的政治與社會結構，均發生重大轉變，一元的政治領導逐漸鬆弛，不僅社會上參與政治的各種流派增加了，即令原本單純的領導階層內部，也出現分殊，使得決策的過程益加複雜，以致於在關於兩岸關係的議題上，也有了多種不同的立場，這一點在台灣方面尤其明顯。大陸上自從改革以後，固然出現了外界眼中的改革派與保守派的差別，但基本上對於統一政策的大原則，不曾出現過爭議，倒是在政策機構內部，傳出軍方與對台工作單位之間，常在手段的強硬與和緩之間，會有不同的看法。①與大陸比較，台灣的政壇熱鬧得多，單純就政黨來看，就有國民黨、民進黨、新黨與建國黨，四者在兩岸事務上，都有一些看法。各黨的內部，還有流派之間的差異，如國民黨內部有主流派與非主流派，民進黨則出現美麗島系、新潮流系、福利國、正義聯線等，新黨內部則隱約出現多頭馬車的鬆散聯合。

　　不過，政治現實中的分與合，有時無法用理論說明，更難用歸類的方式來替政治人物貼上標籤。實際政治中的派系分野常常不清晰，跨派系的人有之，換派換黨的情形亦不少見，所以不能一概而論。雖然如此，各黨各派在兩岸關係上難免會有一些意見，能一定程度地左右其成員。儘管派系的組成因素中，兩岸關係不一定都是最主要者，其成員也可以對兩岸問題持不

同的看法，這並不表示對派系的分析不重要。事實上，派系組成的因素包括權力鬥爭、省籍情結、政商聯繫、意識形態、換票勾結等方面，②均與兩岸關係有著千絲萬縷的間接關聯。

政治流派的社會淵源

　　大陸上出現改革派與保守派的分野，基本上有意識形態與社會階層上的背景。一般而言，改革派的人具有地方領導與農民背景。最先推動改革的如鄧小平，是早年紅區將領出身，他的政治盟友如萬里、李瑞環、趙紫陽都具有農村改革的經驗，或是具有農村背景的工人階級。改革政策的主要訴求是放權讓利，放權的意思，就是將財政權下放到地方，由各省、市因地制宜；而讓利，則是透過承包與租賃的方式，容許各企業保留經營過程中所創造的利潤。放權讓利的對象最先是農民，在一九八四年之後，又適用到城市。不過受益的城市企業幹部與職工，相當部分具有農民背景，③因爲六〇年代中期之後，能進入城市大企業工作的，大致必須具有貧農或下中農的背景。所以說，改革派是代表了以農民背景爲主的工農大衆，並不爲過。

　　相對於此，保守派也有一定的背景，除了曾經在文革中竄起，但又因文革結束，華國鋒下台，而無處棲身的宣傳部門和若干黨政高層，主要是以中央計劃體制的專業領導爲主。具有革命性格的保守派包括王震、鄧力群等人；但主要還是像陳雲、姚依林等人。從四九年開始，代表紅的力量就與代表專的力量不斷在鬥爭，④紅的力量大體上指的是農工大衆、地方黨官，而專的力量一般而言則是技術官僚、中央部門。中共第三代領導人中的李鵬、江澤民、朱鎔基都是典型的專的力量。但

江、朱都在地方待過，具有一定程度的調和作用。李瑞環則是中央人物中仍具有紅的背景的代表人物。

至於海峽此岸，國民黨在台灣的社會基礎近年出現重大變遷。國民黨來台之後，主要是黨、政、軍公敎人員爲核心，後來爲了擴大影響力，往地方基層發展。早期的國民黨，在大陸時只重視軍人、地主與知識份子，忽略農民；到台灣之後亦是如此，它對年輕優秀學生的工作，比對工人的工作積極得多。可是在世局變遷的大潮流下，國民黨在國內外的資源均大量流失，華僑開始回歸祖國大陸，工人、中小企業主、青年學生則轉而開始支持反對運動，迫使它必須尋求新的基礎，來維繫政治生命，這時大約有四種新舊社會勢力，順著改革潮流，有可能深刻地影響國民黨。

第一種勢力是傳統上與國民黨有疏離感的世家鄉紳，其中不少人仍擁有土地資源。第二種是新興的草根型中小企業主，對於國民黨壟斷經濟資源感到不滿，但他們直接加入國民黨的管道不暢通，意願也不高，成爲過去黨外勢力，亦即後來的民主進步黨的重要資源。第三種是漸趨廣大的勞動階層，一來並非國民黨吸收的對象，但卻又是國民黨畏懼的社會運動資源，二來他們對現狀並不滿意，但卻又希望社會安定成長，因此在每一次具體的選戰中，較易受當時的環境所影響，決定了國民黨長期的興衰趨勢。第四種人是在地的大企業家，他們因與國民黨在選舉中結盟合作，逐漸能參與決策，也強化了中小企業主往反對黨陣營靠攏的反彈趨勢。

國民黨爲了與反對黨競爭，也運用了省籍因素，積極進行本土化的政策。本土化的結果，使得大陸省籍人士在國民黨決

策圈中的既有位置遭到挑戰，從而引發了以外省籍為主的非主
流派，與本省籍為主的主流派之間進行爭執。部分大陸省籍第
二代的政治人物，與沒有地主企業家背景的本省籍政治人物，
於是退出國民黨，組成新黨，吸引了傳統國民黨的軍、公、教
支持者，加上部分反對國民黨金權、派系、與黑道化，但又不
願意支持擅於社會運動路線的民進黨，也不同意其分離主張的
中產階級與勞動階級，也對新黨抱有期望。四黨領導的社會背
景因而大致區分如下：

1. 國民黨：第一代外省籍、大企業家、部分中產階級、技
   術官僚、地方仕紳；
2. 民進黨：本省籍城市中小企業主、部分中產階級、城市
   勞動階級、知識份子；
3. 新黨：第二代外省籍、部分中產階級、知識份子；
4. 建國黨：知識份子。

政黨與兩岸關係

　　西方與台灣各界存在一種印象，即大陸上若由改革派掌
權，則在兩岸關係上會趨於溫和、理性、和平，若由保守派掌
權，則兩岸關係會趨於緊張與對抗。⑤這種看法是錯誤的。首
先，改革派與保守派的形成並不是因為在兩岸關係的立場有區
分，故很難推論出改革派會比較溫和。其次，身為改革派的人，
在社會主義意識形態上已經居守勢，不可能在民族主義立場再
予人口實，成為政治把柄；甚至為了能進一步在政治立場上看
似堅定，還有可能先對兩岸問題表現出僵化的姿態，以便能在
國內改革方面取得更大的空間。第三，保守派對於歷史問題比

較擅於掌握，分析角度較為長遠，因此不會像改革派常受到立即事件所左右，有時反而冷靜得多。最後，保守派與改革派的分野，在第三代領導階層身上，已經愈來愈不清晰。

總而言之，關於大陸上保守派與改革派的印象，其實反映了台灣（和西方）的黨派對自己的期望。因為在台灣的政黨，認為自己支持民主、自由，反對武力，提倡理性、務實，就相信在大陸上被認為是提倡自由化、走實踐路線的改革派，一定也應該是溫和、和平的。質言之，上述關於改革派與保守派的分野，部分是出於台灣各界自己的想像，何況關於台灣的黨派所推崇的民主自由化，也多少有些言過其實。

以國民黨的改革為例，改革是用本土化為口號推動的，否則不足以推翻以大陸省籍菁英為主的舊政權。⑥本土化口號使得本土大企業家理所當然地進入了決策中心，幫助執政黨動員金融資源，贏取本省籍選民的選票。本土化的口號引起大陸省籍的反彈，因而發生了對兩岸關係看法的歧異，本土化政策便在有意無意間形成反對中國統一的傾向。問題是，本土企業家進入決策中心，主要是與國民黨分享過去被壟斷的政治經濟資源，不是要反對中國統一。事實上，這些企業家之中，不乏有率先到大陸考察、投資的主力，因而與以政治考量為主的國民黨領導之間，有了微妙而複雜的利益結構關係。⑦

簡言之，國民黨為了要與民進黨爭取省籍選票，並掩蓋其金權化的發展，不得不貫徹本土化政策，強調生命共同體的意識。可是這些基於國內政治考量的作法，卻限制了它在兩岸關係上突破的能力，也使本土企業家失去了往大陸發展的正當性理由。固然，本土企業家始終是有助於本土化的國民黨政權，

使之能在兩岸關係上表現出溫和的形象，但卻也有使國民黨進退兩難的壓力，其結果未必是有利於兩岸關係。

為了取得與大陸大量提升經濟交流的合法性基礎，商界多希望在政治上先能取得兩岸當局的信任，如此大企業家就可以名正言順地赴大陸投資，而不會使自己在內部受人民質疑，說是將資源出賣給大陸。⑧此所以他們支持國民黨全力推動重新參與聯合國的運動，並透過各種間接管道，希望取得中共的諒解。這種先政治，後經濟的作法，是國民黨與本土企業家之間的默契，也說明為什麼本土企業家有時願意支持國民黨，幫它進行看似會製造兩岸緊張關係的外交活動。

政黨與兩岸政策

在大陸，會站在技術問題上，為台灣人民爭取更多效益的，是台灣民主聯盟。台盟是八個非共的大陸參政黨派之一，與中共具有「長期共存、相互監督、肝膽相照、榮辱與共」的權利與義務。但是台盟的勢力很小，唯一的發揮空間是在政治協商與人民代表大會上。除此之外，它在大陸沒有因為政黨派系差異，而會在兩岸關係上採取明顯不同政策的跡象。

國民黨官方的大陸政策，是在《國家統一綱領》中所表述的，分成三個階段。關鍵在於取得大陸的同意，認可台灣是對等的政治實體，並容許台灣開拓在國際上加入政府間組織的空間。這是為什麼在兩岸間事務性談判時，總是希望大陸用文字承認台灣的法律管轄權；在外交上要推動參與聯合國。⑨當這些活動的效果均不明顯時，又推動經濟南向，或要與新加坡共進海南。由於大陸仍不回應，則又希望成立境外營運中心，幾

乎已經明示大陸，兩岸之間直接通郵、通商、通航已經萬事俱
備，就待大陸承認台北的對等地位。可是這些訊息，並未達到
效果，應當是幾個主要黨派仍有不同看法。

　　民進黨是首先推動要加入聯合國的政黨，它的目的，並不
是要為大企業取得赴大陸的政治基礎，開展兩岸交流，而是要
替台灣建立主權地位，往獨立建國方向邁進。所以，國民黨所
有短期考量的作法，雖然與民進黨雷同，但中程目標卻不一樣。
由於民進黨的大力宣傳，已經深植人心，再加上國民黨除了《國
統綱領》外，總是不便將它與大企業家之間的默契拿來作說
明，深恐影響它基層選民的向心力，使民進黨得利，以致於台
灣對外開拓國際空間的政策，主要是由民進黨在詮釋。

　　國民黨內部的主流派，未必能體會大企業家對國民黨政策
的長遠期盼，因而在宣傳上有時與民進黨同一步調，這當然也
對外界的印象有所影響。主流派對於政治上意見不同的人，或
對權力鬥爭中的敵人，一律以統一派譏之，更深化了外界認為
國民黨也反對統一的印象。所以，國民黨雖然規劃在《國統綱
領》的第二階段大舉推動兩岸交流，而且還送出很多訊息，不
少人卻總是用民進黨的角度來理解國民黨的政策，認為所謂第
二階段的兩岸交流，只是說說而已。⑩

　　新黨的反應也很關鍵。因為新黨的領導人物及支持者，主
要是因為反對國民黨的本土化政策而結合，他們多是大陸省
籍，且認為中國應該要統一，所以自然將本土化政策、加入聯
合國運動，與經濟南向政策，看成是邁向台灣獨立的前奏曲。
新黨的批判，自然影響人們對國民黨的評價，也影響中共的判
斷，因為新黨是國民黨內分裂出來的，其感覺多少具有參考性。

對中共而言，在原則上當然不能同意先將兩岸的分裂，在文字上加以固定成對等的政治實體；更關鍵的，是它無法信任國民黨，就算信任國民黨高層若干人，又如何能信任國民黨內整個主流派，或立場截然不同的民進黨？何況，從過去中共方面的談話看來，它第一不信任就是國民黨的高層，擔心國民黨與日本的關係太接近，或在獲得對等政治實體的承認後，改變想法，提出更多要求。

另一方面，民進黨本身的大陸政策，必須受到它自己階級結構的影響。如果愈來愈多的中小企業赴大陸進行投資，當然也就對於會引起兩岸政治不安、阻撓交流的政治活動，益加不願意支持。⑪事實上，民進黨與新黨正在爭取中產階級的支持，使得許多民進黨的領導人物已經表示，民進黨執政之後不會推動台獨，或是在大規模的選舉中，應該強調公共政策，淡化分離主義意識。⑫不少民進黨籍的公職人員先後訪問大陸。中共方面，一改過去只肯進行國共兩黨談判的態度，而願意與台灣各黨派的人物，進行關於中國統一的協商。不過，這一點是新潮流系所尚未同意的。

新黨成立的歷史最淺，在兩岸關係上尚未發展出一套定見，基本上只認為兩岸未來應該統一，但是當前統一的條件尚未成熟。⑬不過，由於新黨的支持者大多主張加強兩岸交流，故其政策上不會有保守傾向。由於新黨支持者以大陸省籍為主，為了能改變外界對它是個外省黨的印象，新黨也意圖吸取更多的本省籍選民，這就使它在大陸政策上，有了一些顧忌。雖然新黨無法與民進黨爭取那些支持台獨的本省籍選票，可是如能在政策主張上照顧到那些人的關懷，則也能對中間選民表達自

己的寬容。因爲如此，新黨的大陸政策發言，與國民黨有共通性，多屬模稜兩可，語焉不詳。這也就保證它在實際政策主張上，不會太過偏激。

黨派政治的演變

　　台灣各黨各派之間的分野，如前所述並非如此截然不同。國民黨的主流派與非主流派之間顯然存有灰色地帶，包括了不少屬於雙方都能接受的人物。客家省籍的政治人物，就不是能用主流或非主流的標籤定位，而要依人而定。另外，許多人雖爲主流派工作，但是私人關係都是屬於非主流的圈子。非主流派的人，也與新黨政治人物維持著各種關係，有時在某些兩岸議題上持相同觀點。至於主流派，則又與民進黨的關係十分密切，雙方在國民黨內進行本土化與修憲之際，進行一定程度的合作。最後，在統獨立場上差距最大的建國黨與新黨之間，可能也會出現一些重疊，如外省人支持台灣獨立會與其它外省人之間，就不能一刀切開，這個重疊的部分，會在中產階級中繼續擴大。在民進黨與新黨刻意壓抑統獨立場的條件下，反對國民黨金權與派系的勞動階級中，說不定也會出現相當重疊。

　　國民黨雖然在政壇上最具有資源，可是每次選舉都面臨艱鉅的挑戰，倘若在一次選舉中，出現大規模的失敗，導致在立法院或國民大會席位不超過半數，未始不會發生政黨重組，使主流派與民進黨中較溫和的美麗島系結合，非主流則與新黨結合，則受地主企業家影響最深的前一組合，仍將扮演較重要的角色。

註　釋

①所有關於軍方立場強硬的傳說都難以證明,不過卻都值得採信,有的是曾與軍方接觸過的人所傳出,也有的是直接與軍方接觸所得的印象,這些人包括記者、大陸學者、國家安全局大院中長大後留美的華裔教授、解放軍少將、人大代表等。

②參考陳明通,《派系政治與台灣政治變遷》(台北:月旦,民84)。

③因爲許多職工都是在六〇年代進入工廠的農民,見Tang Chou, "Back from the Brink of Revolutionary- 'feudal' Totalitarianism," in V. Nee and D. Mozingo (eds.), *State and Society in Contemporary China* (Ithica: Cornell University Press, 1983), pp. 53-88。

④第一次鬥爭是一九五三到五四年間,由鄧小平寫狀子,將計劃部門領導高岡鬥垮;第二次是五七年反右鬥爭,一批技術官僚下台;自此而後,前農民將領、幹部大舉進入國有企業領導階層。

⑤美國國防部委託學者研究大陸未來走向,其中半數以上研究員認爲大陸有分裂可能,這份報告中文譯爲《近程中國》(*China in the Mid-term*) (1993)。

⑥即使在反對黨陣營中也有省籍問題,見費希平,《理想與期待》(台北縣:費希平,民79);或稱此爲「台灣主義」、「新台灣主義」,見石之瑜,《創意的兩岸關係》(台北:揚智,民86),頁20-22。

⑦國民黨中央常務委員中發展大陸商機者不乏其人,較著稱者有高清愿、王又曾,他如陳重光、張榮發、王永慶等。

⑧長榮集團首領張榮發鼓吹直航,引起各界質疑他的動機過於商業化,自我中心。

⑨所以,台北一方面要堅持民間事務性談判的形式,另一方面又在事後表示民間的對等談判,可以反映兩岸政治上的對等,正因爲如此,北京後

來認為，必須直接討論雙方政治關係，而不應該用民間的名義，得出官方的結論。像辜汪會談在一九九三年舉行之後，台北的海基會果然就宣稱：「這個會談充分凸顯了中華民國台灣地區和大陸之間是一個對等的政治實體，儘管中共到今天還不承認。我們看到，兩岸是一個分裂的事實……這次從『辜汪會談』的形式及簽字儀式的安排，以及整個的設計，均使國際間充分體認到，這是兩個政治實體之間的對等談判」，這段談話，幫助中共說明了，何以兩岸關係低落時，必須同時終止「辜汪會談」之類本應屬於民間事務層次，卻由台北賦予官方、國際含意的活動。見邱進益，〈辜汪會談與兩岸關係〉《中央》26（民82.6）：47。

⑩陸委會列舉了一百七十四項開放兩岸交流的政策，雖然在具體執行方面，陸委會有時仍扮演這樣或那樣的降溫、干預立場，但總的來說，是對兩岸民間的交流擴大，從一種抗拒的態度，轉而成為願意主動管理，不能不說是心態上的一種轉變，見Mainland Affairs Council, *Cross-Straits Exchanges* (Taipei: Mainland Affairs Council, 1997).

⑪民進黨前主席許信良就一向支持兩岸直接通商、通航，一方面這是台灣許多中、小企業的要求，亦等於是選民的要求；二方面，他認為必須經營中國，才能與北京維持良好的關係；三方面他看到三通的談判，有助於延緩華盛頓敦促台灣與北京進行政治談判的壓力。參考許信良，《新興民族》（台北：遠流，民84）。

⑫民國八十六年進行的縣市長大選，民進黨取得空前勝利，選後檢討歸功於轉型成功，所謂轉型，部分因素指的就是淡化分離主義方面的政見。

⑬可參看新黨，《新黨政策白皮書》（台北：新黨，民84），頁105-108。

第4節　團體階層的影響

前言

在中國文化領域內談論社會關係，必須注意兩種常見的思考傾向。第一種是將中國之內的社會關係與中國之外的社會關係截然兩分；①第二種是將中國文化範圍內的區域主義（或地方主義）看成是最重要的社會關係。②這兩種傾向皆會形成分析上的偏差。

依據第一種傾向，吾人可能會認為，比如像中國之內的階級對立或剝削關係，迥異於其它文化地區的階級關係。③但是，由於市場經濟與大規模生產方式的全球化，已使得管理階層與體力勞動者、財產持有者與受僱階層之間的互動關係，具備了一些跨越不同文化領域的共通性。當然，各個地區依其文化、意識形態與經濟開發模式之不同，仍可能會培養出各具特色的機制，來處理不同階級之間的潛在對立衝突。④

依據第二種傾向，吾人可能會將省籍或地域性的認同，看成最重要的社會關係。所以，某兩個人是不是同鄉，就大體注定了他（她）們之間的友誼親密程度。⑤這種看法，在省籍問題高度政治化的地區尤其容易流行，使得地方主義的情緒，在一定程度裡影響到社會上經濟資源的分配，⑥也說明了某些政治人物間的分合。

但是，省籍或地域背景，事實上並沒有改變不同省籍的人常常共同享有的其它社會位置，比如階級、性別、宗教等。在

這些其它社會關係中，原本處於相對不利位置的人，不分省籍本可以團結起來謀取共同利益，⑦但是卻可能因為省籍分野的政治化，而成為彼此相抗的人。所以，將省籍問題予以誇大的作法，有利於那些在階級、性別等社會關係中佔有優勢位置的少數人，使能免於多數處在不利位置的人聯合起來要求改革，⑧因為省籍意識混淆了人們的階級意識。⑨

認識了上述兩種誇大文化差異或地域差異的思考傾向之後，吾人應可理解，每個人的生活背景中皆具有複雜的社會關係網，刻意凸顯出其中某一種社會關係，不論是階級的、民族的、省籍的等方面，皆會對每個人所帶有的其它社會關係認同，形成自我壓迫。⑩

在每一種社會關係中具有優勢位置的人，當然會在口頭上強調人們在其它社會關係中的位置，以便文飾自己的既得利益。⑪在中國文化領域之內，也可以得出許多分辨社會關係的角度，根據這些角度，吾人或可看到跨越台灣海峽兩岸共有的現象，使兩岸之間的區隔，益加失去意義。

省籍

台灣與大陸均因為省籍差異而引發社會關係的分合。顧名思義，省籍成為社會認同的指標是肇因於人們對於自己出生地的重視。不過，有時行政區劃上的省籍不一定能決定族群的認同，比如台灣的客家人就未必完全以省籍來自我定位。⑫省籍情結對於兩岸關係自然發生影響。

在台灣，為了要建立相對於大陸的主體意識，於民國八十年之後開始在政治上鼓吹「生命共同體」的概念。⑬生命共同

體的地理疆界是以台灣、澎湖、金門與馬祖爲基準的，從而使得出生地在台、澎、金、馬之外的人（包括大陸各個省籍與海外華僑），在情感上受到排斥。⑭所以，在台灣的省籍問題就存在於台灣省籍與非台灣省籍的人之間，從而隱含了台灣與大陸的對立，因而不利於兩岸關係的推展。

大陸對於這種以大陸省籍爲對象的習慣不十分理解，甚至一度傳出它要對大陸省籍遷台之後的第二、三代後裔有所關懷，引起台灣官方對這些人的疑懼，⑮也延續了八〇年代以來台灣地區的省籍意識。台灣的大陸省籍人士對於出生地的緬懷，有時在政治上被視爲是他們是中共同路人的證據，形成台灣政壇上人人必須批判大陸，才能贏得信任的偏差現象。

大陸上的省籍問題不同於台灣，主要來源有兩個，一個是不同省籍（或地方）的幹部與當地下屬之間的不合，另一個是由內陸地區向沿海城市的民工潮與當地人，或與來自其它地區民工潮之間的不合。⑯在地方選舉的時候，偶爾也訴諸本省與外省的分派，⑰如外省籍的領導班子會提名外省籍的候選人。

比較嚴重的是內陸外出民工潮之間的爭奪，會形成當地社會的治安問題。民工聚居之地的環境緊張，受僱民工的地位低下，在在都使得當地人產生一種優越意識，致民工輸出省與接納省之間產生隔閡，每在中央討論改革政策的時候，採納不同立場。⑱然而，在全國範圍內並沒有宏觀的省籍問題存在，儘管東西差異與南北差異的確反映了某些刻板印象，但並不形成衝突。

由於大陸上對於省籍差異有著地方化的認識角度，所以可能無法完全體會省籍情結在台灣所氾濫成的政治影響。結果，

大陸漁民或私渡台海的勞工，對於台灣而言，變成是大陸侵入台灣的國家安全的問題，在大陸則是以當地人民生計的角度來考量，故只能看成民工越界的地方性活動。⑲但這些民工到了台灣，則被視作是來自境外的偷渡客。

階級

台灣與大陸原本皆以財富分配平均而自傲，但這種現象到了一九九○年代之後逐漸受到質疑。階級分化的出現對兩岸關係產生影響。

在台灣，階級分化不純屬於經濟現象，而更與政治發展息息相關。先是在民國六十年代，因為國際上紛紛承認中共，與中華民國斷交，迫使大陸遷台的國民黨政府開始透過各種選舉，擴大民眾政治參與，建立新的、源於台灣本地的統治正當性基礎。⑳執政黨為了要在選戰之中獲勝，先是在地方上與派系結合，接著透過派系以金錢動員選民，從而使得有產階級取得了制度化的管道，與聞中央關於資源配置的重要決策，㉑打破了傳統上行政官署以國家名義壟斷資源的作法，致官商合一的現象成為政界的常態。㉒

政治上的寬鬆也容許中、小企業家積極參政，爭取資源。中、小企業家以反對國民黨統治的姿態出現，吸引了大量的本土選票，成為反對勢力與在野黨的中堅份子。台灣的政治發展於是形成以資產階級為主的傳統黨政力量，與以中、小企業主及專業人士領導的本土勢力之間的鬥爭。㉓

執政黨的本土資本家與在野黨的本土企業家，都是因應在政治上反對大陸遷台勢力的潮流而崛起，因而在立場上提出反

對台灣將來與大陸統一的說法；但他們在商業利益上均受到大陸廣大市場與廉價勞力的吸引，而意欲前往大陸投資。在此，階級位置所衍生的跨兩岸利益機會，就與省籍所決定的本土認同之間起了衝突。㉔

而當台灣商人赴大陸投資後，在大陸造成對受僱勞工剝削壓榨的情形，又與大陸在改革開放之後，逐漸出現的階級壓迫現象有所合流。㉕大陸上的階級壓迫，既非封建時代地主對佃農的壓迫，又非資本主義社會裡資本家對勞工的壓迫，但卻又是兩種成分皆有一些，那就是經理黨官與村鎮幹部運用職權，取得使用土地與其它資本財的便利，爲少數人謀福利的現象，故兼具了封建社會的上下尊卑優勢地位，以及資本主義下的資源壟斷與再生能力。㉖

大陸東南沿海的黨官幹部，也希望能爭取到來自台灣的資金作爲投資之用，他們的想法與作法，不盡爲中共中央負責對台政策官員們所贊許。㉗當台商投資的工廠在管理上發生違反人道的現象時，當地黨官不見得站在受僱者的立場介入。短期來說，台灣的資本家與企業家階級與大陸黨官階級有共同利益，故對於有反大陸情結的台灣本土勢力發展，有牽制作用。㉘

世代

兩岸社會變遷中一個鮮受注意的發展，即是世代交替。在政治上，兩岸領導人都注意到世代的傳承，不過表現形態不同。的確，當國民黨與共產黨元老人物之間亦敵亦友的關係褪去之後，兩岸政治人物相處之道，勢將隨之調適。

　　台灣的世代傳承有長期與短期兩種視角。長期歷史分析顯示，台灣人來自閩南，閩南人來自北宋戰敗南徙的貴族，故對於中原的政治有趨避的性格，作風務實，重商輕政。㉙當國民黨在內戰中敗北遷台之後，雖然短期之內曾有逐鹿中原的氣魄，但終究脫不出沒落貴族的歷史軌跡，所以世代的傳承，不會改變台灣與大陸之間的歷史關係，台灣人將務實地掌握與大陸互利交流的契機，不會在政治上與大陸對抗。

　　有一種短期的看法，它以反對大陸遷台政治勢力為主要的訴求內涵，主張台灣在政治上應該進行世代交替，使得透過民主選舉產生的本土勢力，能有取代不受選民監督的大陸遷台政權的正當性。嚴格來說，台灣的世代交替有三代，第一代是國民黨的國民革命時期人物，具有歷史意識，不拘泥於小利小害；第二代是遷台之後崛起的技術官僚，凡事戒慎恐懼；第三代則是新興的本土勢力，作風務實有彈性。

　　相對於此，大陸的社會變遷則因為有了文化大革命的動盪十年，可大別之為四代。㉚第一代為共產黨開國元老，見過生死攸關的場面無數，冷酷果敢，掌握民族利益大原則；第二代人嚴謹踏實，不鼓勵創意；第三代人迷失於文革，則多持猜忌不信任的處事態度；第四代人則稱頌唯我哲學，崇尚個人主義。

　　台灣政治社會上的世代交替較之大陸為快速，當前社會各階層主要領導人皆為第二、三代人，但大陸上的重要職位仍在第二代人的手中，第一代領導人甫才逝去。

　　第二代領導人在思想上不具備開創的能力，他們之間的交往容易形成僵局，但對於彼此的立場仍有一定程度的相互理解。第三代領導人必然不同。當大陸的第二代人與台灣的第三

代人相處的時候，他們之間相互體會的共通生活經驗完全不存在。㉛他們對政治事件的假設前提、分析角度均不相同，對人性抱持不一樣的看法，則兩岸之間的政治溝通，會遭遇較多的困難。

不過，由於台灣第三代人的性格尚稱務實，所以他們迴避衝突、展現彈性的能力超過第二代人。

性別

在中國文化地區成長的女性有六億之多，但她們從來不是社會科學研究的重要對象。㉜近幾年來，人們在經濟現代化的口號之下，使一般社會印象中的兩性差異在經濟討論中隱晦不明，最明顯的就是色情業的泛濫、薪資的差別待遇，與社會角色分工方面的問題，都受到忽略。㉝

台灣的婦女角色並未隨著社會發展獲得顯著的改善。婦女運動充其量只是使得原本存在的問題，有一部分提到了公共政策議程上來討論，並不代表這些問題已獲得解決。㉞

一般而言，經濟發展沒有改變台灣婦女仍是主要的生、養育工作者的角色，她們工資與教育程度偏低，決策階層人數少，法律保障有名無實。事實上，研究顯示，自一九八〇年代改革以來，當經濟愈現代化，大陸婦女的角色愈趨傳統化。生產責任加重之後，家庭收入增加的部分多由男性來支配，傳統家務工作的酬勞也未增加。更嚴重的，是婦女成為經濟私有化的對象，使得嫁妝的索取、家庭暴力、色情行業、童養媳等事重新出現。㉟

兩岸婦女在經濟現代化與社會變遷過程中面臨類似的困

境。因爲經濟發展所需的健康勞動力，必須源源不絕，從而保證婦女的生、養育責任成爲父權經濟結構所必須控制的對象。婦女所擔負的家庭責任，不容許她們與男性在市場上同等競爭，所以也確定了她們必須依附於男性配偶，才能在講求競爭的市場經濟體制下生存下去。爲了要能有所依附，則婦女更進一步學得以取悅男性的方式來獲得依賴。㊱

　　兩岸關係的發展，強化了男性的主導位置，男性較女性更能來往於兩岸之間，進行商業投資活動，不受家庭責任羈絆。前往大陸經商的男性，慣常地從事色情行業的消費，在大陸女性取悅台灣男性的活動中，創造了台灣經濟優勢所帶來的性別滿足。尤有甚者，台灣男性在大陸投資所在地成立新的家庭形式的生活方式，造成一國兩妻的畸形發展，㊲也符合了傳統刻板印象之中，男性是流動的，女性是靜態的這種觀點，對於兩岸的婦女均是一種父權壓迫。

　　大陸的經濟發展中，重覆了市場上女性作爲取悅異性的工具的作風，使得台灣的男性商人在前往大陸投資經商時，有了一個熟悉的兩性相處環境，故不僅是兩岸關係強化了父權的壓迫，也是父權優勢在決定兩岸關係的形態。㊳

宗教

　　一般而言，宗教是中國社會歷來重要的精神活動，但由於文化因素使然，並非每一種宗教均能在中國文化領域內享有同樣的地位。最主要的宗教仍是佛教與道教。台灣廟宇所祭奉的神明多來自大陸，如媽祖、關公等。在九二年華東水災之際，台灣的宗教團體也發揮了中介救濟的樂施行動，故宗教有淡化

兩岸政治對立的功能。

　　大陸實施共產主義無神論多年，一直到八○年代進行改革開放，各種宗教組織不分良莠紛紛復出，但對於源自西方教會的壓制與歧視仍然存在。有的宗教是少數民族所信奉，更容易與官方起衝突。但政策上的寬鬆已營造了多元宗教的氣氛，給予台灣來的宗教更多發展空間。

民族

　　社會變遷下另一個容易突出的現象，就是追求自我主體性的少數民族主義復甦。台灣的原住民在民國八十二年修憲時獲得正名即為此例。大體上，原住民與客家族群意識的覺醒，有助於破除具有排他性的生命共同體主張。

　　大陸某些少數民族的活動往往帶有某種政治分離的傾向。㊴改革開放之後，少數民族缺乏市場競爭所需的資源與商業文化，而處於更為不利的社會位置。這些少數民族往往跨行政區域，聚居村鎮，或散居鄉野，對講求專政齊一的共黨統治，形成威脅。加上邊疆少數民族與漢族在文化上的區隔，使得他們更容易被視為是外國野心家分裂中國的切入點。這是為什麼少數民族獨立問題常被中共拿來與台灣獨立運動聯想，也是為什麼追求獨立的台灣分離主義者，積極促進與西藏流亡海外人士聯繫的理由。

多元與多重

　　社會變遷的面向很多，本節只例舉了在省籍、階級、世代、性別、民族、宗教等方面的發展趨勢，並未觸及職業、公營部

門、跨國團體、非營利組織等等其它方面的討論。⑩大體而言，社會變遷的方向是往社會結構多元化走，但身在其中的人則同時屬於多重結構，因此使得某些意欲將其中一個特定社會面向突出的作法，不得不違反社會全面地認識自己成長過程，或處理不了自己得到多重色認同的實際情況。

　　對於兩岸關係之中，向來習慣於依照地理疆界劃分主權範圍的執政者而言，多元社會變遷所帶來的訊息具有高度的危險性，因為它破壞了人們對於民族或國家毫無保留的忠誠。不過，這種純淨認同的喪失，未始不是一個人性的開始。

註　釋

①比較流行的說法，是強調中國的國情，例見彭承福，《國情國策概論》（重慶：西南師範大學出版社，1990）。

②所以，作為某個區域中的人被認為應該具有一些特殊的區域性質，有人據此而提出頗具說服力的台灣人論，見徐宗懋，《台灣人論》，（台北：時報出版社，民82）。

③見王偉光，《經濟利益、政治秩序、社會穩定》（北京：中共中央黨校出版社，1991）。

④Victor Lippit, *The Economic Development of China* (Armonk: M. E. Sharpe, 1987).

⑤見李谷成，《中共最高領導層》（香港：明報，1989）。

⑥見杜進寶，〈中共中央與地方關係之探討——廣東省的個案研究〉《共黨問題研究》（台北）21，1（民84.1）。

⑦比如工黨就是超越省籍的政治團體，反雛妓聯盟則是跨省籍的團體提出之訴求。

⑧Johan Galtung, "A Structural Theory of Imperialism," *Journal of Peace Resarch* 8, 2 (1971).

⑨這使得台灣的勞工不關心大陸的工人運動。

⑩Donna Haraway, "A Menifesto for Cyborgs," *Socialist Review* 80 (1985).

⑪故資本家鼓吹民族主義，男性宣揚市場價值，漢族提倡愛國，使勞工、婦女與少數民族失去反抗的參考依據。

⑫見鍾孝上，《台灣先民奮鬥史》（台北：自立晚報，民76）。

⑬李登輝，《以民意修憲，向歷史負責》（台北：中央文物供應社，民82）；見謝長廷，《台灣命運共同體的終極關懷》（台北：新文化，民78）。

⑭見陳芳明，《台灣人的歷史與意識》（高雄：敦理，民77）。

⑮陸委會主任委員黃昆輝依據得自大陸之文件所作之報告。

⑯惠安漁民曾將平潭漁民丟入海中，因爲前者人數居多，見Chih-yu Shih, "Human Rights as Identity: Difference and Discrimination in Taiwan's China Policy," in P. Van Ness (ed.) *Debating Human Rights* (London: Routledge, 1991).

⑰筆者赴大陸訪談，廣東省人民代表大會辦公廳簡報時曾提及外地人參政問題。

⑱湖南與廣東，上海與廣州之間都起過爭議，見《星島日報》（1993.7.31）：21；《明報》（1989.8.13），社論；《文匯報》（1989.8.10），社論。

⑲Chih-yu, Shih, "Human Rights as Identity."

⑳見朱天順（編），〈台灣當局的法統困擾〉，輯於《當代台灣政治研究》（廈門：廈門大學出版社，1990）。

㉑見劉建興，〈略論台灣當前的社會經濟制度〉《台灣研究》(1990)。

㉒見林長華，〈台灣官僚資本企業管理體制的特點和問題〉《台灣研究集刊》(1987.3)。

㉓見楊錦麟，〈台灣黨外運動基礎初探〉《台灣研究集刊》(1986.1)。

㉔見石之瑜與李念祖，《實踐兩岸關係》(台北：正中書局，民83)。

㉕江振昌，〈大陸農村社會變遷與結構分化之研究〉《東亞季刊》(台北) 26，2 (民83.10)。

㉖陳文鴻，〈市場經濟在中國將出現什麼問題〉《廣角鏡月刊》(台北)，243，(1992.1)。

㉗比如說，福建省建議兩岸之間的通商、通郵、通航以金門與廈門，馬祖與馬尾作為兩試點，這個看法從未為中央認可過。

㉘刑幼田，〈游擊資本家、地方官僚與世界市場——台商大陸投資模式初探〉，發表於「什麼是台灣社會研究研討會」，台北，(民84)。

㉙見徐宗懋，《沒落的貴族》，(台北：時報出版社，民80)。

㉚張永然、程遠忠，《第四代人》(台北：風雲時代，民78)。

㉛其中很重要的關鍵，在於台灣第三代的本土領袖成長經驗中有日本殖民時代留下的影響，而大陸第二代與第三代領袖有強烈的反日民族主義情感，見石之瑜，〈後鄧時期兩岸關係的世代交替〉，見《自立晚報》(民84.1.2)。

㉜Emily Honing and Gail Hershatter, *Personal Voices: Chinese Women in the 1980's* (Standford: Standford University Press, 1988).

㉝Aean C. Robinson, "Of Women and Washing Machines: Empolyment, Housework, and the Reproduction of Motherhood in Socialist China," *China Quarterly* 101 (1984)：32-57.

㉞Christina K. Gilmartin, et.al. (eds.), *Engendering China : Women, Culture and the State* (Cambridge: Harvard University Press, 1994).

㉟Katie Le Mons Walker, "Economic Growth, Peasant Marginalization, and the Sexual Division of Labor in Early Twentieth Century China : Women's Work in Nantong County," *Modern China* 19, 3 (1993) : 354-365 ; Marlyn Dalsimer and Laurie Nisonoff, "The Implications of the New Agricultural and One-child Family Policies for Rural Chinese Women," *Feminist Studies* 13, 3 (1987) : 583-607.

㊱Tani E. Barlow, *Gender Politics in Modern China* (Durham: Duke University Press, 1993).

㊲見陳德昇，《兩岸政經互動》（台北：永業，民83），頁102-103。

㊳見石之瑜，《女性主義的政治批判》，（台北：正中，民83）。

㊴見謝劍，〈中國大陸的少數民族問題〉《聯合報》（民83.2.8-9）：10。

㊵另外值得重視的還有黑道組織的活動，也在近年發起了跨兩岸的網路，見張起厚，〈大陸黑幫地霸研析〉《共黨問題研究》20，2（民83.12）。

第5節　政治人權的實踐

前言

在中國文化地區出現人權的概念還是頗為新近的現象。人權是典型西洋文明的產物,隨著資產階級的出現而取得了正當的法律地位。由於人權觀念中所謂的人,是指每一個天生的具體的人,因而是與文藝復興以來的人本思想一脈相承的,這也說明了何以人權的觀念在中國文化地區沒有自主發生。

在中國文化之中,集體的權利一向比個體的權利更受重視。當清末民初的革命領袖傳播民權的概念時則仍然十分關心,個體的權利發揚,要如何與集體權利的提升相聯繫。①在實踐上,個體人權的觀念常在政治的考量下得不到重視,一直到今天,人權的理論依舊在中國文化地區之中引起爭議。

人權觀念的發生

對於人權最大的挑戰,咸信是來自國家安全的需要。在台灣,為了對抗來自中國大陸的潛在威脅,在島內實施戒嚴達近四十年,使得人民傳播、遷徙的自由均受限制,更重要的則是家庭團聚與特定人民返鄉的權利不能行使。②

在中國大陸,人權被視為是階級史觀下的特定歷史時期產物,據說只有為了保障自己私有財產的資產階級,才會鍾情於發揚人權的觀念。在無產階級的社會裡,勞動群眾集體擁有生產工具,所以不必擔心受到剝削,也不會有意願去剝削其它的

勞動者來累積自己的財富，所以理論上不必計較以保護私產爲出發點的人權主張。③鼓吹人權的人，當然就成了爲資產階級利益說項的敵人。這是採用公有財產制的社會不侈談個人主義人權觀點的理由。④

但當經濟發展到了一定的程度之後，私人部門累積了雄厚的財富，於是獲得了參與政治的物質條件。在台灣，執政的國民黨自退出聯合國（民國六十年）後，積極舉行地方選舉以能取得台灣人民在政治上接受其統治的正當性，從而與私人部門的雄厚財經力量合作。由於私人部門以本土代表的姿態出現，當然形成與從大陸遷台的國民黨第一代領導人之間的競爭。⑤則爲了政治理由，人權概念被提出來。

第一代國民黨在籌謀與中共對抗時，曾依戒嚴與國家安全之規定，逮捕、拘禁、驅逐、處決諸多可能威脅國家安全的人士。對這些人士的遭遇進行平反，則成爲削弱第一代國民黨領導正當性的途徑。所以人權主張的發揚，反映並促成了台灣政壇上的世代競爭與交替。⑥

在大陸，改革開放政策採納了放權讓利的作法，使得中央計劃體制預算之外的資金大幅膨脹。企業單位爲了爭取主導權，有了經濟民主的想法，應運而生的則是政治改革的呼聲，⑦希望能透過民選競爭機制產生的人民代表大會，監督政府，防止黨官以計劃名義，不當地干預企業在市場上的謀利行爲。⑧

經濟資源的分散，又是發生在文化大革命結束之後的思想真空時期，⑨配合著哲學上關於馬克斯主義人道精神的思辨，西方鼎盛的人權學說也在知識界受到重視，使得中共官方種種

宰制人權、壓迫民主的作法，有了受到批判的標準。在九〇年代，這些人權迫害是以針對從事民主運動的知識份子的鎮壓最受矚目，其它在宗教、生育、少數民族方面的人權問題也偶獲提及，對工人的政治壓迫則只有零星報導。⑩

　　總而言之，人權概念在兩岸的發生同時具有經濟與政治兩種條件。經濟資源的流通提供了政治上較爲寬鬆的環境，政治上挑戰當權者統治正當性的活動，則具體地仰賴著人權觀念。

人權觀的限制（台灣）

　　既然人權觀念的提出，有一定的政治經濟時空條件，則人權實踐或思辨所反映的，就不可能符合西洋文明中所說的那種普遍存在的抽象人權，這在兩岸都是如此。

　　由於台灣的人權主張，在一定程度上是以挑戰大陸遷台政權正當性爲主的，則所受重視的人權，自當是那些能凸顯台灣人權特殊性的案例才會獲得肯認。這說明了自從解嚴以來，台灣的執政當局不再對於中國大陸上人權迫害事件提出批判的政治背景。台灣所重視的人權，包括了二二八事件的平反、政治犯的釋放、海外反對國民黨的台灣獨立運動主張者的返台等方面，而對九〇年代以來中共逮捕民運人士則少有評論，甚至還遣返來台尋求政治庇護的大陸民運份子，這個作法拿來與解嚴之前的鮮明立場相比，頗爲不同。

　　這種看似對於大陸人權的不重視，可以凸顯台灣有別於大陸的印象，有助於鞏固台灣人民對於台、澎、金、馬生命共同體的認同。在民國八十二年修正通過了《兩岸人民關係條例》，就對於大陸人民的權利作出多方面限制，有許多地方甚

至不如一名外國人在台所能受到的權利保障。在人權安排方面
之所以作出對大陸人民刻意的歧視，乃是要提醒國人，大陸與
台灣爲截然兩分的政治體，台灣不干預屬於大陸內部的事務。

　　對大陸人權的歧視在實際生活中引起了許多困擾。比如，
當台灣人與大陸同胞聯姻，大陸配偶赴台面臨各種限制，損害
到家庭團聚的權利；大陸勞工與漁民受僱於台灣僱主，無法獲
得勞動基準法的勞工權利規定所保障；⑪台灣人民赴大陸一定
時間後喪失公民權，且兩岸學歷互不承認，使得赴大陸台商無
法享有家屬長期的照顧與親情等等方面。

　　由此可見，人權概念雖然是經濟發展與社會變遷中自然浮
現的主張，但這個主張的詮釋、適用與效果無所不在地受著台
灣的政治環境與文化認知所影響。⑫人權的觀念雖然在台灣已
漸漸流行，但因其成爲政治上的工具，又服務於以生命共同體
爲口號的集體主義訴求，使得它只能作爲在兩岸交流中區隔大
陸與台灣的一種方式，不能與西方意義中的人權相提並論。

人權觀的限制（大陸）

　　中國大陸的人民對於人權的觀念有著與西洋學說迥然不同
的認識。首先，對於大陸學者而言，人權是集體的，而非個體
的。⑬所謂集體的人權，指涉的主要是民族的生存權與發展權。
中共官方的說法，⑭是認爲人民生命的保障，首先必須繫於國家
能夠獨立自主，而中國人自鴉片戰爭（一八四〇年）以來，淪
爲一個半殖民地半封建的國家，造成中國人民生命財產不可估
量的損失。可見，中共官方的人權，不是針對暴政昏君或神權
教會所講，而是針對帝國主義來的。

基於這種歷史考慮，中共認為任何外國勢力對於中國人民基本權利的關懷，必須先經過中國國家主權的同意，換言之，也就是必須透過中國所參與簽署的關於人權保障的國際條約。⑮到了一九九八年，中共已經簽署了聯合國的人權公約，表示已願意接受包括西方國家在內的全世界檢證。理由是，每一個國家實現和維護人權的道路，都不能脫離其自己的歷史文化條件，這也是所謂符合具體國情的人權實踐。⑯沒有一種普遍模式不是依據某個特定國家的經驗提出來的，將之強加於其它國家不可能行得通。要求在人權的基礎上干預其它國家內政，就已經不再是人權問題，而是強權政治的表現。

為了應付來自國際的壓力，中共發展出一套獨特的反應方式。在與美國交往時，美國方面常常以中共的人權實踐作為條件，要求釋放民主運動人士，以換取美國給予關稅最惠國待遇。中共方面除了口頭抗議之外，也的確釋放了少數民運人士，但卻又對其它民運人士拘禁或逮捕。如此，中共是否算已經對美國人權要求作了讓步，就又成了美國自己要回答的問題。美國對於中共這種又寬又緊的作法很難評斷，所以在一九九四年宣佈，以後不再將中國大陸的人權狀況，當成美國貿易政策的參考依據。

中共所談的另一個集體人權是發展權。依照中共提出的社會主義初級階段論，中國大陸目前是處於生產力不發達的歷史時期，人口多，底子薄，所以最重要的工作是解決十二億人的溫飽問題。⑰正因為如此，中國才會成為列強侵擾的對象。為求民族能生存發展，國際社會對於人權問題的焦點，應該首先集中在當今世界上貧富差距愈來愈大的問題上，以消除世界經濟

秩序中不公正和不合理的現象，改善國際經濟環境。⑱換言之，在集體主義人權觀之下，真正人權問題的根源，被認為是西方帝國主義。

大陸人權觀的發展

大陸學術界存在著一些不同於官方立場的看法，值得簡介。最重要的，是雖然承認人權主張有資產階級的色彩，但也可能發展成超越階級矛盾和對立之上的理念，而且有時就反映在鄉規民約之中，所以不必是抽象的東西。⑲

有人相信，人權的要求，反映了商品經濟的發展，所以一定是以個體為主的權利觀念。換言之，人權的主體不可能是集體。像民族自決這種權利固然是一種民族集體的權利，但不能稱之為集體人權，否則的話，工人、農民、知識份子、北京市民就都可以號稱擁有某一種集體人權，那麼人權的觀念本身就失去意義了。⑳

中共的憲法明白宣佈公民在法律之前一律平等，這就表示人權是平等的、普遍的，且不屬於任何集體。在社會主義權利體系之中，誰的權利比較重要不是根據誰是權利主體而決定的。如果依照權利主體的大小來決定權利的位階的話，那麼國際組織或超級大國的權利就比中國的民族權利更大了。

最後，有人主張，人權不能等同於公民基本權利，否則難民或無國籍者就沒有人權可言了。㉑特定的團體如殘疾者、罪犯、消費者所享受之權利雖非公民基本權利，但仍然是人權保障的範圍。所以，人權不全是法定權利，而是應有權利。而且，即使在立法保障這些權利之前，這些權利在現實社會中已經客

觀地存在著。應有權利的概念提醒立法者，在條件允許的情況下，應該毫無保留地將應有權利給予人民享受，不加任何限制。

八○年代中期以來，各種關乎保障人權、制衡分權的觀點在大陸高校校園流行。雖然在一九八九年六四天安門民運遭到鎮壓後，關於人權的主張比較少見，但仍能不絕如縷。而在六四之前就已經發表了的人權主張，則仍能藉由期刊形式，在各大校園之中保留下來。其中值得提的是所謂黨主立憲說。㉒

根據黨主立憲說，過去歐洲國家實行君主立憲，承認君王的國體地位，但又立憲以能成立有限政府，節制執政者濫權。今天共產黨開國有功，地位崇高，國家機關由黨產生，對黨負責，受黨監督，可說是黨主制，故可仿效君主制之演變，由人民與黨以憲法作為契約，限制黨的權力，以保障人民的權利，從而建立法治國。㉓這個學說是結合了資本主義與社會主義的說法。

人權與兩岸關係

人權觀點被認為是西方帝國主義和平演變中共社會主義政權的思想利器，成為造成六四天安門動亂的主要因素。㉔這些曾經在六四天安門事件後被點名批判的大陸知識界異議人士，在流亡海外期間，絕大多數曾經到過台灣訪問，也有不少間接獲得台灣方面的接濟，這當然對於兩岸關係的發展有影響。

其次，大陸民運人士的處境與未來的發展，已經愈來愈不受台灣政界所關心。由於在許多規定上將大陸人民視為外國人，或不如外國人，引起兩岸之間不少糾紛，包括大陸漁民在颱風時申請入港避風曾因牽延時日造成漁民溺斃情事；大陸人

民私入台灣打工謀生遭逮捕，卻因遣返手段不當致大陸人民窒息而死；外島守軍槍擊或砲擊誤中大陸漁民事件更是層出不窮，對大陸人民人權的忽視，也造成兩岸關係上的猜忌與誤會。

　　集體人權的概念，雖然好像防止了外國干涉中國內部的人權事情，但卻可能也強化了對中國內部個體人權的漠視。在民族發展與中國特色的口號下，台商赴大陸沿海投資設廠，其管理模式就難稱允當，除了因為勞工集體住宿加上設備不當而傳出火災慘劇之外，日常管教亦常訴諸暴力。在一切以提高經濟效益，發展生產力為主的政策口號下，台商在沿海的若干風格也必然不利於兩岸交流氣氛的長遠發展。

　　另一方面，集體人權的考量往往在處理涉及個人人權的案件時進退失據，致每當有台胞在大陸遭到非法謀害後，中共地方官員的處理方式是以保護地方的形象為主，而不能站在受害者家屬的立場設想，導致事件被高度政治化地說成對台灣人民的殘害，㉕轟動一時的千島湖事件就是這類案件典型的例子。

　　民國八十三年三月三十一日，浙江千島湖發生特大強盜殺人搶劫事件，二十四名來自台灣的觀光客與八名大陸船員全部遇害。浙江地方當局初時封鎖消息，導致台灣官方激烈反應，指責大陸是土匪政權，草菅人命，才殘害了二十四名台灣同胞。政界與媒體風起雲湧，指責中共違反人權，要求停止兩岸交流，抵制赴大陸觀光，削減兩岸交流預算。但整個事件中，未見台灣方面對八名大陸受害船員表達關切，顯見台灣所關切的人權，有選擇性，反映了台灣要和大陸相互區隔的心態。㉖

　　就在千島湖事件不久之後，又發生震驚一時的《上好號》海上旅館事件。同年七月，提姆颱風侵台，在附近海上收容大

陸漁工的台灣船隻《上好號》礙於《國家安全法》不得入港避風，待風浪大起才強行闖入，不料觸礁，大陸漁工泅水上岸，其中十人溺斃。台灣並未檢討既有法令造成此次慘劇的原因，只將慘案歸因於天災，㉗故看出大陸漁工的人權，不是台灣所關懷的對象，從而強化了台灣與大陸之間的區隔，確立台灣人民的人權與大陸人民的人權各有專屬機關，而且這些分屬兩岸的機關，對於人權的看法南轅北轍。簡言之，對台灣而言，人權只是個認同問題。

人權中國化

　　無論是台灣方面順應經濟發展與政治上的世代交替所提出的個體人權觀，或是中國大陸因應改革開放潮流下西方壓力而鼓吹的民族集體生存發展權，都是社會變遷下的產物，也都是在藉用看似普遍皆準的概念，在掩飾自己獨特的認同需要。其結果，台灣鼓吹的個體人權形成對大陸人民個體人權的歧視，大陸鼓吹的集體人權照顧不到勞動者受僱於台資企業時受剝削的情形。可見，個體人權與集體人權的主張一旦實踐起來，都具有高度的選擇性。

　　不過，西方人權的說法已在中國文化地區引起關注，而且獲得一定程度的傳播，則是不爭的事實。台灣在政治與法律制度上業已容納了這些西方的人權設計；中國大陸的知識界，更已在哲學層次處理中華文化集體主義傳統與西洋文明中的個人主義人權觀點的接合問題。改革開放潮流的持續將有利於兩岸接合理論與實際。

註　釋

①比如,孫中山先生就曾指出自由必須是有紀律的,毛澤東也認爲自由與紀律必須兼具。

②一九七五年《赫爾辛基人權條款》便將家庭團聚與兩集團間的通郵列入其中。

③見張一,《中國社會熱點難點疑點分析》(北京:解放軍出版社,1989)。

④見張光博,〈堅持馬克斯主義人權觀〉《中國法學》4 (1990)。

⑤國民黨遷台之初,有意識地防止政治與經濟結合,形成大陸省籍政治菁英與台灣省籍的政治菁英之分流,厥爲中國歷史上罕見的現象,見 Lucian Pye, *Asian Power and Authority* (Cambridge: Harvard University Press,1985).

⑥參見本書第三章第二節。

⑦林喆,〈權利與義務關係之爭──當代中國法理學熱門話題評介(上)〉《法學》4 (1991)。

⑧郭曉飛,〈論地方人大對同級政府不適應的決定和命令的撤銷權〉《法學》2 (1991)。

⑨王若水,〈談談異化問題〉《新華文摘》10 (1980)。

⑩西方學界對人權的重視則稀稀落落,比較著名的有 Peter Van Ness, "China's Human Rights Diplomacy," *Working Paper Series 141*, The Research Center, Australian National University (1993).

⑪關於大陸開放來台工作的相關討論,見高長,《大陸經改與兩岸經貿關係》(台北:五南,民83)。

⑫王振寰與錢永祥,〈民粹威權主義的形成與民主問題〉發表於「什麼是台灣社會研究研討會」,台北 (民84.1.21)。

⑬白桂梅，〈論新一代人權〉《法學研究》5（1991）。

⑭國務院，《中國的人權狀況》（北京：中央文獻出版社，1991）。

⑮魏敏，〈人權的國際保護與不干涉政策〉《新華文摘》6（1991）。

⑯陳先達，〈社會制度與人權〉《新華文摘》5（1992）。

⑰丁俊良，《路在何方——關於社會主義初級階段的沈思》（長沙：湖南大學出版社，1991）。

⑱國務院，《中國的人權狀況》（北京：中央文獻出版社，1991）。

⑲李步雲，〈論人權的三種存在形態〉《法學研究》4（1991）。

⑳張文顯，〈人權的主體與主體的人權〉《中國法學》4（1991）。

㉑張文顯，〈人權的主體與主體的人權〉。

㉒劉大生，〈試論黨主立憲制——關於社會主義初級階段合適政體之探討〉《社會科學》7（1989）。

㉓黨主立憲說是在一九八九年六四天安門民運前完稿，但六四事件後則受批判，見邸乘光，〈黨主立憲制：合適政體，還是將錯就錯？〉《社會科學》11（1989）。

㉔華原，〈痛史明鑑：資產階級自由化之氾濫及其教訓〉（北京：北京出版社，1991）。

㉕這裡有一個惡性循環，即媒體為了誘使中共官員透露案情而故意渲染，但中共官員因而不信任台灣媒體，則台灣媒體只好更加繪聲繪影揣摩案情。

㉖華成韶，〈台北迷失在千島湖船難事件中〉《觀察》5（民83.4.25）。

㉗詳見《中國時報》（民83.7.19-20）：6。

第3章 分析兩岸政策心理

第1節 台灣領袖的氣質

前言

　　一九八六年九月二十八日的午後，圓山飯店鎂光焦聚下的反對運動領導人顯得格外緊張，就在那一刻，幾年來一直打著黨外稱號的領袖齊集一堂，準備突破動員戡亂時期的黨禁，宣佈正式組黨。不少人抱著被抓的打算；也有人宣佈組黨餘音猶在，當夜即遠赴海外避禍。①但結果什麼都沒有發生。

　　一九九七年十一月二十九日的傍晚，民進黨中央賀聲迭起，首度取得台灣地區縣市政府的多數執政地位，勢必將為分離主義開拓更多制度化的傳播渠道。②

蔣經國與大陸政策轉型

　　後見之明已經顯示，十一年前民進黨倉促成軍，不僅可以作為台灣政治發展史的斷代點，儼然亦是兩岸關係的重大里程碑。但真正讓台灣內部反威權主義涓流發展成分離主義波濤的，恐怕不只是民進黨歷屆領導者，而更是策動大陸政策變遷轉型的國民黨高層。③

　　事後回想民進黨誕生的情節，有人盛讚重病在身的經國先

生開明，沒有採取強力的取締，方才揭開台灣兩黨政治的序幕，可謂功不可沒；④有人不勝欷歔，感歎台灣獨立勢力從此登堂入室，蠶食鯨吞地摧毀了人們對中國的認同，終將帶來無窮的動盪。⑤經國先生豈是不知？國民黨夾在大陸與台灣之間，稍微偏頗都難逃覆亡之禍。一九七一年，台北遭聯合國逐出，國民黨光復大陸的遠景昏暗，它在台灣的統治正當性理所當然發生動搖，因此展開了政權的本土化，想在台灣打下根基。⑥省籍平衡的問題於是浮上檯面，歷來以反抗威權統治為核心的反對運動，其本質默默地隨之發生變化。一九七六年中壢事件之後，儘管時人仍詛咒階下囚，國民黨台灣化已是求生存的大勢所趨，且為層峰所先知先覺。多年來藉由零星的黨國人事內地化來維繫正當性的作法，恐怕已經不敷使用了。

但進一步的本土化勢將錯亂國民黨習以為常的平衡關係，葬送中華民國的法統生機。在經國先生的大戰略裡，台灣政治的本土化既不可擋，平衡之道就只能是鼓勵台灣社會的內地化。⑦也就幾乎在黨外人士密謀組黨的歷史瞬間，經國先生首肯開放在台老兵返鄉探親，霎時兩岸之間的交流如江河東向，滾滾莫之能禦。有人醉心中華民族之振興，對經國先生此舉的動機雖不嘉許，但卻十分支持；⑧有人擔心中共統戰，覺得他不夠謹慎；⑨有人嚮往脫離中國，怨恨他為德不卒，徒然衝擊台灣的主體認同。⑩的確，在不同的人眼中，歷史提供的機運常常卻判若天淵，人們發出迥異的怨嘆，沈淪在彼此相詰的漩渦中。

蔣經國之後的兩岸消長

人不能脫離歷史，卻也不可能看到歷史的全部。往往人們沒有看到的那一部分，主導著自己情感上大的傾向。所以傳承法統的經國先生，一旦看到本土化不可推遲，理所當然地用內地化來平衡，而不是輕鬆自在地順著本土化一路滑溜。同樣的道理，李登輝總統繼任大業後，看到兩岸人民水乳交融，他作為日本後殖民文化在台的典型，情不自禁地要深化本土意識，也是合情合理。然而，兩位領導者的氣度、風格大別，使得過去曾操縱情治機關，遂行高壓統治，⑪原應為當代人權潮流所不齒的經國先生，在中國歷史評價上將大大地、合理地超越後者。

這裡有幾個關鍵。在領導角色方面，經國先生雖來自內地，但能站在台灣與內地之間調和平衡，而李總統忘情地投身於本土化潮流之中，以自身之力率先倡導排除中國認同；⑫在生活中，經國先生對本地人親近，相喜相隨，李總統則難與內地人開誠布公；⑬在感情上，經國先生的情緒不因為介入了陰毒恨辣的政治而遷怒於民，相形之下，李總統的言行充滿了悲怨與仇恨。⑭其結果，一個兢兢業業，戒慎恐懼，另一個莽莽撞撞，虛浮狂飆。兩岸相持之局，就在李總統執政十年間，急轉直下，過去台北有所憑藉的有形無形資源，消耗殆盡：

1. 是台北以八百億美元外匯存底，原本可以經援大陸，⑮建立兩岸之間人情關係，但卻拒不從事，到十年後大陸外匯已經超越台灣，頓失雪中送炭之良機，反而還得仰賴大陸商機，方才免於蕭條；⑯
2. 是台北強人盡逝，原本推動民主制度紮根條件成熟，可

以號召大陸，到十年後台北政壇黑金暴力充斥，反而北京推動農村民主，⑰簽署人權公約，⑱受到世所矚目；

3.是台北與華盛頓之間原本維持良好默契，勝過北京與華盛頓之間的酒肉關係，到十年後美共關係修好，台北一再從中作梗，反而被看成找麻煩的一方；⑲

4.是此岸人民因生活富裕，信心十足，原本大可面對大陸，有所影響，到十年後焦慮沮喪，空虛孤寂，毫無安全感，反而在大陸的台商還造成許多社會問題；⑳

5.是台灣高舉文化復興，原本對文革之後與改革之中的空虛心靈，自如春陽明月，到十年後因鼓吹中華傳統以外的新文化，㉑反而大陸發動文藝復興，揮手號召此岸拾回傳統。㉒

十年來，台北的大陸政策所反映的，正是李總統在中華文化與日本後殖民文化之間找尋定位的個人生命史。他先後接受幾種力量的支持或妥協：㉓與他有相同後殖民背景的知識菁英及政治人物、㉔出身基層但心底崇拜後殖民遺老的新世代、㉕由前代經國先生培養的唯唯諾諾之政壇黨官學軍、㉖不滿於舊時代統治亟思有所表達的社會仕紳、㉗政壇不得意瀕臨出局的技術官僚、㉘務實精明想要打入政壇的財團派閥、㉙對於政治疏離但認同發生焦慮的芸芸眾生。李總統為台灣建構了一個悲情的歷史，他要藉由兩岸關係的再定位，帶領大家超越悲情，但是這個不可能的任務，只能引導人們回到更深邃的悲情。這是一個聽起來瘋狂，但卻注定淒涼的故事。

李登輝的政治認知

李總統是一九八七年在國民黨的法統之中即位，在一九九〇年第一次正式當選中華民國總統後，仍宣稱中國只有一個，㉚但到一九九七年，他已不諱言地對國際宣佈，台灣是一個主權獨立的國家，㉛其間經歷了起起伏伏幾多，恐非外人所能道。似乎，自中國法統疏離的傾向與時俱進，至今清晰異常，那些早就質疑總統搞分離主義的人，可能慶幸自己知人在先，未受蒙騙。可是，李總統是一個天生的分離主義者嗎？㉜人們回顧自己的身邊，多少人過去在國民黨的體系之中汲汲營營？他們之中有宣誓效忠中華民國的、有總理遺囑朗朗上口的、有遭人誤指爲台獨而落淚的，而今安在？這些也曾經年輕過的人，都是天生的分離主義者嗎？

人是會變的，隨著情境的發展，李總統由剛開始一個不反對中國統一的人，變成一個想要徹底切斷兩岸交流的人，不是沒有外在原因的。他在奪權過程之中，受到既有勢力雖然看似軟弱，但卻令人傷心的抵制。㉝迎戰之道，便是繞過這些體制中的舊勢力，直接訴諸群衆，藉由群衆運動來趕走「老賊」們。㉞這個大規模的、瞬間的、赤裸裸的本土化運動，激化了省籍矛盾，暴露了權力鬥爭的寫實，也因此需要道德的粉飾，於是而有大量延請台獨勢力返台的作法。本土的反對勢力經過撞擊，雖然不能與海外台獨誠心合流，但卻不能在道德立場上落後，造成本土反對陣營中懷有內地情結的人凋零淘汰，㉟勢力消長之下，也就鼓舞了國民黨中的本土菁英向台獨陣營流失。

李登輝與分離主義

　　曾經服務於國民黨黨國體制，但今天出面領導分離主義的
人，在這十年之中獲得了重新詮釋自己的機會，可以說，李總
統賜給了重生的機會。他們在以今日之我非昨日之我的情境
中，對自己的過去不堪回首。人們可以譏諷他們善變，見風轉
舵，但也說明了他們今日顯得特別偏激的理由，台獨不單純只
是一個理想而已，更是一次贖罪的過程，為洗刷自己過去向國
民黨妥協的羞恥，絕對沒有再向共產黨妥協的道理。㊱這些為數
極少的菁英，扮演著先知覺後知的角色，在李總統統治期間，
獲得的物質與精神支援，是解嚴前不能想像的。

　　但是李總統可沒有辦法好整以暇，他畢竟是中華民國法統
的繼承人，除了羨慕台獨鬥士能無所顧忌之外，唯一能做的，
就是儘量給予他們更多的空間。㊲在他想來，這是替自己同胞多
做一些事。所以從一九九〇年的國是會議開始，他就努力把過
去因主張台獨不得入境的人，一一延攬回國。㊳但他能做到總
統，對過去體制妥協運用的程度，想必遠遠超過其它人，其中
的愧疚將隨著反華氣氛日濃，而日復難以忍受。尤其當他所放
縱的分離主義力量轉而批判他，說他個人背叛台灣人民的時
候，㊴內心的煎熬並非筆墨所能形容。他對朋友們的不諒解十分
憤怒，㊵因為，如果沒有他站在法統的地位護著，民進黨的台獨
黨綱怎能輕舟萬山毫無阻力，分離主義又哪有後來的聲勢？民
進黨囊括基層選舉成為多數黨的成就，豈能在短短十年之內就
達到？㊶

　　總統這個尊貴的位置，從一項不可比擬的權力資產，變成

了心理上的負債。他必須先說服自己，他沒有背叛同胞。這種潛意識裡對自己職位的痛恨，逐漸形成無法消除的夢魘。現在，一方面，李總統必須要證明中華民國的價值，他才能接受自己繼續做下去；另一方面，他又要證明他不會對中共妥協，他才算沒有背叛自己。可是，他不能像其它台獨人士那樣的明目張膽，剩下唯一的道路，就是用中華民國把中國排出去，把中華民國和中國分開。這何以台北方面比大陸更早、更努力地強調，所謂一個中國，指的是中華人民共和國，故若台北不接受中華人民共和國的統治，就不能同意一個中國的主張。㊷

分離主義的挑戰

分離主義的因子，從受到後殖民文化影響的人身上異化出來。㊸那是從一種對中國的誤解開始，把中國看成落後的對象；㊹再到對中共的對抗與分立，把中國看成共產黨的威脅加上國民黨的統治；㊺當象徵中國的力量在台灣衰退後，藐視中國的心態隨著台灣的經濟領先而復出。李總統正是成長於皇民家庭，對於日本文化價值與觀點十分熟稔，因此回憶起對中國的疏離意識時，相對要付出的心理代價較小。但關鍵者，仍是他在接班過程之中受到舊勢力的抵制所致。不過，這種抵制在九三年修憲完成因而大體排除了之後，何以又似乎變本加厲地往分離主義方向推動，就又不是舊勢力的刺激所能完全解釋的了。

部分因素，當然是國民黨非主流派對他的挑戰不斷，後來這些人又組成新黨。一九九四年新黨的台北市長競選主調，就是反李登輝的分離主義政策。㊻然而，李總統並沒有真正認真考

慮國民黨潛在的政權危機,相反的,儘管過程並不順利,他對於兩階段修憲成功之後的大局十分滿意,⑰即令九二年國民大會改選,及九三年立法院改選,親李的主流派表現並不理想,台獨的言論固然此起彼落,但其潮流尚非澎湃洶湧,諸多台獨大將亦未當選。從李總統在九四年五月發表對司馬遼太郎的講話,⑱可以知道他的心情已經比較輕鬆,可以把自己對中國的疏離盡情地表達,⑲已能起居室裡解構中國的含義。所以要解釋兩階段修憲完成之後的反中國意識,必須同時從兩岸互動的經驗中來感受,這是下一節的主題。

註　釋

①參考李筱峰,《台灣民主運動四十年》(台北:自立晚報,民76);南民,〈組黨攻防戰〉《九十年代》(1986.11)。

②一九八六年十一月,民進黨「一大」通過的中央黨綱中,提出「台灣前途應由台灣全體住民自決」的原則。一九八七年民進黨召開「二大」時,將「台灣人民有主張台灣獨立的自由」寫進大會決議。一九八八年四月民進黨「二大」臨時會稱:「台灣國際主權獨立」,並提出四個「如果」的情況下,「主張台灣應該獨立」。一九九〇年十月民進黨「四大」二次會議上,以決議方式通過了「我國事實主權不及於中國大陸及外蒙古」。一九九一年十月十三日,民進黨「五大」正式修正通過了建立主權獨立自主的「台灣共和國」案,訂爲「基於國民主權原理,建立主權獨立自主的台灣共和國暨制定新憲法,應交由台灣人民以公民投票的方式選擇決定」。時至一九九七年十二月七日民進黨主席指台獨黨綱爲歷史文獻,是理想,不是政策。見姜殿銘等(編),《台灣一九九一》(北京:友誼圖書出版公司,1992),頁357-358。

③儘管民進黨的勝選,不是因為主張分離主義,但「一個狀似偶然的決定與事件,可以導致也是偶然的另一個決定」,既然「國民黨一日不能擺脫『一個中國』的框架,民進黨就一日不能脫卸『一中一台』的訴求」,因此,「選民表面上不是選擇台獨,焉知未來回顧起來,選民不是用選舉選擇了台獨?」見管碧玲,〈是統是獨,民進黨應不應務實?〉《聯合報》(民86.12.7):11。

④故對於「少數躁進政客」在法律未立之前「結黨成群」,對經國先生「極盡其惡毒誣衊之能事」,他「一律容忍,犯而不校」,都是「絕大多數同志所意想不到的」,見曹聖芬,〈蔣總統的政治風範〉;或謂此乃「創造政治奇蹟」,「使國家邁向自由民主先進之列」,見蔡政文,〈締造亞洲第二個民主先進國家〉,均輯於《蔣總統經國先生哀思錄》(台北:蔣經國先生哀思錄編纂小組,民77),頁443,626。

⑤「這個新成立的政黨,已經與「台獨」同流合污了……,是傾向於讓台灣永遠脫離大陸母體,是任何人不能接受的。」見沈駿,《當代台灣》(合肥:安徽人民出版社,1990),頁280-1。

⑥見John P. Copper with George P. Chen, "Taiwan's Elections," *Occasional Papers Reprints Series in Contemporary Asian Studies* 5 (School of Law, University of Maryland) (1984): 48-52.

⑦開放台灣民眾探親是因為「『台獨』勢力猖獗已對國民黨在台生存構成威脅」,見李松林、李雅儒,〈論蔣經國晚年的「向歷史交待」〉,輯於台灣研究會編,《轉型期的台灣》(鄭州:河南人民出版社,1990),頁95;另見Yu-shan Wu, "Economic Integration VS. Political Divergence between Taiwan and Mainland China," presented at American Political Science Association Annual Meeting (September 1993).

⑧雖然開放探親有政治目的，但「開放的大門既然已經打開，再退回去把
　門關上已經不可能」，只要延續發展，「增進共識」，很可能就會「達
　成統一」。見戴理富、盛樹才、陳煒，〈當前國民黨大陸政策的基本特
　點即未來十年之基本走向〉，輯於常燕生、辛旗（合編），《轉型期的
　台灣政治》（內部發行：華藝，1990），頁151，152；另見毛鑄倫，〈兩
　岸關係與台灣分離主義諸問題〉，發表於《回顧與前瞻——團結自強
　學術研討會》（台北：民87.1.4）：4-5。

⑨因此警告中共採取「溫情攻勢」。見聯合報，〈展望「後蔣經國時代的
　中美關係」〉，輯於《蔣總統經國先生哀思錄》，前引，頁337。

⑩統獨立場不同，面對探親交流「就各有一番說詞」，見李永得、徐璐，
　〈我們對開放大陸探親政策的省思〉《自立晚報》（民76.10.15）：
　2；故有強調「大陸政策的關鍵在於主體性的確立」，見高天生，〈在
　野人士對大陸政策的主張〉《自立晚報》（民76.9.17）：2；顯然，探
　親政策「引發認同疑慮」，造成「部分人士也可能藉由探親所帶來的
　『感情出路』，進而尋求『政治出路』，況且在台灣社會中對國家目標
　的分歧⋯⋯，可能各走極端」，從而有人提醒「切莫忘記生根台灣所需
　要的認同」，見陳清喜，〈開放大陸探親政策方向〉《聯合報》（民
　79.9.16）：2。

⑪「蔣介石讓蔣經國統率特務，委之以政治『裡層』幹部，讓他建築『地
　下小朝廷』。」見若林正丈，《台灣：分裂國家與民主化》（台北：月
　旦，民83），頁106。

⑫論者或謂他「不了解中國文化，反而用一種與中國文化處於潛在敵對
　的文化意識」，見徐宗懋，《務實的台灣人》（台北：商周，民84），
　頁267。

⑬參考周玉蔻，《李登輝的一千天》（台北：麥田，民82），頁345 ；徐

宗懋，《務實的台灣人》（台北：天下文化，民84），頁47-70；最能
解讀他對內地人疑懼的是伊藤潔，《李登輝新傳》（台北縣：希望，民
85）。

⑭他説，「幾百年來，台灣曾經先後遭受東西洋帝國的殖民統治，也曾經
遭受祖國大陸的無情遺棄。在台灣的中國人，始終被歷史的命運所擺
佈，始終沒有機會和權利決定自己的命運，長期以來潛藏著一股深層的
悲情意識……」，見李登輝，《經營大台灣》（新刊本）（台北：遠
流，民84），頁10。

⑮前經濟部長，國策顧問趙耀東曾建議以兩百億美元經援大陸，改善兩岸
關係，因爲人們只要「想想看，一座橋，一條路，大陸老百姓知道是來
自台灣的支援，這樣的效果會多大」，見尹士英，〈我爲什麼有貸款大
陸的想法？〉《自由時報》（民77.8.16）：3；這個建議由陳立夫等
三十四人在國民黨十三全大會上提出，著眼於「幫助中共回到中國文
化的道路」，見蕭國俊，〈反共元老思想乖變〉《聯合報》（民77.7.
22）：3。

⑯台灣對香港的貿易順差佔對全球貿易順差的倍數，如下表所示：
對港順差佔對全球順差比例表：

年　度	1990	1991	1992	1993	1994	1995	1996	1997#
順差比例 (對台順差／對全球順差)	56.9	78.5	143.8	212.5	256.3	299.1	170.7	316.9

#：1至5月
資料來源：《兩岸經濟統計月報》（民86.6）（台北大陸事務委員
　　　　　會）：25。

⑰International Republican Institute, "People's Republic of China: Election Observation Report," (mimeo).

⑱北京先在九七年十月宣佈簽署公約,除《經濟、社會、文化權利國際公約》外,中共在九八年加入《公民權利和政治權利國際公約》,見大陸新聞中心,〈中共研究再加入一國際人權公約〉《聯合報》(民86.11.16):9;從一九九八年起,中共同意依兩公約向聯合國提交香港人權報告,見陳競新,〈中共已嘗試邁步踏入國際社會〉《聯合報》(民86.11.23):9。

⑲似乎台灣想要把美國拖下水,把美國的支持誤當成「一張空白支票」,見孫揚明,〈紐約時報不過曝出冰山一角〉《聯合報》(民86.4.17):9。

⑳例見許彩雪,〈中層幹部去與留〉《遠見》79(民81.12.15),頁56。

㉑人們慶祝「李總統已經……讓世人認知到,台灣不僅事實存在,而且正逐漸凝聚出一種有別於中共傳統封建價值的『新台灣主義』;而這套『新台灣主義』所涵蓋的政治、經濟、世界觀,及其中所堅持的道德正義,都是能符合人類所追求的民主、自由及和平之目標」,見黃主文,《新台灣人》(桃園:世紀出版社,民84),頁70。

㉒江澤民在九五年農曆新春發表八點談話,指出「中華各族兒女共同創的五千年燦爛文化,始終是維繫全體中國人精神鈕帶,也是實現和平統一的一個重要基礎」。

㉓參考徐宗懋,《台灣人論》(台北:時報,民82),頁152-156;周玉蔻,《李登輝的一千天》(台北:麥田,民82),頁275-285;岳浩天,〈李登輝文臣武將大探索〉《財訊》122(民81.5):88-97;陳映真,〈帝國主義者和後殖民地菁英〉《海峽兩岸》43(1997.7):45-47;另參考張友驊,《李登輝兵法》(台北:新高地,民81)。

㉔比如彭明敏、辜寬敏。

㉕比如許信良、陳水扁。

㉖比如蔣彥士、李煥、俞國華、邱創煥、連戰、城仲模、孫震、宋心濂、
鄭爲元。

㉗比如黃信介、陳重光。

㉘比如徐立德、蔣仲苓。

㉙比如張榮發、林榮三。

㉚李總統不止一次提到，要在「一個中國的原則下開展對外關係」，「我
們一直強調一個中國」，「在一個中國的原則下……不否定對方爲政
治實體」，見《建立中華民族的新時代》（台北：正中，民81），頁6，
15，18，159，257。

㉛見Keith Richburg, "Lee Stands Firm on 'Independent' Taiwan," *The
Washington Post* (Washington D.C.) (Nov. 8, 1997): A11; Jonathan
Mirsky, "President Declares Taiwan free of Beijing," *The Times*
(London) (Nov. 10, 1997): 14.

㉜觀察家指出，「無庸置疑，李總統有一根台獨的神經，但也有一組中國
的細胞，在不同的場合裡，不同的認同浮現出來，但他絕不只有一根神
經，或一組細胞。如果有外省人罵他，或有獨派友人激他，台獨的血液
澎湃；如果台灣經驗成爲神州發展的範例，中原的意識會亢奮，和子孫
玩耍的時候，兩種情結都趨平淡。」華成韶，〈你還是可以相信李總
統〉《觀察》（民83.5.23-6.5）：10。

㉝參考楊尚強，《你不知道的邱創煥》（台北：商周，民86），頁165-6，
195-200。

㉞民國七十九年國是會議的召開，就是以回應中正紀念堂的學生運動爲
重要理由的，見〈李總統保證政府一定會加速改革〉《中央日報》
（民79.5.20）：3；〈李總統：「儘速改革但要給我時間」〉《聯合

報》（民79.3.22）：1；的確，「從社會結構的層面來看，李登輝高舉『民主』的大旗，對他也是有利而無一害。李登輝是本省人，長久以來，本省人在國民黨『外來政權』的統治之下，對外省籍的政客普遍沒有好感，當他跟外省政客發生政治鬥爭的時候，絕大多數的本省民眾必然會站在他這一邊，李登輝看準了這一套，所以會拿『民主』作武器，推行所謂『民主改革』」。見黃光國，《民粹亡台論》（增訂版）（台北：商周，民85），頁40-41。

㉟如費希平、顏元叔、王曉波等，立場容或不同，反對國民黨則一，皆不容於當今反對陣營。費曾力主消弭反對陣營中的省籍問題，化解中國情結，淡化台獨意識，見他的《理想與期待》（台北縣：費希平，民79），頁457-8，519-520，598-600。

㊱最好的例子是建國黨的領袖林山田，過去曾為警官，在「美麗島」大審時期仍擔任國家檢察官。他現在相信從事教育宣傳比取得公職更重要，他對政府的不屑勝過其它的反對黨人物，覺得如果「接到這樣的爛政權是頭痛的事」，因此，「啓蒙的工作還必須進行，要讓人民形成共識，形成一個值得追求的價值觀。啓蒙不是選舉時批評國民黨而已，台灣廣大的民眾在一八九五～一九四五年，全盤被日本化，四五年到現在全盤被中華化，台灣沒有主體意識」，可見他自己一定是屬於自覺較早的。見《財訊》175（民85.10）：106。

㊲討論到民進黨時，他說，「大家要協調，大家要溝通，大門是敞開的……，民進黨給他有那些活動空間，幫助他來做的，我想起碼有這種心情存在……不要黨和黨之間的競爭，得票多少的競爭，而來怎麼樣來下功夫，進一步有那些問題，我們可以大家去創造出來，做我們活動的空間……但是不是用武力，用打的方法，不恰當的手段在議會表達。」見《建立中華民族的新時代》，前引，頁173。

㊳包括知名的許信良、張燦鍙、王幸南等。

㊴前經濟部次長楊基銓夫婦成立國際文化基金會,邀請「反對運動要角
台大法律系教授李鴻禧、台獨聯盟主席黃昭堂、前主席許世楷、民進黨
立院黨團召集人謝聰敏,建國黨祕書長李勝雄⋯⋯公開對李登輝文宣
喊話。」李總統感到「不大高興」,「很震驚」。見何榮幸,〈楊基銓
夫婦要化解台灣人悲哀〉《自由時報》(民86.12.23):4。

㊵他強調,台獨不是他造成的,主張台獨的人也不應該是在反對他:「中
華民國是一個主權國家,本人從就任到現在,這句話是沒有離開的,我
們在這裡是個主權國家存在,我們爲什麼很多人主張台獨呢?因爲中
共妨礙我們在國際上各種活動,使我們沒有出路⋯⋯台獨的來源不是
內部產生的」,《建立中華民族的新時代》,前引,頁160。

㊶一九九七年底縣市長大選,民進黨在二十三席中獲得了十二席。

㊷見皇甫石,〈北京的困局〉《商業週刊》514(1997.9.26):6-7。

㊸在日本殖民者來台的時候,「欲清除台灣人心中的中國」,結果「台灣
人反而以無比勇敢堅定的態度確立了祖國意識」,但時至八〇年代,台
灣意識「發展出一股異己的力量,反過來對抗自己:就對抗台灣意識
中固有的中國意識而言,台獨意識是中國意識的異化。」參考陳昭英,
〈論台灣的本土化運動〉《中外文學》23,9(民84.2),頁25;及
《海峽評論》(1995.3)分段合載。

㊹見李筱峰,〈二二八事件前的文化衝突〉《思與言》29,4(民80):
185-213。

㊺故云,「中華民國政府,雖歷經大陸而台灣的多次播遷,均從未終止或
中斷其有效主持中華民國軍國大政的職權,而且仍獲衆多友邦維持原
有的外交關係。再進一步就法理依據而言,四十多年來,中華民國政府
一直秉持源於中華民國憲法的傳統,與中共同在中國的國土上形成長

期對峙之局」，見陳志奇，《如鯁在喉的歲月》（台北：國家建設文教
基金會，民85），頁547。

㊻新黨候選人趙少康說，「李登輝不僅要搞台獨，而且還是急獨」，見周
維新，〈趙少康提「三不」，猛批「急獨」〉《聯合報》（民83.11.
21）：9。

㊼他告訴國人，國民黨已經「老店新開」，要大家「放棄不合時代的意識
形態」，而且「不怕麻煩的重修這個百年老店」，才能「完成這麼大幅
度的憲政改革」，相對於大陸「沒有一套選舉投票制度」，國民黨「已
經變了，從宗教的眼光看，就像基督教釘十字架再復活，也像佛家修行
後找到新世界。」見夏珍，〈不應再以戒嚴時期心態看待國民黨〉《中
國時報》（民82.11.6）：2。

㊽〈生為台灣人的悲哀〉《自立晚報》（民83.4.30-5.2）：2。

㊾黃光國，《權力的漩渦》（台北：商周，民86），頁63-64。

第2節　近年政策的變遷

前言

　　李總統就職時，主張分離主義的人並未廣為散播對中國的
仇恨，當時的分離主義可謂之為理性的台獨，故兩岸之間的爭
議是透過理性的語言來表達，國內對國家定位的爭論，也有理
性的語言包裝，①至於仇恨的聲音只有在群眾運動或地下電台
中才聽得到。當分離主義受到國際與大陸的外在約束愈加明顯
之後，台獨主張者在言談之間的仇華情緒就增強了。換言之，
分離主義的情緒依附在分離主義的反面，反面壓力愈強，仇恨
的情緒就愈濃厚。

　　這種外在的壓力主要指的是中共與美國，但李總統很少因
為華盛頓支持台灣不乾脆，就對之有怨言。這種情緒反應，有
如追求獨立人格的二代移民那般，只會想掙脫自己的父母，好
加入主流社會，但在主流社會前又難免自卑，轉而激化了自己
與父母的決裂。不了解個中情緒，就不能體會李總統近五年的
轉變，以及對美國那種期待之情。

兩岸關係契約化

　　就像所有參與統獨辯論或刻意迴避它的人一樣，理性的台
獨並不是真正的理性。人們只是在利用各種現實利害，來說明
台獨之後的好處較多，並在實力與局勢上分析出台獨的可行
性。②這些說法與官方對大陸的對抗政策步調一致，雖然官方

的大陸政策不存在眞正的終極目標，但仍與理性台獨的漸進與
穩健，相互支援。

自從一九九一年行政院大陸委員會成立以來，就一直在執
行理性台獨所嘉許的政策。它的第一個任務，就是顚覆人們對
中國旣有的概念，大量內心反對分離主義的法學家加入了大陸
委員會的工作，③將中國的概念簡化成一種兩岸間的契約行
爲，從而在實際上使中國成爲兩個各擁主權的實體。④

由於這批法學家不少是內地人，因此將中國的概念契約化
的作法，不受懷疑爲分離主義。用外省籍官員來沖淡分離主義
氣氛的想法在早期有其作用，但到九六年重新起用內地籍官員
時，其效果已經不顯著。⑤無論如何，這批當年曾經在契約化
中國概念方面，將中國的疆域變成瑣碎而不能捉摸的人，確實
盡過汗馬功勞，只是其中最領風騷的，卻在九七年因爲已經不
知爲何而戰，退出政壇，⑥其它人經商的經商，敎書的敎書，
轉部門的轉部門，留在大陸事務體系中的幾乎沒有。

但事後看來，在這段期間起關鍵作用的，不只是法學家而
已，更重要的是，是彼岸在政策上的遲鈍，與對台灣的誤解。

北京與台灣分離主義

大陸方面處理對台事務的官員，在九〇年代初期以前對台
的想法單純而且一廂情願。一直到兩岸成立海峽交流基金會與
海峽交流協會展開對談之際，大陸仍然認眞地想以求同存異方
式，處理台北種種的要求，即以彼岸慣用的政治思考來消化此
岸的契約式思考，這中間需要一個學習過程。台北主要在追求
一個與北京相對立的主體地位，而大陸則在考量如何在一個中

國的原則下，可以滿足台北的要求。

　　當九一年《國家統一綱領》出爐之際，大陸方面肯定與質疑兼而有之，⑦顯然是把綱領的文字認真對待的結果。這是為什麼海協會就綱領中「互不否認對方為政治實體」之文字絞盡腦汁，以為只要在協定中迴避管轄權問題，就可順綱領的要求，不發生否認與否的事了。⑧一直到海基會堅持只有相互承認才算互不否認，海協會才恍然大悟。為了台北方面自己對大陸政策缺乏彈性與安全顧慮，一位貢獻良多的資深政務委員憂而離職返美。⑨

　　問題是，如果北京方面能抱著禮讓的心情處理兩岸交流，而不是處處設防，九〇年代初期的兩岸關係形勢並非全不可為。北京擔心的是台北會得寸進尺，其實，時至九八年，大陸方面終於有人了解到，自己的大大讓步，是消弭兩岸敵意的重要前提。⑩只是這種體會在九三年之前不存在，到九七年以前雖曾在檯面下出現，但沒有影響力，⑪這多少是因為美共關係仍處於半對抗的狀態中，北京對於涉台事務缺乏大開大闔的胸襟。

　　果其然，台北曠日持久的談判戰術，消磨著大陸的耐性，只要大陸不耐煩而使談判破裂，就證明此岸勇於抗爭，而給分離主義勢力爭取到關鍵的時間，在台灣內部既整合又整肅。到了九五年，在台北政壇高層，已經沒有人會公開反對台獨，最多只是曖昧地表示那不是政府的政策。⑫

　　北京對台獨勢力無心的、但最大的貢獻，就是每一次台北發動的外交對抗，北京都是被動、拼命的迎戰。它不僅對官方層次的交往敏感萬分，就連民間組織都寸步不讓，⑬這當然是中

國人向來官民不分的政治文化在作祟，才會發生台北想藉民間
涉外組織凸顯主權，而北京也擔心民間組織愈來愈帶有官方含
義的趨勢會發生。

最令此岸人民不解、而官方藉機大力宣傳的，就是體育活
動的政治化。這方面北京沒有能力事先預做準備，早作讓步，
反而處處事後以救火心態，不擇言詞的對抗，⑭在分離主義氣氛
的推波助瀾方面，難辭其咎。分離主義的情緒與兩岸的對抗恰
是一體的兩面，這到九七年之後，大陸才有所體會，唯已時不
我予。對台灣而言，理性的台獨讓位給情緒的台獨。

兩岸關係的關鍵年

假如要替李總統的大陸政策勉強分個階段，八八年到九○
年是摸索期，他試探用「來自台灣的總統」爲名義往訪新加
坡，又指示郭婉容在北京亞銀會上起立聽唱「義勇軍進行
曲」，觀察各方反應。九○年到九二年是籌備期，先後設立行
政與協調爲主的海峽交流基金會與大陸事務委員會，寫成了
《國家統一綱領》，並通過了歧視大陸人民的《兩岸人民關係
條例》；⑮另外人們依稀還記得李總統說要在就職六年後帶大
家回大陸。⑯他沒有明說是什麼意思，但大體是希望在拋開法
統，建立他自己的正當性，並受國際認可之後，光明正大地讓
大陸承認他是台灣人的總統，經過對等談判，改造大陸政治文
化，由他來主導中國的統一吧！

兩階段修憲雖依計劃在九二年完成，但過程則不怎麼令人
愉快，其中總統直選的落實還被拖延了一年。九三年到九四年
是起飛期，應該是務實外交的斬獲年，與兩岸關係的改善年。

九五年到九六年是收成期,不僅台灣國際地位大幅提升,兩岸對等關係也獲確認。後來,問題出在九四年。

不論從哪個角度看,九四年都是兩岸關係的關鍵年,不僅李總統如此說,[17]實際上證明也不錯,儘管和李總統設想的可能不一樣。九三到九四年間的渡假外交與辜汪會談儘管喧騰一時,好像並沒有達到原本預期的效果,因爲國際上沒有因爲這場會談,而把台灣看成與大陸相對應的一個主權實體。國內則因爲李郝的政爭,鬧得不可開交。兩相激盪,情緒性的台獨已經漸難規範。到了九四年,台北的對外關係狗尾續貂,而兩岸之間誤會與抹黑事件頻仍,造成雙方極度的不悅,基本上摧毀了九五年之後收成,讓北京承認台北對等地位的原始構想。

九四年發生千島湖事件,二十四名台灣觀光客與八名大陸人員遭搶匪殺害,總統與行政院長將此案視爲中共土匪迫害台灣同胞的證據,造成此岸分離主義聲浪高漲。[18]不多時,李總統發表了〈生爲台灣人的悲哀〉一文,直指中國與中國人是模糊的概念,並自喻摩西出埃及。[19]

不幸在八月又發生海上旅館事件,十名大陸漁工因台灣不人道待遇而意外溺斃,陸委會與政府各單位則事不關己,態度冷淡。[20]雖然在對外關係方面,李總統從事了跨洲之旅,但過境美國並不順利,縱使國內大肆報導,國際宣傳效果卻有限,並未改變兩岸的外交格局。令人沮喪的,則是總統出席廣島亞運的行動,引起兩岸體育界的決裂,最後功敗垂成。

同樣九四年,新成立了新黨,並在年底的台北市長大選辯論中,明白指責李總統推動台獨,將該黨的市長選舉,說成是中華民國保衛戰,[21]逼迫許多國民黨的支持者棄守,轉向支持民

進黨,以防新黨的當選,省籍之間的緊張氣氛因而達到最高點。
㉒如果說,自千島湖事件以降的九四年風波,絕大部分是刻意製
造出來區隔台灣與大陸的,九四年底的台北市長大選絕對是讓
人從內心生出憤怒,影響所及,不少跨省籍的姻親竟因之反目。
㉓

　　同樣的,在北京的眼裡,李總統那篇〈生為台灣人的悲哀〉
告白,使大陸官學兩界如何為他定位的爭論止息,似乎沒有人
懷疑他可能不是搞分離主義。㉔至於同一年通過的《台海兩岸
關係說明書》,幾乎命定成為一個沒有人會重視的檔案文件。

兩岸關係急轉直下

　　對抗的形勢已定,九五年便成了動員決戰年。但這個決戰
年開始得很滑稽,是在人們籌備第二次辜汪會談,與江澤民發
表八點談話的良好氣氛中揭幕。雖然江八點是很重要的文件,
除了重申一個中國之外,主要就是想建立一點兩岸之間共享的
中國人氣氛,呼籲進行結束敵對狀態的談判。㉕

　　但是在九四年的嚴峻氣氛前導下起不了調和的作用,台北
各界出現一片指之了無新意的批判聲。㉖李總統仍然發表了六
點回應,用了不少民族情感的形容詞,㉗但大意是說,中共還是
先在國際上承認台北為宜,而且一切應等中共放棄武力犯台再
談。㉘就在這個節骨眼上,李總統大手筆地遊說美國國會成功,
獲得華盛頓發給簽證前往美國康乃爾大學發表演說。

　　康乃爾是李總統的母校,但如同所有其它的非官方涉外活
動,這次也是台北稱為務實外交的一環,而且是高潮。李總統
的演說宣傳了中華民國的民主進程,也對中共進行簡單的喊

話。㉙就在台北沈浸在勝利的滋味中時，北京片面取消了籌辦中的第二次辜汪會談。月餘之後，解放軍在台海進行第一次飛彈試射，引發台北對內要求鞏固領導中心的肅殺氣氛。㉚

年底的總統大選中，受新黨支持的林洋港，一再被描繪為副手郝柏村的牽制，而淪為中共的同路人。㉛在九六年投票之前，大陸媒體對李總統極盡批判之能，㉜另外解放軍又進行了兩次試射，表達維護祖國領土完整的決心不因台灣的選舉而改變。選舉結果，李總統順利連任。

李總統的就職演說中，不但沒有出現什麼原本暗示會有的重要訊息，反而等於正式宣告了兩個中國政策，並將彼岸視為專制、封建、貧窮、落後的對象。㉝兩岸的對抗已經逼迫他重新思索自己的位置。大陸的意圖是把他孤立出來作為萬惡之淵藪，他當然就必須裹脅台灣人民同進退，以免自己落得單挑解放軍。另一方面，他也期待美國支援，使北京不敢對他輕舉妄動。這說明他之後向台商提出戒急用忍的道理，就是要藉切斷交流來營建全台灣同舟一命的情懷。

他更擔心身後接班人不能堅持兩岸對抗，因此要掌握大權好早做安排。但是在九六年立法院的選舉中，國民黨表現不理想，只能勉強超過半數。所以他只好動員再修憲，在民進黨的支援之下，將政策權收歸總統，並凍結台灣省政府。兩黨高唱主流價值大結合，其實就是往獨立主權的方向推進。㉞

兩岸談判與國家安全

不如人願的是，美共關係在九七年修好，華盛頓重申了一個中國的政策，㉟並警告民進黨不可阻撓兩岸談判。㊱民進黨地

位尷尬,如不從美國則未來執政機會一定受到干擾,如順從,
則美國必又藉機向國民黨要挾,國民黨為排除美國轉向支持民
進黨,難免聽從美國,則仍對民進黨的執政不利。國民黨更困
難,一來國際壓力與李總統心願完全相反,二來此岸反對戒急
用忍政策的呼聲高漲,有些眾叛親離之趨勢,[37]使裹脅政策的效
果大打折扣,在李總統恐怕要單獨對抗中共的態勢中,只有希
望中共自己打退堂鼓,因此李總統在九七年十一月正式向國際
宣告,台灣是主權獨立的國家,[38]如能激怒中共,使放棄和平攻
勢,或許局面尚可維持不變。這種擔憂自己獨自面對中共的恐
懼,引導李總統將九七年底縣市長大選裡國民黨的慘敗,看成
對他個人的支持,更堅定他要求人民一起對抗中共的信念。[39]

　　近年來,為了延緩三通的壓力,規避談判,此岸想出了國
家安全與尊嚴兩個理由,[40]聽起來是為了全民著想,仔細深究,
其實有意無意是在用國家安全當理由,以利壟斷政治資源。過
去這麼作靠華盛頓配合,但一九九七年柯林頓與江澤民會談後
有其瓶頸,北京的和平攻勢已經通過華盛頓迂迴發動。先看誰
希望散播國家安全堪憂的印象。要問的是,國家安全受威脅的
印象對誰最有利?

　　是商人嗎?不會,他們希望三通。

　　是充援兵嗎?不會,他們最怕真的打仗。

　　是赴大陸的留學生嗎?不會,因為他們不想學業中斷。

　　是主張統一的人嗎?不會,因為他們將失去主張統一的理
由。

　　是從來沒有與大陸往來過的老百姓嗎?不會,因為他們將
活在恐懼中。

　　但有兩種人會覺得舒坦：一是分離主義者，因為中共對台灣形成威脅的話，統一的支持就會下跌，兩次飛彈危機可為明證。但分離主義者得不到分離的結局，因為中共的勢力太龐大，所以他們只是心理滿足而已。真正獲利的，是可以用國家安全的名義呼風喚雨，壟斷資源的執政者。國家安全的威脅愈大，反對黨的資源就愈轉向政府，政府的地位就愈鞏固。老百姓愈依賴統治者，統治者的尊嚴就愈重要，如此水漲船高。

　　有人會說，也許國家安全真的受到威脅啊，不一定是政府捏造的呀。據說假如通航，中共軍機飛過來怎麼辦？[41]但怎麼沒人說那現在與香港通航，軍機從香港飛過來怎麼辦？事實上專家是可以辨識軍機與民航機的，問題不只在於政府沒說實話，而在於為什麼有人要擔心中共軍機飛過來？對付誰？商人嗎？充援兵嗎？統派嗎？學生家屬嗎？老百姓嗎？不可能吧。只要兩岸交流得好好的，恐怕連分離主義者和執政者都不是中共的對象。這才是政府最擔心的，因為沒有人將再把資源自動奉上，感謝領導中心的庇護。

　　所以，關於國家安全受到威脅的宣傳，是要切斷交流、裹脅百姓、圖利於執政集團。這是為什麼政府不思慮如何開拓人民在大陸的生存空間，鼓勵大家透過綿密的人情脈絡發揮文化、血緣的優勢，從世界各地的競爭者中脫穎而出，讓大陸上的人感受我們的參與，見識我們的本事，協助我們的發展，卻要花費鉅資搞外交對抗，再用外交失敗來營建對抗氣氛。如果政府真心誠意搞分離主義還值得尊敬，偏偏又不是。可見兩岸關係發展到九八年的地步，政府實在要負相當大的責任。

領導氣質的評估

在兩岸的對抗之下，上述國家安全與尊嚴的思路，也對台灣的治安敗壞推波助瀾，治安已經不是個別問題，此何以李總統特別在九七年光復節希望大家發揮愛心，告別悲情，㊷愛心指的是犯罪問題，悲情指的是尊嚴問題。但是當時的柯江會談，又勾起人們的被出賣意識，配合著亡命之徒四處流竄帶來的恐慌與憤怒，㊸社會無力感正在竄升。問題的嚴重性，恰在於無法告別悲情所引起的精神崩潰。為了告別悲情，我們要證明自己能脫離中國。為此訂下幾乎不可達到的國家目標，推動沒有前途的務實外交。

務實外交若真的幫台灣擺脫大陸，我們必能一掃陰霾，告別悲情。不幸的是，務實外交散佈失敗主義，誘使人們看輕自己，反而助長悲情。沮喪之餘，不僅一意切斷與大陸的關係，甚且遷怒於內，把與自己文化、血緣、生活最密切人，看成敵人。㊹這種與自己為敵的作法，造成社會大量焦慮，為了走出悲情而陷入悲情，逼得政治菁英表現得好像完全不受歷史拘束，連生命都可割捨，才能讓人覺得他們已經走出悲情。

評估李總統的大陸政策，因而必須觀察它的內在效果。固然作為後殖民文化的子民，李總統心中有分離主義傾向可以理解，也應該尊重，畢竟他個人不能選擇自己的歷史。但分離主義的表達與處理方式，多少是受到他自己個人政治鬥爭經驗的影響，或是受到大陸方面的刺激而形成，這就是一個領導人所不能不思考的，尤其當這種對抗至上的思路已經將社會驅向瘋狂邊緣的時候，更必須反躬自省。

　　李總統在後殖民認同方面的包袱，不能讓他在風格與情緒的反應上，免於接受批判，何況在九四年之後，他幾乎已經鐵了心腸，要把全台灣人民拉在一起，作為他面對中共時的典票。並不是每個人都反對他，也不是每個人都理解他，但起碼在面對中共時，他的方法已經讓台灣資源耗盡，朋友走避，似乎對抗逃避與移民海外變成政府與人民剩下唯一可以分道揚鑣的道路。

註　釋

①見林濁水，「台獨……不僅是啟示也是榜樣。台灣必須不停地進步，才能維繫其自我建構出來，與其它華人社會的對應關係；並在實踐過程中，泅注台灣以外華人文明重生的資源與活力，對中國來說，是福非禍……可協助也正在面臨國際關係重整的中國，共同穩定亞太區域日益緊張的關係」，故台獨是「中國人和亞洲人從帝國亡靈中脫身而出的」先導，對「中國人具有無限的正面意義」。〈台灣獨立對中國人的意義〉，輯於中國大陸研究學會（編），《主權問題與兩岸關係論文集》（台北：中國大陸研究學會，民84），頁152。

②比如，「台灣早已是獨立的國家」，「擁有雄厚的經濟實力」，「經濟和政治成就使得台灣受到國際的矚目和肯定」，「台灣有一股強有力的支持者，──美國」等，見張旭成，〈民族解放與國家獨立是世界潮流〉《國立中山大學社會科學季刊》1，1（民86，春）：25-27。

③著名的包括陳長文、馬英九、焦仁和。

④在此之前，曾有各種定位方式，見魏鏞，《突破》（台北：商周，民84），頁157-166；但事實上，「雙重承認」、「分裂主權」、「一國兩制」等概念，是不是「兩個中國」，或「階段性的兩個中國」是不是

有利於統一,並非法律專家所能處理的問題,上述概念紛紛提出,反映出「政府部門為了爭取我方國際地位,每每認為我方與中共之間爭取主權的爭執,因此為了國際承認便應將主權分隔」,見前引,頁335。

⑤民八十五年任命張京育為主委,其原因之一即是張為外省人,可以算是對大陸的一種善意,見莊慧良,〈外省人出掌表示不搞台獨,張京育保護李登輝信任〉《明報》(民85.2.29):9;這個說法有其負面影響,蓋暗示了原任命黃昆輝為主委時,他的本省籍身分意在表達對抗。

⑥馬英九在民八十六年辭官時表示,「若干政治情勢演變,令人困惑,基層已有『為何而戰』的質疑」,〈馬英九辭職聲明全文〉《聯合報》(民86.5.9):3。

⑦參考劉國深,〈「國家統一綱領」評析〉,輯於姜殿銘等(編),《台灣一九九一》(北京:中國友誼出版公司,1992),頁247-255。

⑧中共本以為,兩岸現處於分裂是事實,但不宜用文字將分裂狀態加以固定,則不發生否認的問題,如此應當符合《國統綱領》「互不否認對方為政治實體」的要求,見唐樹備接受《紐約僑報》(1994.9.16)的訪問,轉載於《海峽評論》(1994.10):45-49。

⑨關於丘宏達的辭職理由,見《聯合報》(民83.2.27):3;《聯合報》(民82.10.21):1;另見大陸新聞中心,〈人民日報評論指我轉向兩中〉《聯合報》(民83.8.20):10。

⑩海協會會長汪道涵表示,「一個中國並不等於中華人民共和國」,而是「尚未統一的中國,共同邁向統一的中國」,見劉永祥,〈共同締造統一的中國〉《中國時報》(民86.11.17):1。

⑪見陳威儐,〈中共研議推動兩岸外交休戰〉《自立早報》(民83.2.18):1。

⑫新聞局官員澄清李總統關於台灣是主權獨立國家的談話,見羊曉東,

〈我爲主權國家立場不變〉《中國時報》（民86.11.10）：1；何振忠、陳鳳馨，〈政府高層持續「消獨」〉《中國時報》（民86.11.11）：2。

⑬如國際政治學會，大陸的代表「不斷要求國際政治學會更改我方名稱」，當此意不被大會接受時，即「表示宣佈退會」，見包宗和、廖達琪，〈中國政治學會組團參加國際政治學會（IPSA）第十五屆世界會議報告〉，影印本。

⑭外長錢其琛指責台灣「企圖利用體育製造一中一台」，這事情要記一筆帳，中央書記處溫家寶表示這是「民族情感所不允許」，即令比賽在即，中共奧會代表魏紀中還警告，事情還沒結束，見石之瑜，〈中國人國家觀念中的日本前提〉《台海兩岸》（春）（民84.3）：63-74。

⑮比如大陸遺族接受遺產有設限，大陸人民合法入境可以不經司法程序遞解出境，大陸人民合法投資可以不經司法程序没收，例見第十八、六十七、七十三條。

⑯李總統不止一次提到有信心要在六年内帶領大家回大陸，「這六年中，一定有這個機會，給我們回到大陸，把我們的經驗移到大陸，來幫助所有的中國人，不要在困苦不自由當中來生活。」，《建立中華民族的新時代》，前引，頁23-24。

⑰連北京都重視他所説的「今年是兩岸關係培養互信的一年」，見共黨問題研究中心編印，《兩岸關係大事紀，民國八十三年》（台北：共黨問題研究中心，民84），頁1,33。

⑱李總統指中共「殘害我們的同胞」，《中央日報》（民83.4.10）：1；連戰指中共「草菅人命」，《中央日報》（民83.4.8）：1；蘇貞昌結論説，統一成爲殘害台灣同胞的一個利器，《中國時報》（民83.4.11）：2；洪奇昌建議抱有統一幻想的人把夢放棄，《觀察》5（民83.

4.25-5.9）：12-14。

⑲見《中國時報》（民83.7.20）：6。

⑳高孔廉表示，在不能證實海上浮屍是大陸漁民的情況下，與陸委會無
關，詳細分析見Chih-yu Shih, "Human Right as Identities," in P. Van
Ness (ed.), *Debating Human Rights* (New York: Routledge, 1998).

㉑故云，「今天是中華民國對抗台灣共和國的一場神聖選戰，不只是一場
台北市選舉」，見《聯合報》（民83.10.3）：7。

㉒「這次省市長大選最令人擔心的，就是族群激化相當嚴重，少數候選人
打出統獨爭議，其實真正的目的是挑起省籍問題」，「有人為了勝選不
惜從中挑撥，見縫插針見洞灌水……，有不少炒作者的配偶卻都是外省
籍人士，這些人天天高喊『台灣人要選台灣人』卻置另一半於不
顧」，見周陽山，《新黨的台灣情》（台北：世界，民84），頁194-
196。

㉓見孫揚明，〈統獨、買票、計程車〉《聯合報》（民83.12.2）：39。

㉔大陸全國台灣研究會會長姜殿銘告訴筆者，過去大陸方面對李總統有
三種看法，但〈生為台灣人的悲哀〉一文問世後，三種看法統一了，人
們都認定他是台獨份子。

㉕參考邵宗海，《兩岸關係與兩岸對策》（台北：時報，民85），頁239-
240。

㉖黃逸雯，〈演習後江澤民重提江八點〉《中央日報》（民84.11.28）：
1。

㉗比如，「珍惜與大陸同胞的手足之情」、「發揮相互扶持的同胞愛」、
「使炎黃子孫在世界舞台昂首屹立」等，見《經營大台灣》（新刊
本），頁207。

㉘他要求「中共正式宣佈放棄對台澎金馬使用武力後」再談，前引，頁

206。

㉙他說：「本人從政以來，始終以民衆的需要及意願，作爲施政的明燈。本人也很誠意地希望，大陸的領導人士，未來也會接受如此的指引，因爲我們在台灣的成就很顯然的能夠幫助中國大陸經濟自由化和政治民主化。我曾一再呼籲北平領導當局放棄意識形態的對立，爲兩岸中國人開啓和平統一競爭的新時代。只有「雙贏」的策略，才能維護中華民族的最佳利益，也只有相互尊重，才能逐漸達成中國統一在民主、自由和均富制度下的高度目標。爲了具體表示我們的誠意與善意，本人願意重申本人樂於見到兩岸領導人在國際場合中自然會面，甚至本人自己與江澤民先生在此類場合見面之可能性，亦不排除。」見〈民之所欲，長在我心〉輯於《經營大台灣》，頁234。

㉚見《聯合報》（民84.8.12）：2。

㉛或謂「郝柏村刻意攻訐李總統，曲解李總統推動民主化與外交突破的努力爲無視台灣安全，其實正凸顯了郝本人的大中國圖騰；也由於郝柏村出現拉抬了林郝配的選舉聲勢，使得首屆總統民選又重新落入李、郝台灣本土意識與大中國圖騰之戰的延續。」見黃主文，《向歷史負責》（桃園：世紀出版社，民86），頁100。

㉜其中最兇的八評是「一篇鼓吹分裂的自由」、「國際社會絕無『台獨』生存空間」、「推行『台獨』的政治迷藥」、「李登輝是破壞兩岸關係罪人」、「『台獨』的保護傘和總後台」、「鼓吹『生命共同體』製造分離意識」、「藉所謂『台灣經驗』抗拒統一」、「窮兵黷武爲分裂活動壯膽」，見姜殿銘等（編）《台灣一九九五》（北京：九洲圖書出版社，1996），482-505。

㉝他說，「中華民國本來就是一個主權國家」，故不必另外追求台灣的獨立主權，與中共見面的目的之一，是「爲了確保亞太地區的和平」，由

於台灣正已經走出西方所「認定爲專制、封建、貧窮、落後的中國」經驗，故可以「導引中國大陸的發展方向」。見〈第九任總統就職演說全文〉《中國時報》（民85.5.20）：2。

㉞李新芳、何榮章，〈許信良：兩黨未來關係旣競爭又合作〉《自由時報》（民85.12.29）：2；國民黨也有人主張與民進黨組織聯合政府，來應對最大的敵人中共，見黃主文，《向歷史負責》，前引，頁117，127-134。

㉟包括不支持「台灣獨立」、「一中一台」、「兩個中國」、「台灣加入以國家會員組成的國際組織」，見〈美敦促兩岸恢復對話〉《中國時報》（民86.11.9）：2。

㊱據參與會面的民進黨高層轉述，美方使用的話是「不准阻撓兩岸談判」，爾後才有許信良想出以三通談判替代政治談判，在民進黨的反統一與華盛頓的促談判之間，替民進黨尷尬的立場找台階下，見林美玲，〈許信良：主動提出三通談判〉《聯合報》（民86.10.2）：2。

㊲這些與總統關係密切又急於赴大陸通商投資的包括張榮發、王永慶、高清愿、許勝發。民間帶頭鼓吹三通的知名人士包括新黨立委李慶華、生產力中心顧問石滋宜等。

㊳政府雖有澄清，但其訊息確實明確，見冉亮，〈華盛頓郵報專訪李總統緊咬「獨立說」〉《中國時報》（民86.11.9）：2。

㊴根據內幕消息人士透露，「明確主張台灣獨立自主的民進黨得票率明顯成長，新黨卻僅獲得1%的支持，李登輝認爲，最敏感的民意已經表明了態度，時值兩岸關係等待重揭序幕的時刻，有了民意的後盾，李登輝不再覺得孤獨，今後他的聲音只會更大，不會退縮。」見鄒景雯，〈李登輝將不再瞻前顧後〉《自由時報》（民86.12.1）：2；但是照民進黨自己的評估，勝選的原因是刻意不談統獨，轉型成功所致。見郭敏

政、吳典蓉，〈民進黨轉型之爭告一段落〉《自立晚報》（民86.11.
30）：2。

㊵時行政院長蕭萬長表示：「兩岸關係現在處於不正常狀態，在此情況
下，完全不考慮政治問題，不顧台灣的安全與尊嚴，鼓吹兩岸直航，是
『不切實際』的作法。在台灣獲得安全與尊嚴保障之前，兩岸直航不可
能實現。」見黃忠榮、楊昇儒，〈蕭揆：兩岸直航應顧及台灣安全與尊
嚴〉《自由時報》（民86.10.15）：4；另見張慧英，〈李總統：三通
時機不成熟〉《中國時報》（民86.10.28）：1。

㊶例見〈國家安全第一〉《工商時報》（民86.10.16）：2。

㊷「一切改革，都必須從人心的改造出發」，才能「讓人民的生活尊嚴獲
得充分保障，社會的公平正義得到全面實現，爲國家的長治久安，和人
民的安居樂業，奠定堅實的基礎」，見鄒景雯，〈李總統：從心出發再
創台灣經驗〉《自由時報》（民86.10.25）：1。

㊸如犯下綁票殺人的嫌犯林春生、高天民、陳進興等人。後者另外犯下數
十起強姦案。有關分析，見本章第五節。

㊹「部分民粹外交家卻又有意無意地……轉向台灣內部，作爲省籍鬥爭
的工具，並將『反共』與『反華』等同爲一，甚至變成爲反對『在台灣
的中國人』的情結……，『全民外交』的積極活動，快速地變質爲內部
鬥爭的手段」，見周陽山，《山林中的省思》（台北：世界，民84），
頁45；對自己人的痛恨，可從國民黨若干親李總統者對宋楚瑜必誅而
後已的心情中看出，故謂不清除宋楚瑜，國民黨不能樹立清新的形象，
見社論，〈國民黨應汲取敗選教訓下定決心深化改革〉《自由時報》
（民86.12.4）：3。

第3節　北京決策的文化

前言

　　從一九九六年的年初，經歷中共試射飛彈、台灣進行總統大選之後，兩岸關係就處在一種「窒息的寧靜」中，一方面沒有再發生較大的政治波濤和衝突對抗，但是另一方面又讓人覺得，這種寧靜是一種具有壓迫感的寧靜，因為人們都感到，今天的狀態只能是一種暫時的狀態，①可是在一定的程度上，又好像是一種難以過渡的持久暫時。咸信未來會發生一些政治上的變化，可能往統一的方向走，也可能往獨立的方向走。偏偏在預期未來會發生變化的心理基礎上，沒有辦法獲得確認感，②從而希望能夠暫時把現狀維持下去，使得這種暫時性的維持成了沒有目標的目標。不論是窒息的寧靜，或持久的暫時，難免都讓人感到焦慮不安，未來兩岸關係會往哪一個方向發展，到底是誰會起決定作用？是由哪些力量來推動？值得好好去思索。

菁英的兩岸關係

　　一般人可能都認為，台灣已進入民主的時代，③社會上大的趨勢以及政治上大的動向，都必須由社會上絕大多數人來參與共同決定，但是如果仔細去了解歷史，尤其是中國近代的歷史，可以發現在歷史關鍵時期作宏觀選擇的，通常不是社會大眾，而是少數的社會政治菁英，這並不是說民主不可靠，其實

包括歐洲的發展，往往一個大的社會變動或政治轉折，多數是
政治菁英在推動，民主則是動員的機制。

在中國近代的歷史上，政治菁英所關切的基本上有兩件
事：一個是權力資源，這點已經耳熟能詳；另外一個尤其是中
國的政治社會菁英所最關切者，就是道德正統，即所掌有的政
權是否具有正統性。④當主要的焦點是放在權力資源與道德正
統上時，在兩岸關係裡所重視的價值，自然會包括：

1. 主權對等，即台北所堅持，自己與大陸是平行對等的主
   權實體；
2. 國家認同，即一種道德的定位，到底是繼承中國的道德
   正統，還是在台灣重新創造一個新的國家認同？
3. 更超越所謂的國家認同，而到達一種要振興民族的歷史
   情懷，這可能是中國傳統知識份子與很多政治社會菁英
   始終念茲在茲的價值；
4. 資源的配置，比如社會上經濟資源到底有多少應該放在
   外交上追求主權的發揮，有多少應該放在投資上，而投
   資上有多少應該在台灣內部進行，多少到東南亞、大陸？
   這種資源整體宏觀的配置，通常是社會政治菁英所關切
   的問題。⑤

相對於菁英，社會大眾關切的，就不是權力資源與道德正
統的問題，而主要是生活品質的問題，以及在生活中能不能獲
得一個起碼的公平正義的感覺，因此人們可能比較重視的有：

1. 經濟收入，放在兩岸關係來談就是，台灣未來的經濟發
   展落實到各個家庭的收入時，自己需不需要、能不能在
   大陸投資？或者改為對國際投資？由誰根據什麼目標來

限制或引導我？

2.民生育樂問題，比如說到大陸要經過香港，每個人可能得多加五個小時的旅程，是不是值得浪費這麼多時間？

3.家庭倫理的問題，像台商到大陸去，在大陸上找年輕的、學校剛出來的婦女陪，有的人稱之為「一國兩妻」，事實上情形可能比「一國兩妻」更嚴重，有的人每一個城市都有家庭、有孩子，因為相對來說在大陸要付出生活津貼很少。結果，家庭倫理的問題在兩岸間激起相當程度的漣漪。再加上愈來愈多的兩岸青年結為連理，絕大部分是台灣的男性與大陸上的女性結婚，大陸的新娘如果要到台灣來，碰到名額的限制就來不了，即使懷了孕的人都不通融，有的還要靠偷渡過來；

4.機會均等的問題，這個社會是不是公平地讓人們發揮自己？有多少人可以去大陸，去大陸的人有什麼好處可以得？不去大陸的人得不到這些好處。是不是在台灣不適應大專聯考或深造制度的可以去大陸念書，所取得的學位可不可以承認？率此皆關係到大家是不是都有充分的機會培養能力與興趣。⑥

社會政治菁英所關切的問題，主要是透過一種抽象的語言來表達。所謂抽象語言，舉例來說像「主權」一詞，政府推動台灣要在國際上追求主權的獨立。主權這種比較抽象的觀念，不同於社會大眾所熟悉的比較具體的事件，如人民遊訪大陸或別國，能不能獲得簽證，要不要轉經香港，即必須落實才有意義。但這些不屬於國家領導人抽象的、宏觀的思路所能鉅細靡遺地顧及。又比如像三通的發展，兩岸通商的結果是不是對台

灣經濟發展有影響，會不會流失了台灣的資源，故而有「根留台灣」的比喻；但社會大眾可能更重視個別的問題，包括自己這個廠在台灣能不能生存？能不能吸納台灣愈來愈高的工資？在大陸上是不是能夠尋求企業的第二春？當然，政治社會菁英的語言是主動的，具有動員潛力，此乃因為其中道德性很強，所以凡是在公眾的領域裡談兩岸關係，領導階層受到道德性高的問題意識所保護。那麼，只能站在具體的、個別的生活事件上來思考問題的社會大眾，就缺乏一種能夠和社會政治菁英進行溝通的語言。此何以社會大眾在兩岸關係整體的宏觀發展上，必定是比較被動，站在要接受動員的位置。他們的主動性只能發揮在個別具體的事件上，換言之，他們在公共政策決策裡的地位，不會因為有了投票權就徹底翻身。

假如說人們都有一種感覺，即今天的兩岸關係只是暫時狀態，遲早要變動，而往哪一個方向變動卻不清楚，則這個方向的掌握，絕對不是透過個別的、具體的事件，或瑣碎的生活經驗能勾劃的，而一定是透過道德的、抽象的、宏觀的語言來加以呈現。因此，在決定台灣未來定位的議程上，佔主導地位的一定是少數社會政治菁英，而不是絕大多數的社會大眾。既然政治菁英在權力資源的分配與道德正統上最關注，使得他們往往心理不能夠容忍國家認同太過模糊，因為這樣對他們自己的領導角色難以交待，所以在碰到國家認同模糊的時候，率先表現出焦慮的，就是少數政治社會菁英與知識份子，而不是多數的社會上的芸芸大眾。⑦一般人所不能夠忍受的，只是他自己私人利益受到損害，如前述要繞過香港才能去大陸，貨要透過香港轉口，人要透過香港的機場轉機，有時候轉機轉不上真的

令人大發雷霆。儘管如此，真正碰到國家社會在政策決定的關鍵時刻出來動員的，替國家定位的，幫整個社會拿政策大方向的，就必然只能是菁英。

每當在碰到國家夾在一種積極向前衝的政策，和一種平穩緩和的政策之間時，誰能夠對社會大衆動員的愈積極，幾乎必然會在政策上居於上風。這種動員不可能脫離宏觀的道德的角度，若要引用具體的個別的事件，也必須在宏觀上提升其抽象性，蓋個別利益不具備有正當性，反而使人懷疑領導人有私心。由於積極的姿態較諸平穩的立場更好動員，所以動員之下的政策，具有很強的行動潛能。而要動員時，就必須講出對集體有哪些好處，有什麼樣的意義，所以才來動員你。在這種認識下，吾人應該進一步去了解，兩岸關係裡站在動員位置的社會政治菁英，他們有一些什麼樣的歷史經驗與文化性格，透過對這些人的理解，才好判斷未來兩岸關係的大方向，可能會往什麼路子上去發展。

大陸菁英的政策性格

今天大陸上的領導人，都是在中共一九四九年政權建立之後所成長的一代，我們稱爲社會世代上的第二代人。雖然他們現在稱自己爲第三代領導人，但若是從世代年齡來看仍屬於第二代人，就是差不多六十歲到七十歲之間的一代人，⑧這一代人的特色是比較嚴謹、老實、穩重，不像第一代領導人那樣曾指揮與美、蘇兩大強國作戰，更早還經歷過長征與抗日，所以性格沒有第一代人這麼果斷兇狠，眼光也沒有第一代人那麼宏偉。嚴謹務實的風格所反映的，具有一種中國大家族裡管家的

特質，因此表現不出大開大闔的領導氣質。⑨這一代領導人，背負了第一代革命建國元勳所交付的一個任務，簡言之就是要振興民族。振興民族正是中國歷代知識份子所難以忘懷的一種文化價值，其另外一面就是一統中國。在中國幾千年歷史上，一統和振興乃是一直困擾和佔據政治社會菁英與知識份子的兩件事，所以儘管社會世代第二代領導人，在做決策的時候沒有第一代人進退自如的信心與胸襟，也沒有彼等在革命戰場上的那種犧牲、割捨、殺伐的殘忍和狠勁，但基本上仍背負了一個起碼以百年為單位的歷史脈絡。

　　在了解兩岸關係時，幾乎就注定他們會把台灣的問題，看作是一個中國近代以來，殖民主義與帝國主義侵略中國所遺留下來的問題。⑩如果台灣的問題不能在中國文化的範圍之內解決的話，不僅會辜負他們父執輩交付的願望，更也將在歷史上難以找到自己位置。站在這樣一個社會世代角度裡，可以想像第二代人在台灣問題上，起碼受到兩種情感的制約：一種情感是振興民族、一統中國的大情感；第二種情感是作為第二代人，拘謹的性格使無法在兩岸關係上作太大、太突破的政策發揮，這包括不論是對台灣進行大幅度讓步藉以收攏台灣人心，或對台灣進行大規模的攻擊，來收復台灣，兩方面可能都不符合第二代人的性格。⑪振興民族與一統中國是反映了歷史的、民族的需要；不過在政策風格上比較礙手礙腳的嚴謹、穩重，使人可以預期他們所可採行的步驟，大概只有幾個：一個是已經經歷過的，就是用軍事演習來表達對中國統一這個價值的認真，但是恐怕還沒有膽識要把中國統一的問題直接用軍事手段來解決。⑫將來第二代領導人三、五年之後過去了，由社會世代

上的第三代人，也就是政治上的第四代領導人接班的時候，政策風格或許會有所轉變。

　　社會世代的第三代基本上是文革當中成長的一代，他們大致比較沒有第二代領導人那種嚴謹的、務實的、穩重的氣質，而是一個基本上不尊重任何規範，爲達目的可以不擇手段，雖然心狠手辣，但是對於整個歷史與世界的宏觀面，又未必能像第一代領導人那樣掌握的一群，屬於比較急躁，且又比較激進的一代人。⑬這一代人一旦接班，對台灣可能就會採取比較不規範的作法，包括像九六年三月的那次軍事演習，當時就傳言受到很多軍方的壓力，所謂軍方的壓力多半是來自「軍」的一級，而軍級領導幹部，尤其是副軍長，已經全面由文革中成長的第三代人在接班，大概是四十五歲到六十歲之間的世代。這一代的人已經做到副省、副部、副軍級，街坊傳聞中許多少將級軍官缺乏戰功，希望有所揚名立萬的機會，指的就是第三代人。他們對於第二代人包括江澤民、李鵬有一定的壓力，只是整個決策風格目前仍然反映第二代人的性格，⑭將來第三代人是不是會有比較激進偏激的手段，值得進一步觀察，恐怕不像第二代人就僅是用演習來威嚇，更不止於以爲用嚴正聲明，就足夠防止台獨的聲浪在台灣繼續發展。

　　第二個辦法就是在外交上盡力的封鎖，避免台灣在國際上取得更進一步的主權認可，防止台灣好像超越中國的主權範圍成爲一個獨立的國家。看起來大陸認爲這個工作過去做得不夠理想，所以在總統大選之後又評估了對台工作，未來勢必在外交上進行大力封鎖，甚或積極策反台北盟邦，也許只要在外交上將台灣封鎖住，台獨的力量就可以暫時不會擴大，台灣以及

台海的現狀便可以維持。⑮爲什麼他會有這樣的耐性？前此提及中國人百年的歷史眼光，其間所傳達出來的就是一種內斂的忍，民族與國家要能夠忍耐，在忍不住的時候要堅忍，且堅此百忍。過去抗戰的時候，中國人歷史性格中堅忍的特點，就表露無疑。百年的歷史眼光，使得大陸上的領導人抱著一種可以等待的心態，不急於立刻就要解決台灣問題，故等待二十年再來處理台灣的問題也不遲。但如果說歷史眼光只有三年的話，那就不能靠外交封鎖，而是三年之內一定要逼台北澄清，否則自己就失去歷史上的位置了。

外交上的封鎖，軍事上進行的威嚇之外，在經濟上則是與台灣社會各界發展一些互利的關係，拉攏台商到大陸上去投資，讓大陸上的各個地方能一方面受惠於台灣來的資本，另一方面也提供台灣商人更進一步發展事業的機會。⑯這些人包括在台灣生存發生困難的部門，可以把資本轉投資到大陸上去；也包括在台灣想要進一步進軍世界市場，但是科技力量不足，故去大陸上找尋有科技實力的單位進行結合的企業；更包括因爲大陸上經濟改革開放帶來很多經濟機會，即使自己在台灣仍可以生存，但仍躍躍欲試到大陸進行擴張，投資賺錢的資本家。

第四，就是努力使香港在九七的過渡能夠平穩進行，使香港成爲一國兩制的模範，對台灣未來起一點示範作用。⑰第二代領導人對兩岸關係的大格局，是希望把台海現狀穩定住，然後讓台灣的人民與大陸的人民慢慢發展出一些具體的關係，造成彼此相互得利，同時則在政治外交上將台灣獨立與外交突破的力量緩住，如此再過若干年，中國一統的問題遲早會水到渠成，獲得圓滿的解決。

大陸的政策環境

只要宏觀地理解大陸上的發展，就可以了解為什麼大陸領導人會採取這種政策取向。主要從一九七八年年底開始，大陸上進行了經濟改革，到一九八四年又進行城市改革，至今大陸總體經濟發展的趨勢看好，在公元兩千年之前完成國民生產毛額翻兩翻的任務，故世界觀察家眼中的大陸經濟發展趨勢是相當驚人的。⑱九○年代中期以後，大陸經濟發展又有過熱的傾向，故希望做出一定程度的緩和，其目的是遏制通貨膨脹。從九五年開始，已把經濟成長壓在10％上下，而不像前幾年超趕的成長。其實成長所帶來的通貨膨脹，在九○年代初期就曾受到控制，當時爆發八九年天安門民運，順勢在經濟上進行了收縮，使八八年到達20％以上的通貨膨脹得以抑制。但是整個總體看起來，其控制通貨膨脹的能力基本上是穩定的，則經濟發展也比較能夠平穩成長。九六年暑假有美國前國家安全顧問布理辛斯基來台灣，他對大陸未來幾年的經濟發展也抱持相當樂觀的態度。⑲

另一方面，大陸上有很多新的社會現象起來了，比如有失業現象，此係因為一些國營事業被變賣；又有很複雜的社會流民問題，原因是鄉村的農民都流到大城市去找工作，帶來若干社會治安上的死角；也有省與省之間出現一些隔閡，因為某些沿海、沿岸、沿江的省份發展比較快，對於內陸發展比較慢的要有多少程度的幫助？要如何進行財富重分配？仍是大陸很重要的一個爭執。不過以十五年的歷史來觀察，即從一九八四年開始，一直到二十世紀的末期，社會流動所造成的治安問題已

逐漸被控制住,改革開放所帶來的不安正也逐漸被局部化。所謂局部化,就是雖然各地都看到一些問題存在,像在農村的話,主要是地方官員亂收稅和農民抗稅的問題,但是這類鄉級騷動都能夠加以孤立處理。部分是因為農村最近大量推行農村自治的工作,由農民自己選擇農村幹部來推動國家政策,因此大幅改善了共產黨與農民之間的關係,共產黨就不必親自出面來推動計劃生育、糧食配額等農民不滿的政策,當政策發生問題,有亂徵稅、亂攤派、隨便收費的情形發生的時候,往往是地方官員在政策執行的過程中發生問題,中共反而慢慢成了求助的對象。所以對於中央而言,可以把問題局部化處理,不會釀成大範圍的農民抗稅運動。⑳

這過去十幾年的經驗看起來,大陸農村的社會發展仍然有各種各樣的波動,但是宏觀的局勢已經穩下來了,雖然整個社會流動對大城市所造成的衝擊仍在,經過十幾年的實踐,也逐漸學習到如何處理流民的問題,怎樣將流民引導到建設部門,㉑像上海的浦東,在三年之內如奇蹟一樣地從荒地到現在高樓大廈林立;另外如上海地下鐵的快速興建,也都是得力於內部的流民。另外各個城市的公安部門對於流民處理的能力正漸強化,每當一個城市要舉行大型的活動,如城市運動會、世界婦女大會等,一般可以在很短期之內將流民控制、安定、驅逐,在活動過後再讓流民重新進來。所以從時間上看,整個社會流動所造成的社會波動與治安的問題,逐漸地被局部化,在學習與實踐的過程中被穩定下來。

既然經濟發展大的趨勢看好,社會問題逐漸能夠處理,則最主要的關鍵,就在於與資本主義國家怎麼樣相處的問題。由

於經濟的發展趨勢非常看好，中共官方對自己有一定程度的信心，表現在對像美國這樣的資本主義國家時，各種經貿問題的談判上都能夠既聯合又鬥爭，反映它相當程度可以有報復的能力。但是中共又有很多的安排與讓步，來表達自己願意與資本主義國家合作的態度。可見第二代領導人在管理國際局勢方面，已願意採取穩健的步伐，如此符合今天世界上的潮流。㉒由於世界上已看不到冷戰時期那種大規模的衝突，在大規模的衝突之下，可就需要像第一代領導人才能做大的政策決定。好在當前世界整個大的潮流與趨勢尚不清晰，人們是在漸進的心態下找尋新的定位，如此中共第二代領導人的作風，尚可應對於今天世界上混沌的趨勢。整體講起來，是一個具有百年眼光的、願意忍耐等待的領導人，在對自己逐漸發展出的信心上，處理兩岸關係。

註　釋

①以數理模式來分析兩岸關係的文章因而盛行，可視爲是對不確定狀態加以掌握的心理在發酵，例見David Chou, "Cross-Strait Relations and U.S. Roles in the Taiwan Strait Crisis," presented at the 25th Sino-American Conference on Mainland China (June 9-11, 1966) Taipei, pp. 2-4；包宗和，《台海兩岸互動的理論與政策面向，1950-1989》（台北：三民，民80）；見Chi Huang, Woosand Kim, and Samuel S. G. Wu, "Rivalry Between the ROC and the PRC: An Expected-Utility Theoretical Perspective" in T. J. Chen, C. Hang and S. Wu (eds.), *Inherited Rivalry* (Boulder: Lynne Rienner, 1995), pp. 25-47.

②從而造成認同的危機，見吳新興，〈國內情勢對我國參與國際社會的限

制與展望〉「國際空間再突破之策略研討會」（民85.11.23）台北，頁
7-8；參考I-Chou Liu, "Generation Discrepancy of Public Attitude on
the Unification Issue in Taiwan," presented at the 25th Sino-
American Conference on Mainland China.

③見Ramon Myers, "Riding out the Storm," presented at the 25th
Sino-American Conference on Mainland China, pp. 1-10; Yun-han
Chu, *Crafting Democracy in Taiwan* (Taipei: Institute for National
Policy Research, 1992).

④見石之瑜，《兩岸關係的深層結構》（台北：五南，民81），第二章、
第三章。

⑤比較江澤民的八點談話與李登輝的六點回應，即可看出其中所共享的
價值基礎。

⑥參考《文訊》87（民82.1）：頁7-16；鄭竹園，〈兩岸經濟關係的互
補與競爭〉「兩岸關係與亞太局勢研討會」（民85.7.22-23），台北；
石之瑜，《兩岸關係飛龍在天》（台北：世界，民84），頁159-168；
王春源，〈對兩岸經貿交流與經濟動態變化的回顧、檢討與展望〉「兩
岸交流與中國前途之展望研討會」（民82.5.30），台北，頁1-2。

⑦例見林洋港，〈我們同屬於中華民族〉《海峽兩岸評論》59（1995.
11）：23-26；馬以工：《老虎吃蝴蝶》（台北：商周，1995.9）；林
濁水，〈台灣獨立對中國人的意義〉「兩岸統獨休兵研討會」（民83.
9.10），台北；陳芳明，《台灣人的歷史與意義》（高雄：敦理，民
77）；新潮流，《到獨立之路》（台北，新潮流辦公室，年闕）。

⑧除了胡錦濤，其餘六位中央政治局常委江澤民、喬石、李鵬、李瑞環、
朱鎔基於劉華清均是屬於社會上的第二代人。喬石與劉華清後來由李
嵐清與尉健行接替，則是第二代人。

⑨張永杰與程遠思，《第四代人》（台北：風雲時代，民78）。

⑩參考中共《台灣問題與中國統一白皮書》（北京：國務院，1993.8.
31）。

⑪頗能說明第二代人觀點的分析之一是，李家泉，〈堅持統一，反對分
裂〉《台灣研究》（1995），頁7-9。

⑫薛理泰，〈潛在的台海軍事衝突模式〉「兩岸關係與亞太局勢研討
會」，頁3。

⑬參考張國良，〈紅衛兵這一代人的思想演變〉；林長盛，〈文化革命中
的群眾運動〉，均發表於「文革三十週年研討會」（1996.5.11-13）
（Cambridge）。

⑭見王玉燕，〈對台系統士氣低，軍方意見舉足重〉《聯合報》（民85.
11.24）：9。

⑮中共反對的只是台灣獨立的國際空間，見新華社1996.3.11北京電文，關
於錢其琛在記者會談話的最後一段。

⑯政經矛盾現象人所共知，見周世懷，〈現階段兩岸關係性質的雙重性
格〉《台灣研究》2（1995）: 23-29。

⑰鄧小平，〈在中央顧問委員會第三次會議上的講話〉，輯於《香港問題
文件》（北京：人民出版社，1985），頁11。

⑱見法國《費加羅報》對李光耀的訪談，輯於《海峽評論》64（1996.4.
1）：11；李文朗，〈突破國際空間，開創台灣國際遠景〉「國際空間
在突破之策略研討會」，頁9-10；湯麗明、鄧正鈴（譯），《中國威
脅》（台北：商周文化，1995）。

⑲見《中國時報》（民85.7.24）：2。

⑳最大規模的抗稅，也可以控制在縣級以下，而且抗稅農民是手持政府文
件在對抗幹部。

㉑參考辜勝阻與簡新華（編），《當代中國人口流動與城鎮化》（武漢：武漢大學出版社，1994）。

㉒北京與華盛頓連續兩年在貿易制裁的邊緣，作出相互讓步，確保雙邊經貿關係暢通。

第4節　台北決策的文化

前言

相對於大陸，在台灣的政治社會領導菁英是在怎樣的文化、社會、歷史條件之下，理解台灣的地位呢？在台灣檯面叱咤風雲的這些政治社會領導菁英，相當多數是經過日本殖民統治。在日本殖民統治之下，造成今天在政治上常常聽見的一些口號，如台灣有一種悲情的文化，從四百年前開始，就有各種各樣的國際勢力來主導台灣的命運，使得台灣人一直沒有機會，也沒有能力來掌握自己的未來。這種悲情在日本殖民之後，開始出現一種程度上的轉變。①

台灣菁英的政策性格

日本殖民過後來接收台灣的，是國民黨政府，而在日本殖民時期，中國在概念上所代表的，是落伍的支那。這和國民黨政府到台灣來接收時表現的印象相當符合。

這群經過日本殖民統治文化經驗的老一代，今天已經進到檯面上，領導著社會菁英團體逐漸發展出一種出頭意識。②追求出頭的性格在實際生活中已經頗為成熟，影響到人們觀察中國大陸的角度，一心認為中國大陸是封建落後腐化顢頇的社會，如此區隔台灣與大陸的歷史潮流與文化性質。③加上冷戰時期的台灣，曾相當程度受到美國的影響，不論媒體的節目、官方的價值、經濟的發展等方面，都追求能與西方陣營相結合，

主要就是美國與日本。因此後來在了解中國大陸的現象時，觀察的角度習慣性以美國為中心：大陸上的民主化發展到什麼樣的地步？中國將來會不會分裂？會不會有中產階級出現把共產黨和平演變？這些西方學者所關心的問題，千篇一律地反映到台灣的知識界與政治社會領導菁英的思路中。④

　　所以吾人可以了解，台灣的政治社會菁英基於過去在日本文化下成長的經驗，已經對中國抱持著對立與鄙視的態度，到了冷戰時期更受到美國文化的影響，強化了中國大陸代表了歷史落伍的印象，一直到台灣在政治經濟都師法西方，發展出西方的司法制度與民主政治制度，成為與中國大陸相當明確的對比之後，在台灣的政治社會菁英已經感覺到可以走出歷史的悲情，建立自己作為一個具有主體性的地位，接受國際的讚揚。⑤而這種主體性的需要，相對於前節所述大陸第二代領導人，彼等在面對過去西方帝國主義與殖民主義的侵略的時候，也有一種強烈要建立自己主體性的需要。但大陸上領導人講主體性的時候，是面對著西方和日本人在講，台灣的領導人講的主體性，則是面對中國大陸在講，畢竟讓台灣感覺到自己不能成為一個獨立主權體的，就是中國大陸。因此要建立台灣人自己的主體，完成台灣人自己的命運，最終的一步就是要發展區隔台灣人與中國大陸的一種自尊。

台灣菁英的角度

　　在這樣一種自我認同的需要之下，配合著過去因為受到日本殖民統治，以及冷戰經驗的影響，台灣的菁英發展出看待中國大陸的特殊角度，引導我們抱持一種比較樂觀的態度：我們

和不少西方人一樣，覺得大陸的經濟可能會亂——通貨膨脹；
我們認為大陸上的社會很混亂，造成潛在的流民革命的勢力；
我們也認為大陸因為中央與地方關係不順，會導致政治分裂或
軍閥割據的現象。就在布里辛斯基來台灣演講時，有些台灣學
界的領導菁英對他提出挑戰，認為布氏對於大陸未來的發展太
過樂觀，而忽略了大陸將來政治上可能要分裂、經濟上會混亂、
社會動盪的種種可能性。⑥在政策的評估上，則認為日本在兩
岸危機中對於台灣抱持同情的態度；⑦我們甚至也相信，如果
台灣與大陸將來發生衝突的升高，美國會在軍事上援助台灣，
在九六年三月的軍事演習之後，許多人在美國或台灣發表褒揚
美軍進入台海保護台灣的義舉；⑧最後，我們判斷當前國際局
勢有利於台北拓展外交空間。⑨

　　這些評估透露的樂觀的深層，是菁英們要追求主體性，脫
離悲情的願望。在主體性的追求和脫離悲情願望的悸動下，觀
察兩岸關係發展的人反而會擔心，謂大陸的經濟可能不會像台
灣的學界及政界所評估的那樣將發生混亂，大陸的社會可能也
不像我們評估的那樣發生大規模的動盪，而大陸上的地方可能
更不會出現我們所期待的軍閥割據或分裂的狀態。菁英們可能
對於大陸上的狀況不太了解，會以為像廣東省與廣東的軍區將
來會結合成為廣東地方割據的勢力，而沒有認識到，軍方是受
到部門的管制，不是受到省方的管制，故廣東省為了稅收希望
省內企業顧及廣東省的發展，但是廣東軍區所做出來的貨物是
跨省區的，不為廣東省節制，所以兩者的利益有所衝突。認為
比如說廣東省與廣東軍區會結合，並變成獨立王國的想法，最
多是抽象邏輯的思考，並不是對大陸發展經過深入觀察後所得

出的結論。

　　無論如何，今天台灣政治社會菁英在態度上對大陸是悲觀的，對台灣是樂觀的，一旦看到中共軍事演習對台灣的選舉無法產生直接影響，再加上認為美國在必要時會介入保護台灣這種推論下，也令人相信在未來五年之內，台海大概不至於發生像九〇年代中期軍事演習的現象，⑩果真如此，則當然未來五年就是台灣在國際戰場上突破衝刺最好的時間。要是又相信大陸政治經濟會亂、社會會動盪、政治會分裂，那很可能就發生在鄧小平過後兩三年之內，因為中央在當時的政策也差不多開始擺不平，則地方出現紛亂，經濟混亂、社會動盪，這也大約會出現在五年之內。既然五年之內台海不會有軍事行動，而五年之後大陸又會分崩離析，那麼台灣今天必然應該要在追求國際主體性方面全力衝刺，以便在五年之後掌握時機，邁出關鍵的一步。

　　可見，台灣政治社會菁英對於兩岸局勢的評估，和中國大陸政治社會菁英對於兩岸局勢的評估，可能會完全相反：大陸第二代領導人認為兩岸關係目前的發展是可以平穩，所以只要擋住台灣在國際上的衝刺，在經濟上與台灣維持互利，那麼兩岸統一的問題，一定時期之後可以水到渠成；台灣的政治社會菁英可能相信五年之後大陸會亂，五年之內大陸又不會有軍事行動，所以這五年是台灣必須要掌握衝刺的關鍵時刻。此何以九六年五月一直到年底所呈現出來的，是窒息的寧靜，而私底下可以說是波濤洶湧。

悲劇的心理

　　將來具體會發生什麼變動，在這裡很難預估。但不能忽略上述兩種對兩岸關係評估的差距，可能會譜成悲劇性的腳本，因為大陸上認為只要在外交上封鎖住台灣，在經濟上與台灣維持互利，就可維持中國未來統一的趨勢，這個想法剛剛好牴觸了台灣政治社會領導菁英要求出頭，建立主體性，在道德上將台灣的國家認同加以釐清的心理、文化、歷史需要。台灣菁英將會有強烈的焦慮感，故必須要把這種讓台灣國際主體性快要消失，經濟上主體性快要消失的互動趨勢，加以阻擋。當前台北官方對三通抱持的態度，就是強調台灣社會的集體利益，所謂集體利益，即台灣作為大陸以外一個主體的政治實體，必須要加以維護，因此多數大眾為了個人商業上的利益就要到大陸上投資的趨勢，或為了生活安定而要求以和為貴的潛在願望，應該要加以制止，甚至犧牲，以便能夠維持台灣與大陸間的區隔，假如這個區隔發生混淆的話，則應不惜在外交上維持一定的衝突，但衝突氣氛又不能太高漲以免引起軍事對立，而這個衝突也不宜完全加以消弭，否則，就沒有辦法提醒台灣內部絕大多數人民，在國家認同與政權的道德性上，感受一種應該追求純淨化，並加以鞏固的需要。

　　因為兩岸評估的不同，還有兩種政治領導菁英對自己歷史地位評估的不同，發展出了互相衝突的政策。這個時候台灣的發展就很值得憂慮了，因為，維持與大陸一定程度的衝突，是保留台灣與大陸區隔、維持台灣主體感覺、鞏固台灣政權道德性的必要手段，那麼在台灣內部進一步要求與大陸提升關係，

不論是爲了生意上、社會上、文化上、教育上的原因，就會被
認爲是與大陸上那些要將台灣納入整個中國文化體系的立場是
一致的。爲了要證明台灣本身已經具有一種主體性，而所謂主
體性就是在台灣內部的兩千一百五十萬人，應該在與大陸交流
的時候，要有一些最基礎的共通立場與利益，則在維持這一點
基礎時，那些基於個別想法或好處而與大陸發展各種各樣交流
的人，就必須在概念上被界定爲是不屬於台灣共同體，或兩千
一百五十萬人共同利益的一環。既然不屬於這裡的一環，就等
於是台灣內部與大陸通氣的中共的同路人。這不一定是他們自
己本身主動、有意識的與大陸上的政權有所交往，而是說他們
的行爲的效果，在道德上、與在國家認同上，必須要這樣被定
位，才能夠維持台灣主體的感覺，與出頭的希望。⑪

　　台灣內部將會有兩種政策主張在競爭，一種是希望透過與
大陸維持一定程度的衝突，另一種希望能夠維護每個人的個別
利益，去大陸進行互利的交往。這個時候，政治領導人爲了要
維持統治的合法性、正當性、純淨性，會動員社會上的老百姓。
但如果是希望維持兩岸的和緩的關係則沒有辦法去動員，蓋鮮
有一種人可以找到一種公共政策的語言，去動員老百姓出來很
激烈地大喊要維持和緩的兩岸關係，促進兩岸的交流，除了道
德性不夠，刺激性不如鷹派觀點，也與求和的心態不搭調。但
是要維持兩岸間的衝突者，就比較好在公共政策裡找到語言，
說明台灣的主體性要靠維持兩岸的區隔來維持，並抗議中共的
打壓。這種口號比較容易去動員群眾，動員來的群眾不需要多，
只要有千百個人，千百個人的動員就可以在政治上造成一定的
聲浪，使得主張兩岸交流以滿足個別商人、個別知識份子、個

別家庭等私人利益考量的人備受困擾,他們沒有辦法在公共政策的議程上,找到一種可以切入與發言的角度或語言。

　　兩岸間將會有一種激化的現象,菁英們為了維護彼此政治純淨性與道德認同感,這就保證在兩岸關係上必然會維持一定程度的衝突。但是也不是在兩岸之間完全沒有任何的轉機。如果說兩岸的民間有大規模的社會交流,使台灣內部有相當多數的人,因為自己的朋友、親戚、公司到大陸投資而獲得一定程度的利益,則當然會有助於緩和兩岸關係。⑫不過,因為這一批人不論人數有多少,基本上都是在具體的、個別的、被動的事件上來照顧自己的利益,因此缺乏在公共場合的道德語言,來表達自己的位置,故即使在台灣民間有大規模與大陸上的交流,而且甚至提高了互利的趨勢,都未必阻擋得住政治菁英所需要的衝突。

　　第二種轉折的契機,是中共方面基於對自己經濟發展、社會穩定產生一些信心,而不再感到一定要靠美國帝國主義或日本帝國主義作為對象,來取得自己的主體性;⑬而美國方面也有一些比較溫和的人士能夠出面來維繫與大陸之間在經濟上、文化上、政治上、外交上一定的交往途徑,使得美國內部反華的聲浪,也不會像九〇年代初期那樣的高漲。⑭甚至,還會對台灣施加壓力,要求採取緩和的大陸政策。⑮只要中共與美國之間取得一定程度的緩和,雙方反帝或反華的對立力量與聲浪消減下去,則中共那種在台灣海峽必須要作出立即判斷,甚至草木皆兵的心態就會淡化,故也可以說是台灣海峽緩和的契機。當然,儘管雙方政策上有時鴿派可以居於主導的位置,但是碰到關鍵時刻,往往政治上激進的力量可以帶著溫和的力量跑,因

為激進的力量會提出抽象的道德口號來檢證所有的溫和派，溫和派為鞏固自己在政壇上的力量，就不得不在這些抽象的道德正統標準上作出一些讓步，而把兩岸危機重新升高，這也是沒有辦法掌握的。

香港回歸的啟示

　　不過世紀之交面臨的考驗，是一九九七年香港回歸後所帶來的。香港給人最大的啟發，就是香港人如何處理自己消失的過程。香港人過去在英國政府的殖民統治之下，不太去追求所謂道德的認同，一般的社會大眾不需要在政治上處理這個問題，香港什麼時候開始體會自己是香港人呢？大概是在六○年代的中期之後，香港人又不能到大陸去，又不能到英國去，所以逐漸萌生香港人的自我定位，但是這種感覺還只是在社會生活層面，是一直到了一九八二年英國柴契爾首相和大陸決定香港要回歸，香港人才真正因為自己要成為一個對象，從英國被交回給大陸去，而認識到自己原來和英國的殖民政府在政治上是分開的，因此香港人在政治上意識到一種獨立的認同。但是最尷尬的一件事情，就是人們在意識到政治上作為香港人不同於英國人的時候，這一剎那他們所要學習的，是未來作為香港人的認同要如何消失的問題。等於人在一出生的時候，就要學習自己如何死亡，有時這是一個在心理上難以適應、非常恐怖的感覺。

　　在八○年代末期以來，香港政壇發展基本上出現三種狀況，一種是社會的大多數，急於適應將來如何與中國大陸共處，學習講普通話，也較不排斥大陸上來的人，不少人已很投機地

與大陸社會上建立關係。但是，香港的政治社會菁英不可能全部這麼做，他們所關切的，就是作爲一個香港人，要如何處理九七之後自己的位置，他們到底變成是誰了？在意識到香港是可以被英國踢開的一個對象後，出現兩種迴響，一種是中國民族主義，認爲香港回歸中國是一件光榮的事情，香港人終於站起來脫離英國殖民的統治，即僅以中華民族的眼光，來理解回歸這一件事情。另外一種就表現成香港的民主派，要證明香港人仍不全同於中國大陸上的人，所以在一定程度上想保留香港人自主決策的空間，也保留香港人在九七之後與中國大陸的中國人有所區隔的主體性，這就是今天的民主派。

從香港經驗體會到的，就是一個認同萌發成長的社會，其獨立的認同卻要消失！香港出現絕大多數的投機派，將來在台灣可能也會大量出現；另外一種就是民族主義派，在台灣可能比較少數；最後一種就是追求主體性的一派，在香港即民主派，其力量在香港基本上還不是主流，不過在台灣這一派有可能是主流。台灣和香港之不同包括：在冷戰時期台灣是位於美國的勢力範圍之內，香港則是一個自由港；在冷戰之前台灣是受日本殖民統治，香港受英國殖民統治；在日本殖民統治之下有皇民化運動，有十幾萬台灣兵去幫天皇作戰，有日本各種語言運動與教育運動，在香港都沒有。所以，台灣人集體的主體意識要遠遠強過香港人集體的主體意識。

可以預期在九七之後，如果中國統一要擺到中共政治領導人的議程上，就是要迫使台灣人去處理，自己作爲一個主體（一個社會主體、一個國家主體、一個道德主體），是不是要消失的問題。同樣可以預估會出現兩種傾向，一種是激進的要把台

灣往獨立主權方向上發展，在道德上要將台灣人民淨化，並與
中國大陸作絕對區隔的力量；另一種就是民族主義的力量，即
要把台灣拉回中國的文化圈當中，認為回歸祖國是一件光榮的
事情。在這兩種力量之間，可能在台灣追求主體意識淨化的力
量，要超過民族主義的力量，而民族主義的力量當然也就會被
當作台灣內部中共的同路人。這個時候，在台灣內部因為道德
的動員激化，也會有效嚇阻台灣政壇的溫和派，去鼓吹與中國
大陸維持和緩與交流的關係，這就有傾向會往悲劇的方向發
展，悲劇可能發生在兩岸之間，也可能發生在台灣內部。

漸行漸遠

九七年香港回歸，是未來兩岸關係很重要的一個契機，在
爾後兩岸菁英有漸行漸遠的傾向，這是因為台灣領導人對於中
國大陸未來五年的評估，大體認為是台灣衝刺的時機，從而認
真地在外交上進行最後的衝刺。而大陸對自己發展信心較滿，
故只想要將台灣在外面封鎖住，等待統一過程水到渠成，這兩
種勢力會讓兩岸政府漸行漸遠、兩岸的政治社會菁英漸行漸
遠；另外一種漸行漸遠的趨勢，可能會發生在政治社會領導菁
英與多數的社會大眾之間。兩岸人民之間的往來形成多樣化：
各種文化團體的交互訪問，大陸的影片來台灣，台灣的明星到
大陸去拍電影，大陸的書到台灣，小說到台灣，台灣的流行歌
曲到大陸或知識上的交往等等；台灣愈來愈多的學生到大陸去
求學念書，大陸上也一定程度有學者到台灣來進行接觸或講
學；還有生意上的往來，像台灣商人變成國際大公司前往中國
大陸的跳板之一，還有台灣自己本土的企業與大陸進行各種各

樣的投資和經濟合作關係，預估這方面會大幅度地前進。民間的潮流與社會菁英在道德正統與權力資源上要求掌控與淨化的需要可能就不完全一致。

　　到二十世紀尾的時間內，兩岸關係大的趨勢是不樂觀的，但是這不樂觀中又不是完全沒有轉折的契機，即前述兩岸民間大幅的交往，中共不再反帝，美國不再反華，甚至引導台灣走溫和路線，中國大陸領導人對自己開始有信心等。一九九八年可能還不是一個關鍵年，不過在九八年，兩岸的菁英在行動上做何種形式接觸並不重要，在思考上漸行漸遠的趨勢會較強，台灣的政府與民間在兩岸關係的思路上，也會漸行漸遠。

註　釋

①參考李筱峰.〈二‧二八事件的文化衝突〉《思與言》29，4（民80）：185-213。

②見江蓋世，《鐵窗筆墨》（台北：前衛，1994），頁136-138。

③見李登輝總統就職演說，《中國時報》（民85.5.20）：2。

④例見趙建民，〈當前中共選舉制度若干問題之商榷〉《共黨問題研究》22，3（民85.3）；張瑞猛等，〈鄧後之大陸變局與台灣角色〉「中國大陸未來變局與台灣因應之道研討會」（民79.12.23），台北；江振昌，〈大陸農村基層政權失控研究〉《共黨問題研究》18，12（民81.12）。

⑤參考西格爾，〈中國、台灣與區域安全〉「兩岸關係與亞太局勢研討會」，頁2。

⑥《中國時報》（民85.7.24）：3。

⑦參考小島朋之，〈兩岸關係與日本〉「兩岸關係與亞太局勢研討

會」，頁3-4。

⑧Parris H. Chang, "Don't Dance to Beijing's Tune" *The China Journal* 36 (July 1996): 106；林正義，〈建立戰略安全合作關係的策略〉「國際空間再突破研討會」，頁13。

⑨見周世雄，〈國際情勢對我國參與國際社會之限制與展望〉「國際空間再突破之策略研討會」，頁13；高英茂，〈從美戰略觀點看柯江高峰會〉《中央日報》（民85.11.27）：4；社論，〈柯江會談後美國與台海兩岸的形勢〉《中央日報》（民85.11.26）：2。

⑩香港傳訊電視，1996.10.24；亦有不同意見者，如John Zeng, "PLA Thinking about an Invasion of Taiwan in the Year of 2000", in P. K. Yu (ed.) *The Chinese PLA's Perception of an Invasion of Taiwan* (New York: Contemporary U.S.-Asia Research Institute, 1996), pp. 133-16.

⑪參考吳新興，〈國內情勢對我國參與國際社會的限制與展望〉發表於「國際空間再突破之策略研討會」，台北（民85.11.23），頁10，指出站在大中國情結、省籍情結、權力失落感的人在客觀上，限制了台北的外交，成爲中共的代理。另見社論，〈誰能自外於新興主流社會之建構〉《中央日報》（民85.12.27）：2；胡文輝，〈是誰見不得台灣好？〉《自由時報》（民85.12.27）：2；許文斌，〈鬧場秀已被看破腳手〉《自由時報》（民85.12.27）：7。

⑫見Yung Wei, From *Multi-system Nation' to 'Linking Communities,* International Conference on Cross-Taiwan-Strait Relation (May 17-18, 1996), Taipei.

⑬參考徐宗懋（編），《李光耀跨世紀挑戰》（新店：學英，民84），頁219-243。

⑭見鍾揚，〈海峽兩岸關係中的美國因素〉，輯於明居正（編），《雙贏？雙輸》（台北：致良，民85），頁3-17。

⑮這種壓力可能已經存在，《中央日報》於民國85年12月17日頭條報導，李總統「要在一個中國的基礎下」主導中國統一。作為頭條標題，該報編輯不可能無意識地以「基礎下」之類的錯誤文法作頭條，故基礎「下」是有意識地字彙，其意是目前並無一個中國之基礎。但倘若人們反對一個中國原則，大可以避談之，何必非提出這個原則，再在文字上暗示自己的不情願？可見必有壓力要求執政黨表態，揆諸國內政治生態，不可有人有如此膽勢，故壓力恐必來自美國，而美國人必然也分不清中文裡的「基礎下」與「基礎上」涵蓋天淵相隔的道理。

第5節 社會精神的疏離

前言

當一九九七年中國國民黨十五全與中國共產黨十五大召開過後，出現了兩岸關係解凍的種種跡象。自一九九五年七月北京為制裁台北的元首外交，決定中止雙方曠日持久，卻一事無成的事務性協商迄今，其間經過北京在台海一連串的軍事演習，高亢激烈的宣傳批判，台北鍥而不捨的外交攻勢，此起彼落關於台灣主權獨立的主張，到香港回歸為高潮，似乎在九七年底之後已逐漸平靜下來。

首先，國民黨十五全的召開，繼該黨主席李登輝連續發動四次修憲之後，完成了鞏固領導中心的任務，在大陸政策方面有了絕對明晰的主導地位；其次，中共十五大也順利部署完成了跨世紀接班隊伍組合，形成以江澤民為核心的領導班子；再其次，在國際殷切的期盼下，各國逐漸對於兩岸外交征戰感到疏離，有利於兩岸外交態勢現狀的維持；最後，兩岸內部各自出現相對溫和的主張，醞釀了一些較好的氣氛，相互釋放了若干有利恢復協商的訊息。

最明確的交集，是雙方都認知到協商的恢復可能是由海基會或海協會間的協商，或辜汪會談作為起點。①北京表示希望藉由適當授權的機構，為兩岸政治談判的程序性議題協商規劃；台北也談到舉凡三通，終止敵對狀態等項目，可利用既有的管道彼此洽談。由於北京擔心曠日持久，不利於台灣人心，

②還特別把「一個中國」的內涵放到最寬,有意識地儘量避免把一個中國簡單等同於中華人民共和國,處處暗示統一後的國號、國旗、國歌都可以再商談。③台北方面,則傳出「台灣加大陸」等於中國的說法,並且單方面地就大膽判斷兩岸恢復協商在即,而不只是單調地重複自己是主權獨立的國家。④至於民進黨,也出現轉型跡象而少談台獨。⑤

不過,種種令人悲觀的因子長期而穩固地存在著,在看似樂觀的氣氛後,繼續地影響兩岸領導當局的相互觀感。不僅北京已經不再寄予李登輝總統太多的希望,而逐漸將目標放在社會大眾與未來可能接班的中生代身上,台北亦似乎仍然不能確認江澤民主席就是絕對的談判對象。

一些比較嚴肅而解決不了的難題,包括到底雙方對所謂「一個中國」的談判前提能否各自口頭闡述,北京能否先承認中華民國是個主權獨立的國家?辜汪會談的恢復能否先不觸及政治議題,俟爾後循序漸進?台灣的公民投票法是否在九八年將成功入憲,從而將提供台獨運動每年攻關直到達到目標的法律機制?北京是否會更積極地要求華盛頓約束台北的外交活動?它會不會不肯將兩岸關係緩和,把中國邁向統一的功勞交由李總統,因而延遲發動和平攻勢?美、日安保條約防禦區域的模糊化是否造成台北兩個主流政黨高估國際支持台獨的意願?等等困擾繼續牽制兩岸關係。

但真正立即制約兩岸政治互動的,則是各自的社會狀態,已經分別發展到一個容忍能力大幅喪失的階段。這種集體精神失調的現象,不但影響上述種種議題的變遷,也同時受到這些議題的發生而被強化。簡單地說,此岸中國人正陷入一股極度

的無力感，焦慮而不自覺，表現成極度自我中心而不自知。

在和緩氣氛的掩飾之下，兩岸社會上浮躁不安的情緒澎湃激盪，就好像人們在刻意藉由一些表面的讓步，來培養日後兩岸政治關係再陷危機時，可以大怒大憤、不留情面的心理基礎。所以，當雙方釋放緩和訊息的同時，各種衝突的行動未嘗稍止，這尤以外交戰場的競逐或兩岸交流的升溫或降溫兩方面的鬥爭為最。以下本節將就兩岸社會精神狀態對兩岸關係的制約，作一闡述。

台灣社會的精神狀態

當前兩岸關係的發展受到台灣地區人民社會集體精神狀態的制約，也制約著此一精神狀態，兩者相互強化。

近若干年來，重大刑案接在台灣發生，既是反映了，也是造成了一種集體心理疾病。這種病肇因於人我分際的模糊，[6]故徵候有兩種：一種是自我封閉，不敢與社會接觸，對所有人不信任，因此遇事有逃避心態，這就表現成最近幾年的移民風潮；另一種是極端的自我中心，不肯承認有別人存在，這就表現成我們天天看到的大規模侵佔、強盜、殺戮行為。

精神病會迅速傳染，因為當一個人的瘋狂行徑廣為報導後，就讓大眾感到人我分際喪失，於是促成各種自衛行動，釀製暴戾氣氛。所以一家移民會帶動多家跟進，一次強姦會促成多次強姦，一個綁架會引發多個綁架，也就是人人都生病。故前此李總統曾提倡心靈改造，爾後之所以不了了之，實在是有其文化上的原因。

心靈改造酷似西方精神醫學，就是幫大家在認知上釐清人

我分際,重建主體意識。咸信只要人有了主體感覺,就不需靠
喧囂狂亂的行徑欺負別人,來提振自我意識。據說凡是自我意
識愈明確的人,愈能包容別的精神病患的威脅,耐心俟其穩定
情緒,重新認知自己無可否定的主體性後,再加入社會互動。
⑦

　　然而,我們不是西方人,我們的主體感覺是來自於親情倫
常關係,⑧近的是媽媽、爸爸,和孩子,遠的是祖先與子孫。
當人們遇到困難,必定先從自己的社會關係網中想辦法,故中
國人反求諸己時,是要求人們拋棄自我中心。像白曉燕綁架撕
票案公佈後,大家都呼籲犯案的人將心比心,而不是提醒他要
對上帝負責,重建對自己的責任與信心。西方人的精神焦慮導
源於自我意識模糊,故其治療講究區隔人我分際;但中國人的
精神焦慮肇因於人際倫常的混亂,故根本之道在重建人際倫
常。

　　假如用西方式的心靈改造處理中國人的精神焦慮,亦即要
求因人倫關係失調而失去自我的強姦殺人犯要靠自己,從而進
一步地疏離於所渴求的親情關懷,無異落井下石。所以強調主
體性的心靈改革有兩種效果:加深人們對外界退縮封閉,猜忌
敵視;或激發更多人用橫行霸道來感受主體。兩種心態都是法
西斯的溫床,前者只求被人拯救,克服孤寂;後者崇尚威勢征
服,膜拜極權。⑨

　　台灣錯用了西方邏輯,所以公共人物無不鼓吹主體意識,
但中國人要的首先是倫理,不是主體,逼得政府只好用宣傳的
方式,硬要在認知上創出主體意識。於是我們的外交、大陸政
策都是宣傳主體意識,內政上則喊爛了主權在民,以為如此就

能使人相信自己是獨立自由的個體。白曉燕的母親白冰冰質疑於此，懷疑大張旗鼓的外交工作無補於一般人的生活安定，適其理也。⑩

在中國文化下，一旦人們在公共場合被迫表現成獨立自主，剛好使大家心理更感空虛，在不能援引社會關係爲奧援的自由主義邏輯裡，有一種無法表達的孤寂與無力感。⑪此何以每有爭議，每個人的直覺反映，竟然就是自己被打壓，幾乎無一例外，旣建立不起西方包容式的主體意識，又羞於表達自己回歸倫常的渴望。

人治文化下，最需要公共人物用德行體現倫常，不是鼓吹自我意識。然而，公共人物率先在廟堂上擴權奪利，結黨營私，毀壞倫理，或爭相耗費資源於國際主體空間，鞭笞兩岸交流，切割血脈淵源，竟皆用魔幻的主體意識爲訴求。

中國人如果不好好檢討西方輸入的觀念，一味沉溺於主權在民的宣傳，就無法全面培育自己生而享有的人際倫常，反而習於對抗、排斥、買通、征服之類的無情手段，則重大刑案不斷，貪污舞弊不除，兩岸關係不振，都其來有自。所以，不只社會病了而已，我們的醫生也病了。

極權政治的精神基礎

在極權政治之下，統治者心中只需要有自己，不必把人民當人民，而把人民視爲隨時可用可棄的對象；人民也不把自己當成人民，而情願將自己奉獻給統治者，任他御用，一以苟且偷生，二以投射自己無能的焦慮。

台灣已經具備極權政治的心理基礎，統治階層在擴權、營

私、舞弊、斂財時極度自我中心，把好處從人民的代表那兒巧取豪奪來而理直氣壯（比如，把權力集中在總統身上，容他解散國會，任免閣揆，美其名曰穩定或民意），⑫把壞事盡往人民身上推而鮮有恥感（比如，南非斷交外交部不負責、少監鬧事法務部不負責、中油弊案經濟部不負責、飛航安全崩解造成亡魂無數交通部不負責、口蹄疫情農委會不負責、士兵自殺與軍機摔落國防部不負責、電玩與營建弊案內政部不負責、兩岸關係停滯倒退陸委會不負責、干預股市匯市不當造成崩盤央行不負責）。至於人民，在不堪率獸食人且人相食的亂局中，渴望亂世用重典。上者極度自我中心，下者渾然喪失自我，兩相結合成極權政治溫床。

這個極權政治的氣氛為九七年總統擴權埋下心理基礎，所缺乏者，乃是一個可供人民集體唾棄的對象，藉以轉移焦慮，並對之打壓以重振自己的信心。人們如果可以完全依附在總統身上，就沒有必須對自己負責的壓力，再若可以透過總統的萬能來對特定對象洩怨，還甚至自己也可以享受到一種萬能的幻覺，這個對象或是「中國」，或是台奸，故有某大陸決策單位的研究報告建議要「剝削中國」，有某國家防禦部門的研究報告建議要「攘外必先安內」。⑬

不幸者，目前還是過渡中的亂世，強人將現未現，唾棄對象將定未定，所以人民焦慮得要命。已經受不了的人率先爆發精神病，其特徵就是極度自我中心，要把他人當成對象欺壓要弄，假裝自己萬能，來舒緩自己其實無能的沮喪。但在潛意識裡，精神病患永遠擔心自己無能，所以任憑表面暴虐神勇，都掩飾不了心虛，甚至希望自己趕快失敗，可以重新迫使強人出

面，讓自己有所依附。所以他們言行極端，作出遠遠超越自己實力的征服性行為，好像是故意要追求失敗，以滿足對自己無能的失望。因此極權行為在根本上是一種自我戕害、自我摧毀。

於是，一九九七年震驚全台的綁架白曉燕的匪徒們，雖然自己生活已稱小康，竟仍會妄圖苦主白冰冰能繳出不可能湊齊的五百萬美金舊鈔。這個不可思議的要求，暴露出他們潛意識的求敗亡命傾向。當前的亂世讓他們感覺自己無能，故一方面用這個不可思議的要求來假裝自己萬能，另一方面又有強烈的衝動來讓自己敗亡。假如他們上次如願以償取得贖款，恐怕不會就此遠走高飛，而還會益加焦慮，把自己往更極端推動。

政治人物中不乏此類精神病患。大者如三〇年代的日本軍閥，明知不可卻非要發動珍珠港事變，俟敗北遭到原子彈轟擊，竟能鎮定如儀地歡迎美軍招降，厥為世界軍史上的模範戰敗國，蓋日本人鬆了一口氣，他們不必再為世事煩心，凡事美國頂著。小者有特定政治人物如希特勒、威爾遜、毛澤東、戈巴契夫都有這種不斷探測自己極限何在，追求敗亡的衝動。

台灣在外交上不顧一切，在兩岸關係上幾度想搞玉石俱焚，⑭在憲政上不斷為總統擴權，都看出有潛意識裡要走向不可能的衝動。畢竟台灣人已為自己建構了一個無能的歷史，日日復頌悲情意識，又要走出悲情，剛好符合了典型的精神病態，所以才會非要在不可能辦到的事上，花大錢，出大力，打落牙齒與血吞在所不惜，一方面想證明自己無所不能好走出悲情，另一方面則期待敗亡來滿足悲情意識。

物質化的安全感

可以說，台灣是一個已然失去人情關係網的社會。當社會人情益趨淡薄，誰也不能信任誰的時候，社會互動主要是靠利益交換。[15]當利益交換成為主要的社會行動方式時，人情就更會被看扁。沒有人情網可以依賴的人，對自己缺乏安全感，只能變本加厲靠利益交換來做事，終於完全從人情關係中萎縮，安全感就愈低了。

當一個人完全失去了社會網絡與位置，就沒有長遠的目標，也就無法做計劃，無法有所預期，不知道下一件事是什麼，很自然就會想抓住身邊出現的每一樣東西，才能填補心中的空虛無助，那麼其人的行為就會表現成斤斤計較，甚至貪得無厭，不受倫常規範。萬一整個社會都沒有了未來的遠景，一定就會看到所有人們都開始拼命爭取各種本來沒什麼太大不了的東西。

地位愈高者反而還愈會拼命地爭取小利小害。一方面是他們經歷過去若干年的瞬息萬變，已經失去預知的能力，看不清自己的未來，就也無法判斷到底什麼職位是有用的，什麼是沒用的，不如乾脆能佔多少趕快佔，才能叫自己別怕，故任何名位，都投注千金來攫取。

另一方面，他們又知道，如果在名位上稍微落後，仰他們鼻息辦事的人，會懷疑他們影響力下跌，從而大舉投靠別處，造成自己政治崩盤。這些下層的人和他們一樣，早已失去了長期觀察的能力，只能成天釘緊一些原本沒啥意義的蛛絲馬跡，所以上頭排名有個風吹草動，下頭千千萬萬個附庸旦夕之內相

繼倒戈。⑯

　　的確，不論我們花了多少資源，我們的朋友愈來愈少，所以現在在國際上幾乎完全靠利益交換來動員他們的支持，而我們對他們的不信任反而加深了，終日擔心被出賣，因為台灣的外交家早就失去了同情的能力，甚至不再具備被同情的吸引力，就只能靠更昂貴的利益交換來疏通管道。

　　其次，我們在國內的朋友愈來愈少，什麼事都只能講價錢，所以公共工程成本哄抬成天文數字，競選的票價高得不得了，連修憲、立法、人事都一定得靠利益交換才能湊足支持。從東南亞花錢買來的外籍工，無法融入社會，與台灣人之間存在著一種階級對立關係，既是歧視的對象，又是焦慮的根源，很容易強化台灣人我族中心的氣氛。

　　事實上，我們在大陸的朋友也愈來愈少，因為我們只跟他們講利害問題，一堆人花錢養二奶，擺架子，吆喝甚至毆打工人伙計，碰到政治人物滿口都是冷冰冰的主權問題、對等問題。結果，大陸上沒有人再有興趣認真體會台灣人的心情，我們自己也覺得在大陸辦事，只有靠錢。

　　最後，我們不敢跟自己作朋友，沒辦法反省自己，小青年就靠燒機車或飆車來找刺激，用最危險的方法來體會快要感受不到的生命意義；商人政客靠夜晚第二、三回合約會的花天酒地來填補空虛；少年人動輒自殺來逃避社會，或糾眾犯案，無能面對自己。上層權爭不斷，下層鬥毆頻仍，直為亂世。

　　拼命花錢買關係的結果，就是需要拼命撈錢，所以強盜綁架、政府加稅、大戶操盤、工人偷竊、職員虧空、茶蟲哄抬、老師洩題。極端的賺錢壓力、孤寂的社會關係、四面是敵的幻

覺、達不到的國家目標，在在提醒人們的無助，醞釀出一股要依賴萬能的需要。

唯自一九九六年宋七力裝神斂財案爆發以降，萬能的神正一一破滅，現在，必須要找到現世的惡魔來承擔沮喪，再靠一個萬能的領袖，帶領我們摧毀惡魔，才能克服對自己的恐懼與厭惡，超越深邃的孤寂。其結果可能是抓台奸比賽，讓一群代罪羔羊成為社會信心重建的祭品。必須先有一陣瘋狂喧囂的祭祀與殺戮，人們才會累得靜下心來，反省自己的荒誕。

精神狀態的傳染

如果了解台灣社會的精神病態，就該知道一個沒有未來的人最要緊的，就是儘量掠取，而他們最蔑視的，就是人際倫常與社會道德。綁架、殺人、貪瀆、淫亂、欺世、玩法、弄權、盜採，竟然都成為社會上習以為常，見怪不怪的事。過去，一件政治謀殺或一樁綁票案都會引起社會不安，現在人們逐漸麻木。

麻木的結果是，社會人情益趨淡薄、疏離、退化、孤寂，人變得極端地自保，每天親自接送小孩上下學、銅牆鐵壁對付想闖空門的、澄清公司裡不利於己的謠言、打聽股票的內幕、討厭路上別人超我的車、擔心銀行倒帳或房屋倒塌、安排移民、囤積糧食、購買黃金或美金。每一件人們天天在做的事，都是如此地反映了，也製造了自己的焦慮，但由於人們對此已經這般地熟稔，可能只是配合潛在的綁匪或危機來安排自己的生活，進入了綁匪精神世界的人，竟反而多數感覺不到自己的焦慮。

在兩岸關係與務實外交方面亦然。人們配合著宣傳去支持沒有結果的對抗，對挫敗麻木，對宣傳麻木，雖籠罩在失敗的訊息中，仍能舉杯慶祝台灣主體性的彰顯。人們感懷年邁的總統四出奔波，畢竟人們透過自己的苦悶，完全可以體會、同情總統的處境。焦慮成為常態，製造焦慮的行為被當成為理性的表現。不能配合的人，變成了罪惡的淵藪。

潛意識的極端焦慮最可怕，一方面，它驅策著人在瞬間作出自己都想像不到的偏激行為，包括像切人的手指要贖金、槍殺競選的對手、毆打父母、毒殺親女、打死情敵；另一方面，它在人們極端脆弱的心靈中，營建了前述對救世主的渴求，從而形成政治上的萬能想像，包括像空手接飛彈、十億美金加入聯合國、兩千一百萬人一條心。

焦慮到了極端，很自然就失去容忍異己的能力，以為台奸四伏；更自然的，則是擔心自己有一天變成異己，所以得快速地見風轉舵，來回搖擺。為了證明自己不是異己，除了人們比賽抓台奸，個個掛上一條愛台灣的符，搞得人人自危，真偽莫辨之外，還要表現成自己仍獲關愛的眼神，可見並不是異己。這就構成了政壇上寸土必爭的深層結構，與在激烈角力之餘，還能囈語鞏固領導中心的內在矛盾。

性別化的焦慮

這裡猶有一個深層的性別問題。社會刻板印象中的男人是有能力的，女人是相對無能的。事實上，女性比較沒有非要證明自己萬能不可的衝動，但先天與後天生養育能力失調的男性，在不確定自己生命意義之際，特別擔心自己被女性化，而

淪為無能的人。⑰這種較強烈的對自己無能的焦慮,驅使更多的
男性罹患精神病,這也說明了何以希特勒掌權之前的德國社
會,有色情氾濫的問題,蓋色情行業提供了男性社會一個玩弄
操縱的對象,彌補了無能的缺憾。⑱

　　的確,論及總統擴權時,媒體追逐的對象基本上都是男性,
而在白曉燕悲劇中媒體所採訪者,則出現大量女性。故女性與
悲劇相連,與悲情相連,乃是精神病患所最為恐懼,最想擺脫
之事。偏偏男性為女性所生,故擺脫不了女性,因而只好處處
想證明自己能擺脫女性而獨立自主;⑲正如同台灣人來自大
陸,擺脫不了中華文化,因而只好夜夜虛擬已然擺脫大陸之偽
證。自戕之後的男性終將發現自己是依賴女性的,台灣想必亦
難永遠自殘自恨。

　　不過,罹患精神病的統治階層,目前企圖將所打壓的對象
女性化,如指責台商依賴大陸、短視近利、不顧大局、偷偷摸
摸,都是典型譏嘲女性的語言。台商則將大陸女性化,而出現
壓榨大陸勞工、玩弄大陸婦女、貶抑大陸體制、享受大陸風情
的行徑。事實是,政府控制不了台商,台商則拋開不了大陸,
而搞出這種矛盾情結的統治階層與台商,大概清一色是男性。
相對於此,台灣又將自己呈現為美國的依賴者,藉著自我女性
化,期待美國對自己的佔有,從而可以將自己面對大陸的無能
感,投射到美國的萬能保護之下。

　　要醫好精神病,就要讓病患相信自己可以有所貢獻,從而
免於因極度自我中心,而藉壓迫同胞來平撫悲情帶來的焦慮。
台灣檯面上患精神病的人物以男性居多,包容他們,等待他們
作出貢獻的,則以女性居多。愈來愈多男患者忍受不了自我中

心造成的動盪，有的正爆發成瘋狂的犯罪行動，有的則呼籲一個有極權能力的統治者賜福，如果女性不能趕快包容他們，納粹賴以崛起的暴力、通膨、色情、種族主義會紮根台灣，二十一世紀第一個法西斯於焉誕生。

中共的精神狀態

　　中共十五大開幕之前，人們就已經在「慶祝十五大勝利召開」，不但北京天安門廣場喜氣洋洋，就連貧困山區與偏遠鄉鎮在十五大閉幕多日之後，都仍然掛著內容一致的慶祝旗幟。十五大閉幕之後的一週之內，中央省市各級單位紛紛表態學習十五大報告，螢幕上接受訪問的民眾一個接一個半年不輟，表示對十五大報告既感動又興奮。

　　在日常生活中，每一家，甚至每一人恐怕都不能對自己的言行要求一致，但十二億人居然能異口同聲歌頌同一份報告，沒有一點兒雜音，這不能不說是一種嚴肅的集體精神狀態。事實上，十五大報告的本身，處處都充滿了警告，人們變應該抱著戒慎的心情，面對來臨的巨大挑戰，結果，非但不見緊張的氣氛，反而額手稱慶！是慶祝挑戰將至嗎？

　　其實，緊張的氣氛隱藏不住，會議期間，處處有巡邏的人，境外的書籍凡是海關有疑慮者，就加以沒收。可是，這種緊張與十五大報告之中講的嚴峻挑戰毫不相干。十五大要求人們認清局勢的險峻，人們卻為此報告彼此祝賀；讓人緊張的，顯然是可能有人不能融入慶祝的氣氛，而對普天同慶的十五大澆冷水。所以，認真聽到十五大報告牘牘警語的人不能繃緊臉龐，不能深鎖眉頭，而要笑逐顏開，免得成為異類。

這份讓人們高興的報告說，「我們面臨嚴峻的挑戰」、「同發達國家的差距給我們很大的壓力」、「能否抓住機遇，歷來是關係革命和建設興衰成敗的大問題」、「反對腐敗是關係黨和國家生死存亡的嚴重政治鬥爭」。⑳憂國憂民替報告執筆的人，如果看到舉國已經歡騰，不知做何感想。

自信是沒有辦法靠宣傳的，當領導人宣傳自信時，反映出的就是欠缺自信。人們顯然對任何雜音都極度敏感，因為那將表示，本次大會以「團結」為結語的號召，受到挑戰。㉑但真正的團結，應該是人們可以彼此容忍差異。完全沒有差異或沒有人皺眉頭，反而說明潛意識裡的神經緊繃，因為心底關切的不是團結，而是團結的模樣，也就是說，人們潛意識裡根本不相信團結已然完成，所以不給任何人有機會表達一丁點兒的雜音。

大陸上對異議雜音採取的強勢封鎖，和台灣對巧取豪奪採取的無奈逃避，其實是同一種精神狀態的兩種不同表現形式。前者高度緊張但未崩潰，是因為既有宣洩的對象，又有領導萬能的錯覺在支持；後者已經瀕臨解構，正試圖找尋宣洩的對象，鞏固出一個萬能的領導中心。

大陸這種對雜音的高度敏感，一定不能容忍台灣那樣處處雜音的現象，更不能容忍美國國會有人不但不慶祝十五大勝利召開，還要和台灣聯合搞戰區防禦，㉒公然挑戰台灣是中國主權範圍的主張，偏偏這個主張恐怕是十五大報告中，十二億人唯一可以團結奮鬥的項目。

自信不足卻以為自己信心滿滿的領導，高度緊繃而不自覺的人民，會立刻把所有不識相的人，都當成不可饒恕的假想敵。

因為澆冷水的人所挑戰的，不是什麼像國企改革、反腐敗等具體的戰略目標，而是勝利的表象。沒有這個表象，缺乏自信的人就會開始擔心，自己內部隱藏的不團結會暴露。但他們不願意相信有不團結，所以不能正視不團結的根由，當然就不能判斷到底有多大的不團結。於是，對外在有意無意的挑釁，會瘋狂地反撲，才能嚇阻雜音，粉飾團結。所以，反撲雖是看似向外，其實矛頭是對內。

九七年年底江澤民訪美，不論江澤民在美表現得多麼輕鬆自在，心情必然嚴肅緊張；不論他聽聞各種抗議時多麼有風度，難免不耐與不悅。這是中國人的氣質，為大局掩飾自己的情緒。結果，最擔心的時候假裝平靜，最嚴肅的時候假裝輕鬆。江的美國行企圖勾劃開明的形象，當他聽到十五大時他絕聽不進的一些話時必須容忍。這次的忍，是要讓美國人接受中共，當然又是一個大局問題。緊張在心裡，微笑在臉上，必然製造內在壓力。中共愈在外顯得開明，就愈需要內在的一致，就愈得粉飾。一得粉飾團結，二得粉飾與美關係和諧，前者在大陸內部，後者關係到台灣。倘若不能滿足，精神恐難支持，其後行徑無法逆料。這將是主導世紀末兩岸關係的重要因素。

台北可以高興是，北京與華盛頓的長期關係維持衝突的話，華府就有理由提供台灣保護，但值得擔心的，則是北京一定把氣出在台北身上。不過，這也有利於台北藉此鞏固領導中心，轉移內在紛歧，則十五大的粉飾團結，反倒讓台北也能粉飾團結，惟獨兩岸關係受到損害。

註 釋

①見王玉燕，〈中共直搗核心，轉化談判爲內政〉《聯合報》（民86.10.
1）：2；王玉燕，〈兩岸政治談判，中共盼由兩會先展開〉《聯合報》
（民86.10.14）：1。

②見汪莉絹，〈中共訂定十五大後對台基調〉《聯合報》（民86.10.
17）：9。

③孫揚明，〈北京放寬定義，台北如何面對？〉《聯合報》（民86. 10.
1）：1。

④王玉燕，〈我高層善意談話，中共歡迎〉《聯合報》（民86.8.9）：9。

⑤見傅建中，〈許信良訪美吹起的台獨修正主義風〉《中國時報》（民
86.12.12）：2。

⑥Julia Kristeva, *Powers of Terror* (trans.) R. Diaz (New York:
Columbia University Press, 1982).

⑦參考Jim Glass, *Psychosis and Power* (Baltimore: The Johns Hopkins
University Press, 1995).

⑧石之瑜，〈民主人格：精神分析的政治文化侷限〉《問題與研究》
36，5（民86.5）。

⑨參考William Connolly, *Identity/Difference: Negotiations of Political
Paradox* (Ithica: Cornell University Press, 1991).

⑩曹競元、徐紀琤，〈白冰冰請李總統站出來，看看治安〉《聯合報》
（民86.4.27）：4。

⑪參考Lucian Pye, *The Spirit of Chinese Politics* (Cambridge: MIT
Press, 1968).

⑫參見宋自強等所引述總統記者會發言，〈總統擴權？沒這事〉《聯合
晚報》（民86.5.15）：2；例見謝莉莉，〈總統職權有相當程度限制〉

《中央日報》（民86.4.22）：2；蔡政文，〈建構具強化解決僵局功能的政府體制〉《中央日報》（民85.12.30）：4；周育仁，〈協商版會否回應制衡呼聲〉《聯合報》（民86.6.9）：11；黃主文，〈政黨政治樹立，長治久安奠基〉《中央日報》（民85.12.30）：4；彭錦鵬，〈國民黨版修憲方案可作三黨協商基礎〉《中國時報》（民86.5.28）：11。

⑬這些報告由陸委會與國防部各自委託研究，內容不公開，主持人分別是張旭成與林正義；此外，陸委會副主委林中斌在林肯學會一次早餐會上演講答覆問題時，引述自己過去在 *Ethics and Public Policy Center Newsletter* (1990) 的說法，認為目前大陸政策最重要的是對內，包括鞏固政治領導 (solidify political authority)，重建社會秩序 (reestablish social order)，與建立一個面對中國威脅的全國共識 (build a national consensus against a Chinese threat)（台北：民86.10.22）。

⑭關於務實外交的目的「就是要讓國人看到中共的暴行」，見林少予，〈高層官員務實外交，滿布荊棘〉《中國時報》（民86.10.13）：2。

⑮參考黃光國，《知識與行動》（台北：心理出版社，民84）。

⑯參考黃光國，《權力的漩渦》（台北：商周，民86）。

⑰參考彭小妍，〈女作家的情欲書寫與政治論述〉，輯於王德威（編）《北港香爐人人插》（台北：麥田，民86），頁273-302。

⑱參考 *Nationalism and Sexuality* (Madison: University of Wisconsin Press, 1985).

⑲Nancy C. M. Hartsock, "Masculinty, Heroism and the Making of War," in A. Harris and Y. King (eds.), *Rocking the Ship of State* (Boulder: Westview, 1989), pp. 133-152.

⑳十五大報告全文，大陸各大報均有，例見《甘肅日報》（1997.9.22）：

1-4。

㉑同前引。

㉒參考張所鵬，〈法律觀點看美台飛彈防禦法案〉《中央日報》（民86.
10.3）：2。

第4章　規劃兩岸相關制度

第1節　主權衝突的緩和

前言

　　精神現象的徵候主要是處理不了人我關係，一個恐懼環境的人只能自我退縮，不相信自己可以獲得別人的愛，萬一真的有人表示關愛，反而可能故意作出令人厭惡的事，氣走關愛的人；碰到了有大愛心的人執意奉獻給自己的時候，甚至可能出現自殘的行為。因為我們自己才是真正最不能接受自己的人，所以承受不了外來的愛，也無法付出愛，形成退縮與逃避的心態。

敵對的史觀

　　台灣的徵候類似於此，在悲情的台灣史觀當中，哀怨為其主調，①出走（如移民、絕交、自殺）是熟悉的解決社會衝突的方式。高度的不安全感與被出賣意識長久籠罩著我們。在兩岸交往之中，凡逢對岸釋出緩和的訊息，反而會讓我們不知如何是好，甚至有意無意弄擰關係。②像海基會與海協會兩會在談判時，海協會在「己方人民」與「一事不再理」等隱涉主權的議題上，出人意料地鬆了口，竟然緊張得台北方面趕快升高

要求，叫海協會非先書面承認台灣公務船的效力，否則即使劫機犯遣返問題已無障礙，海基會仍不能或授權簽署協議，則海協會只有自討沒趣地閉會。

又比如，當江澤民在中共十五大上告訴台灣，什麼事都可以談，只要求此岸認真回應這一點，就迫使李總統立即回話，要中共先承認中華民國是個主權獨立的國家再說。③種種跡象顯示，我們怕大陸讓步勝過我們怕它外交封鎖。北京的外交封鎖讓我們討厭大陸，則可以理所當然地與之分離，安於孤寂，享受悲情。但假如北京變得好言相向，好臉相迎，習於打壓的我們就手足無措了。

所以，北京的讓步不但未必有利於兩岸關係，甚至會在台灣內部造成動盪。北京如果持續讓步，恐懼的台灣領導人說不定訴諸自殘，來告訴北京，我們自己都討厭自己。自殘的直接對象可能是台商、新黨、外省人、外勞、留學大陸者、台獨修正主義、特定媒體，或國民黨內的少數派，④但實際上是每個人針對自己進行迫害。倘若北京顯得霸氣我們就不必自我破壞，但它如果擺出笑臉，此間不敢與之交往的性格，就只好自戕了。

除非，北京可以溺愛示好一百年，台北才可能慢慢相信自己是值得被愛的。不幸如前節所述，北京自己的精神狀態培養不出愛心。就像台北風聲鶴唳地抓台奸，北京把台北當成漢奸來抓。北京在中國範圍內付不出愛，這是和中國人的帝國主義恐慌症有關，人們覺得世界上有一種要包圍的中國陰謀。⑤要和老外打交道，一定只能靠實力，沒有人情關係可講。這對連搞大革命時都活在綿密人情網的中國人來說，走出了中國真是

蠻恐怖的。

可以看出，北京看待華盛頓的方式，與台北看待北京的方式是很像的。華盛頓如果走比較溫和的路線，馬上會引起北京要被和平演變的猜忌。但北京今天能與各國相持，是它認爲自己握有市場資源，可以羈縻夷人，這和台北經常自詡外匯雄厚，可以利誘小邦的心態雷同，但物質上的交往在中國人的心理上是很不入流的，強化我們被孤立的感覺。

兩岸關係與人情倫常

不過，不論在台北或北京，自己事業有成或人際關係符合倫常的人，仍未消耗殆盡。所以溫和的聲音在兩岸緊張消弭之際，也能冒出頭來。有時他們給觀察家樂觀的理由，好像遲早這一輩人會接上班、擔大任。可是，較溫和的人不是促成兩岸僵局的主要因素，他們之間的接觸，到底會感化政壇上草木皆兵、杯弓蛇影的勢力呢？⑥還是會讓他們與急進的潮流漸行漸遠，從而導致自己下場難堪呢？如果是溫和的人，大概也不會非與精神緊張的同僚一般見識，得過且過的大有人在，鴨子划水搞後門交流的也不乏個中好手，因此在兩岸政治關係上，是劣幣驅逐良幣。

可見，眞正要搞好兩岸關係，關鍵還是在精神狀態較緊繃的人，他們因爲不能容忍對外交往，或推展兩岸交流，因此傾向疏離於所有與大陸發生關係的人。同理，和美國搞關係的大陸人，也一直是精神文明的對象。最尷尬的，莫過於美國本身也因爲失去大敵蘇聯，有一群兔死狐悲的人不知如何是好，就挑上中國。⑦北京的心態是這些致力妖魔化中國的人決定的，

因為北京畢竟還活在歷史的脆弱中，影響所及，北京的心態受到強硬勢力所感染，造成兩岸無奈的僵局。

重點是人們不能處理兩岸之間的人我倫常，要恢復人與人相處之道，只能慢慢培養人們正視自己的情緒，走出被迫害、背叛、打壓的陰影。而這種人我倫常絕對不是物質化的交換關係所能恢復，必須靠某種情感上的聯繫，只有情感上的聯繫，才能使人重新在倫常之中替自己定位，對兩岸的交流抱持舒坦的態度。

這方面可以推動的工作很多，但不容易啓動，其要旨，是讓失去情感聯繫能力的人，有機會去協助促成大陸上某些人的成長，則不僅大陸上的人會心存感激，台灣的人也會相信自己是真的受到肯定，不會懷疑這些感激的表達之後，其意圖最終還是在打壓。

分離主義與人情倫常

那麼，哪些協助或貢獻是我們所能做的呢？舉例來說，假如我們有一位法律專家，可以延請之爲大陸特定的省、市來設計某些法案，大陸這方面的進展比較欠缺，主要是不熟悉非社會主義的運作所致。假如我們有一位農業專家，可以延請之爲大陸特定的農產品設計推廣行銷的策略，目前農業推廣的工作並不規範，但因地制宜的特性容許台灣專家心力專注。假如我們有一位醫生，可以延請之將台灣的醫療研究與大陸交流，台灣的醫學研究有本土化的成就，有利於與大陸相輔相成。

法、農、醫方面的知識界，是台灣社會最受敬重的菁英，他們的心態、精神狀況、人際關係直接感染著廣大台灣人民的

心情。或許，他們之中亦有反華情結濃厚者，對大陸貢獻的機會，或甚至實際有所成的表現，未必改變他們追求獨立建國的目標，不過對他們情緒的穩定、心情的平靜、自我的驕傲，應當都會有一定的作用，影響所及，仰望他們的社會大眾也能平靜下來，慢慢覺得與自己不熟悉的人交往沒那麼可怕。人我關係一旦建立，分離主義就受到人情圍繞，台灣的人不再會為此而瘋狂發飆，大陸的人也不會聞之搥胸頓足。⑧

在人情網中思考台獨的問題時，解決的方案會留在倫常的規範裡，這時人們處理人我關係的信心增加了，即使台灣獨立了，也不是建立在排華的前提上，或即使兩岸統一了，也不發生什麼打壓迫害的焦慮。一旦統獨的威脅性降低了，現狀的維持可以更久，則人們有更充裕的時間來思索更成熟的兩岸相處之道、

兩岸關係既是精神狀態的原因，也是結果，因此治療之道必須同時兼顧兩岸關係的發展與兩岸政治社會的發展，主要希望人們能先靜下心來，停止目前向孤寂焦慮狀態退化的過程。然後再慢慢培養人們彼此相處、容忍差異、不逃避、不征服的態度。

外交休兵與兩岸關係

近幾年來台北若干異議份子所主張的外交休兵，值得認真的考慮。⑨外交休兵建議的本身，曾發生內涵上的變化。最早，在一九九四年年初提出的外交休兵包含兩個部分，一是雙方維持外交現狀，誰也不挖誰的牆腳；二是北京主動設計方案協助台北參與國際組織。⑩到了一九九六年，只剩第一部分被強調。

⑪一直到一九九八年，人們關切的剩下主要是外交戰耗費太多資源。⑫不過，討論外交休兵的人卻愈來愈多，台北官方則在一九九六年首度公開表示反對。⑬

外交休兵從一項積極的主張轉趨消極，從重視相互貢獻到傾向自我中心，反映了社會精神狀態發生變化。但從媒體曝光度的增加，可以看出外交戰所帶來的焦慮已經超過更多人的容忍幅度。外交休兵可以緩和大陸必須圍堵征服台灣的壓力，也讓台灣免除陷於孤寂無能的恐懼。但問題在於，純粹消極的外交休兵將剝奪台北藉以鞏固領導中心的外在敵對環境，也使之失去創造無所不能的形象機制，這引起台北輿論界擔心會出現「同種非敵，非敵即友」的和解氣氛，模糊此間的敵對意識。⑭

所以，當外交休兵的積極面一旦喪失，即外交休兵不是兩岸積極互助的手段時，台北就無法藉由北京的協助重建自信，克服無能的焦慮，也無法藉由自己對大陸的貢獻，超越以對抗為主的哀怨情結。同理，在北京相信自己有能力作出台灣所歡迎的貢獻之前，將不容易擺脫對大陸內部雜音異議的恐懼。執此，積極面的外交休兵必須認真檢討。

如果現在就期望以兩岸的名義相互幫助，將對雙方既有心態挑戰太大，較簡單的辦法，就是降低層次，讓兩岸外交人員彼此以個人身分相互幫助。故兩岸在外交決策與執行方面，仍然各自維持分立的系統，但在外交人事方面，進行交流。這就有一點兒像早年共產黨員以個人身分加入國民黨，但又維持共產黨身分是一樣的道理，只不過這一次是相互加入，而且不是以兩個政黨，而是以兩個系統的合作為基礎。

　　兩岸外交人員的交流，依時間順序安排可有以下幾個步驟：

　　1.兩岸退休外交人員成立聯誼會，定期進行相互探訪、旅遊與諮詢會議；

　　2.兩岸退休外交人員得應聘前往彼岸，在外事訓練機構擔任教學諮商；

　　3.兩岸年輕人得報考彼岸外交人員資格考試，獲得優惠加分，接受訓練；

　　4.兩岸海外外事人員定期交流聯誼互訪，彼此參觀；

　　5.兩岸各自外交代表團成員應包括彼岸招考或特聘之人員；

　　6.兩岸外交系統人員得彼此借調，年資不中斷。

　　這種超越常規的想法，是要刺激兩岸領導人跳脫世俗的窠臼，從人的角度思考，如何擴大兩岸外交人員，乃至於全體中國國民，在世界上施展抱負的活動空間，而不是如何限制他們之中某一部分的人。上述這些想法只要由任何一方的領導提出來，即令尚未實踐，就立刻能改善兩岸人民彼此看待的方式。假如真的透過談判能執行其中一、兩項，可以產生幾個好處：

　　1.兩岸之間的對抗氣氛獲得紓解；

　　2.兩岸每個外交代表團都是兩岸人民共組，符合北京的一個中國原則；⑮

　　3.由於兩岸外交系統分立，故又符合台北的兩個對等政治實體的主張；

　　4.中國人互通有無，達到中國人不打中國人，中國人幫中國人的境界；

5.如果師法外交體系，則國防、民事、警政、教育等系統
  均可人員互調。

北京希望的統一，就像是它籌備十五大時所希望的團結一
樣，那就是，只要求台灣在口頭上對一個中國的原則，表現成
歡欣鼓舞就好，心理是什麼滋味通通別說。此地的困境也和十
五大碰到的一樣，即北京實在不敢去看台灣那一大批對統一感
到疏離的人民，其結果，雖然一再寄希望於台灣人民，又誇大
其辭訴諸所謂有光榮愛國傳統的台灣人民，卻得不到台灣人民
像大陸人民那樣感謝黨，感謝小平同志的賣力配合演出。

但是，北京如果透過外交休兵的推動，歡迎台灣人民與外
交人員參與北京的外交系統，分享外交資訊，協助引見當地國
會的要員，主動諮詢台灣參與國際社會的創意途徑，將會發現，
在這些問題上與活動過程中，台灣人民與之各種不同意見或爭
議，都不是否定它的，則慢慢就能走出對雜音與異議的恐懼，
然後逐漸相信不需要動員與安排，即使是大陸人民，還是可以
在不同意見的溝通互動中，表現出對十五大報告更真實的支
持。

兩岸關係的心理治療

至於北京對台北的提攜，可以平撫台灣人不相信自己可以
被愛的悲情意識，重新從母體文化中發展自己的社會人情脈
絡，消弭為了追求主體性而必須切斷歷史的無奈。這種對自己
血脈淵源的接納，幫助人們從自恨的深淵脫離，從虛構的認同
中解放，則容或人們意見不同，對兩岸關係看法迥異，都不會
擔心成為宣洩的對象、代罪的羔羊。⑯這種自自然然、和而不同

的社會互動，與彼此接納的態度，幫我們擺脫關於萬能領導的想像。

　　兩岸關係對台灣社會集體精神狀態的影響，大別之有如下五方面：大陸政策佔據太多精力與時間，其它政策相對受到忽視；大陸政策爭議反應了族群差異，引起社會內在緊張對立；與此相關的政治權鬥不斷，使公共政策部門中下級官員心存觀望，不敢進取，致社會建設停頓；對抗性的兩岸關係使人們感到焦慮無能，痛恨自己，形成極權的溫床；追求萬能領袖而不可得，引發瘋狂強盜、殺戮的行為，至今社會道德瓦解。

　　當前的務實外交率先散播失敗主義，誘使人們看輕自己，把跟自己文化、血緣、生活上關係最密切的人變成是敵人，這等於與自己為敵，故無論個別外交戰役的勝負，自己總是輸家。因而所引起的高度無能感，逼迫人們幻想切除與大陸那種根本切不開的關係，這就要求人們表現得好像完全不受拘束，甚至連生命都可以割捨。

　　一旦社會的菁英忙於證明自己勇敢，誰都不怕也不服的時候，會需要有人作為他們的對象，則老百姓一定跟著緊張，也要隨著起舞，以免人家把我當對象來表現勇敢。結果，社會上互不相讓的氣氛無所不在，人情關係因而淡薄，導致物質主義高漲。資源少的人不能對別人頤指氣使，就只好來硬的，所以出現殺戮。

　　在可見的未來，兩岸政治社會的精神狀態，處於脆弱、焦慮的崩潰邊緣，對內的壓迫，征服的衝動，隱藏在笑臉的後面。這不是北京復頌「一個中國」或台北偷渡「兩個中國」就能化解的。我們可以想像兩岸領導人在夜深人靜之際，經常為了自

己國人不能配合，或彼岸不賣面子而氣得發抖的模樣；兩岸人民因為領導人脫離實際，自己又無言以對，無人促膝而垂頭喪氣的模樣。這種精神狀態不加以治療，任憑兩岸關係如何變遷，都不可能變出合乎人性的結局。

假如人人像務實外交家一樣，都要證明自己，都想超越現實約束，都給自己定一個追求不到的目標，那再好的警察、家長、總統，也紓解不了焦慮，圍堵不住每一秒、每一處都會爆發的犯罪行動。這就是為什麼處理好兩岸關係是治療台灣社會病態所不可逃避的事。

現在，一再宣佈自己已經告別悲情的台北，在達不到的國家目標前，實際上卻充滿沮喪。憤怒的領袖失去容忍的能力，在政壇上剷除異己，政壇人人自危，個個被迫表態，壓力之大，使得我們必須在其它人身上找回失去的自尊。其結果，社會無處不充滿著好勇鬥狠之士。父母們回到家中也就失去了對孩子的容忍能力，他們只好在同儕團體中找對象，來彌補自己家中得不到的自尊。

所以，手槍、球棒、巴掌、穢言，都在無法理性控制的精神情況下瞬間出籠，彼此對抗，營造自尊。在社會近乎瘋狂的氣氛中，台北高層也開始復頌要以自尊作為最高的兩岸談判原則，誰也無法預料，會有什瞬間控制不住的衝動要爆發，宣洩壓抑已久而迄無管道的憤怒。這種爆發將剛好觸動北京那根脆弱的神經，連帶引起彼岸的瘋狂。

這就是進入二十一世紀前的兩岸精神狀態，如何規範引導，就是本章以下的課題。

註　釋

①參考徐宗懋，《台灣人論》（台北：時報，民82）。

②例見辛在台，〈認識中共「政治談判」的陷阱〉《中央日報》（民86.
10.15）：2；張嘉藍，〈評汪道涵所謂「統一的中國」〉《中央日
報》（民86.11.18）：2。

③關於李總統的回應，見孟蓉華，〈李總統：承認中華民國，才有兩岸談
判〉《中央日報》（民86.9.17）：2。

④見黃主文，〈誰是新台灣人的公敵〉，輯於黃著，《新台灣人》（桃
園：世紀出版社，民84），頁131-135；陳邦鈺，〈開放大陸就學，後
患難估計〉《中央日報》（民86.10.27）：2；林弘展，〈中國以商圍
攻，台商大老遭利用〉《民眾日報》（民86.10.27）：9；黃瑞逸，〈建
國黨批許向中國交心〉《民眾日報》（民86.12.12）：3；辛在台，
〈瞧這個促銷廣告式的社論〉《中央日報》（民86.12.12）：7；社
論，〈國民黨應汲取敗選教訓下定決心深化改革〉《自由時報》（民
86.12.4）：3；又參考社論，〈政治信任崩潰是形成金融風暴的主因〉
《聯合報》（民86.10.18）：2。

⑤例見宋誠、張藏藏、喬邊，《中國可以說不》（北京：中華聯合工商出
版社，1996）。

⑥比如中共曾表示將多作台北政壇中生代的工作，引來此間疑懼，見活水
集，〈天真的民主〉《中央日報》（民86.10.15）：2。

⑦斯特林·席格列夫，《龍的帝國》（台北：智庫文化，民85）。

⑧這種思路的確緩緩浮現，見汪莉絹，〈中共將大力加強與台籍人士聯
繫〉《聯合報》（民86.10.13）：2。

⑨見華成韶，〈外交休兵行不行〉《申齊》87（民85.11）：18-19。

⑩石之瑜，〈北京外交休兵：兩岸迴旋空間更大〉《聯合報》（民83.2.

9)：2。

⑪張麟徵，〈兩岸關係何處去？〉《中國大陸研究教學通訊》13（民85.
3)：11-13。

⑫李登科，〈兩岸外交對抗互蒙其害〉《聯合晚報》（民86.9.3)：2。

⑬連戰自烏克蘭返國記者會，見寇維勇、張宗智，〈連戰：站起來走出去
是我生存發展所須〉《聯合報》（民85.5.23)：2。

⑭見長裕亮、陳邦鈺，〈審慎提防中共和戰兩手機謀〉《中央日報》（民
86.10.17)：3；陳杉榮，〈小心中共以通促統陰謀〉《自由時報》
（民86.10.17)：2。

⑮相關爭議，見邵宗海，《大陸政策與兩岸關係》（台北：華泰，民
85)，頁201-254。

⑯對象的模糊比敵對的升高更具威脅性，例見李日生，〈宋楚瑜在變什麼
把戲？〉《自由時報》（民86.12.4)：11。

第2節　公民投票的理論

前言

　　自李總統於民國七十九年正式就職以來，就一直以走出歷史陳窠爲職志，其中最關鍵的、互爲表裡的兩項工作，就是推動完成一部嶄新內容的憲法，與理順兩岸之間彼此的定位，這兩項工作具有相輔相成的作用。簡單說，台北若要擺脫與中國大陸糾纏不清的內戰關係，來自大陸的憲法不容在台灣繼續行使；而要更動憲法，兩岸之間的關係定位必須重擬。①

　　原中華民國憲法是國共內戰期間，由共產黨及其友黨已然退出的政治協商會議草擬，再經國民大會所通過，俟國民黨內戰敗北轉進台灣，這部以全中國爲適用範圍的憲法，成爲國民黨反攻大陸的重要象徵，也標誌著國共內戰尚未蓋棺論定，致使共產黨芒刺在背。故保護這部憲法，就是保護國民黨來日一統中國的立場，更保護了該黨在台灣的種種政治權宜安排，與相伴隨的既得利益。

　　內戰戰火停息以來的兩岸關係，可以說是圍繞在這部中華民國憲法的定位之上；到底它是自由的燈塔、反共的堡壘，還是圖書館等著收藏的一堆歷史文件。企圖在內戰中決一勝負的早年領袖，從而引導播遷來台的國民大會，作出不修憲的決議，以明反攻大陸之決心。②但爾後矢志走出歷史窠臼的台灣領導人，想當然耳得同時處理內戰遺留下來的國共關係，與中華民國憲法的存續。

憲政改革與分離主義

經過李總統領導十年的紛紛擾擾,雖然在每一階段推動的憲政變遷,與每一回合邁出的兩岸定位新步伐,都引起爭議,但總的方向十分清晰。一言以蔽之,就是讓台灣擺脫中國內戰的包袱,以能在共產黨建立的中華人民共和國範圍之外,爲中華民國找尋新的國家定位。③

具體而言,自民國八十年以來的四次修憲,在四方面說明了當前憲法在本質上已與往昔迥異:首先,總統由調和五院的角色,轉而成爲行政、司法、考試、監察四院的人事主導角色,並主持國家安全的大政方針;其次,國民大會權限削弱,總統的產生由台灣地區人民直接選舉,排除中華民國元首代表大陸人民的法理機制;再其次,五權相維的設計在監察院大幅削弱之後,自難再以五權憲法相稱;此外,動員戡亂體制的終止,說明了兩岸之間不再是相互取代的法律定位,無異正式片面宣告內戰的結束;最後,台灣省政府虛級化使得中央政府之下猶如無省,在行政體制上將大陸各省由中華民國有效版圖中默示排除。

剩下最後一件工作,就是在憲法中賦與公民投票的法源,間接而明確地藉由排除大陸人民的參與,宣告中華民國與中華人民共和國爲兩個國家,並爲未來台灣人民提供一個機制,表達是否接受與中華人民共和國統一的安排。關於公民投票的推動,反映出台灣政治領導已有相當信心,認爲自己的人民只可能藉公民投票來表達反對統一,而不是接受統一,④否則過去十年努力走出內戰脈絡,營建全新憲政認同的功夫,豈不皆付

諸東流？事實上，公民投票的制度只要一經入憲，即使尚未實踐，就已經表達了台灣人民與大陸人民的分隸。

　　這說明何以北京聞公民投票而色變，認為那正是台灣宣告自中國徹底獨立的先聲，也說明何以近年來對台灣獨立運動缺乏興趣的人，往往在情感上同樣地對公民投票有所疏離。在北京全力反對當前「兩個中國」態勢，並聲稱將以武力阻止台灣進一步往「一中一台」發展的情況下，公民投票的入憲，勢必又將在台灣內部激起漣漪，原本處於兩岸之間的鬥爭，變成了台灣居民各自心中的分離抉擇。

　　既然在憲政體制上，公民投票被認為是幫助台灣人民的最後一關，使能宣告脫離中華人民共和國的範圍，⑤則其在政治上已經具備不可阻擋的勢頭。這已經不是一個對錯的問題，而是一個認同問題。如此一來，公民投票作為一種政治制度的缺陷，難免就受到忽視。

　　本章以下兩節將就台灣若干領導人企圖徹底離開中國臨行之際，提醒人們公民投票制度所具備的壓迫性、破壞性及危險性，分析公民投票對台灣意識的凝聚有何反效果，討論其對大陸的刺激作用有何緩和之道，並提供建議，如何在這個不可避免的壓迫、破壞與危險中，設計一個害處較少的公民投票方式。這個可能方式看似繁瑣，但對已經奮鬥十餘年的本土領袖而言，值得耐心、細心地加以編織。

公民投票與後殖民主義

　　咸信公民投票是一種民主的表現，因為這種制度容許個別公民獨立自主地表達意志，而整體的決策又是依據較大多數公

民的意志。雖然作爲一種自決的手段，公民投票有著這樣或那
樣的限制，比如，因此而導致國際現狀秩序的重劃，而爲霸權
國家所疑懼；或因此而形成族群之間緊張升高，造成暴力衝
突；或因此而出現強勢族群欺壓弱勢族群，淪爲壓迫工具等
等，佔有局部人數優勢的政治領導人，仍然會傾向主張用公民
投票方式來解決爭端。⑥

涉及公民投票的一些弔詭值得先在此略述。第一，如果公
民投票是表達了個人意志，則藉由公民投票來行使政治自決的
人，又其實是借用公民投票來表達自己的集體認同歸屬。此地
經常難以區分者，是到底個別公民有多少獨立自主的思考空
間，能眞正自由地決定自己的認同？

如果關於認同的抉擇，反映的是每個人經過理性思考之
後，所作的關於現世利益的一種考量，則公民投票自然是一種
自由主義的體現，人們集體所選擇的認同，也是最大多數人的
利益所在。然而，假如認同的抉擇是一種歸屬感的表達，則個
人在認同問題上作利害衡量的空間很小，那公民投票就只能作
爲鞏固集體認同的工具，說不上是什麼自由主義。⑦

投票成爲一種政治選擇的主要機制，是在歐洲民族國家成
立以後的事。每個民族國家的成員接受了共通的宗教與語言背
景的塑造，當近世歐洲民主思潮澎湃激盪，取君權神授之說而
代之之際，投票並不是用來行使自決用的，而是用來爭好處的，
它一開始是貴族向君王爭，後來是資產階級向貴族爭，然後是
無產階級向資產階級爭，所爭者莫不出於稅收、利潤、福利等
關乎物質取向的財產分配問題。⑧

所以，歐美自由主義學者在情感上不容易體會，何以在當

代所有後殖民地區，以個人名義行使的祕密投票制度，往往是在表達個人對特定集體認同的臣服，而不是個人的利害抉擇，⑨所以對於民族自決，往往理解為是殖民地人向殖民母國爭取生產關係的主導權。而事實上，獨立之後的新國家，鮮有真正能擺脫對前母國經濟依賴者。

　　一直到二次大戰之後，紛紛獨立的殖民地領導階層，仍然明顯仰賴前殖民母國的文化價值（透過留學、消費、吸資），遵循之以安排自己的生活方式，才不得不令人恍然大悟，民族自決未必是一種利害的抉擇，因為雖然個別人們寧可繼續依賴殖民主義，但是他們在情感上的集體歸屬，使他們在民族自決的問題上，選擇（或無法不選擇）與自己熟稔的殖民母國價值相抗衡的獨立道路。

　　不過，在經驗上，這種牴觸自己物質利害的投票行為，始終無法在歐美政治學的概念中，找到妥適的表達方式。充其量，民族主義就被看作為與其它物質利害平行的另一種價值而已。⑩如此一來，當在某個議題上，後殖民地人的集體情緒高亢，而作出物質利害方面的自我犧牲時，歐美觀察家或可以戲稱之為不理性，或可以狀似同情，表示理解民族主義情緒是當地更高的價值。

　　但民族主義不是一種政策價值而已。它是一種無法任由個人決定去留的一種情感。把民族主義當成一種價值的結果，是使得後殖民地人看上去好像都變成了獨立的公民，在那兒理性地權衡民族主義與其它物質利害。但權衡理性的標準在哪兒呢？歐美理性抉擇的分析師會說，民族主義不是無價的，只要觀察什麼物質誘因大到讓後殖民地區的人擱下民族主義，就可

以判斷民族主義的成本。⑪

　　然而，情感與利益是不能相互取代的。固然，沒有一個後殖民地區的人，能在深受殖民母國所推動的全球化潮流影響之後，不也高度關切自己的物質利益，但他們作為後殖民地的子民，尤其知識階層，對於割捨不掉的後殖民浪潮，又深惡痛絕。因此，不論在任何特定時期曾經作過什麼妥協，但因而累積的民族情緒總要定期爆發，從而形成歐美觀感中的政策循環，即理性與激進輪流出現。這加深歐美各國判定後殖民地是想向歐美理性發展，只是尚未成熟而已。

　　後殖民地逐漸學到歐美的風格，民族主義作為一種群眾運動，有時過於激情而引起母國的干預或制裁，但倘若用溫和的公民投票形式表達的話，符合了歐美自由主義所要求的那樣，由個別公民在祕密票櫃前分別決策後再加總，如此，民族感情就可看起來像是符合自由主義了。如果歐美民主觀察家因此而釋懷，⑫自由主義當場就被顛覆了。

投票主義與自由主義

　　倘若以台灣為例，早年批判國民黨威權統治的自由主義陣營，在晚近國民黨統治鬆動後，分崩離析。這是因為黨內外高漲的台灣本土意識合流，對此地的中國認同進行解構，自由主義向威權政體爭權的思潮，在本土意識下不敷使用。

　　認同中國的前自由主義者強調，必先有國家而後可以談自由主義，故自由主義不能用來解決國家認同的問題。⑬主張拋棄中國認同的前自由主義者，顯然自認為本土意識有人數上的優勢，因此主張用公民投票來處理國家認同的問題，並懷疑認同

中國的前自由主義者已然悖離自由主義。⑭在此，自由主義已經在內涵上轉變成投票主義，而不再是個人主義。

所謂悖離自由主義，又等同於悖離台灣本土意識，所以認同中國的自由主義者，就成為反中國的自由主義者的潛在敵人，迫使前者與也認同中國的保守主義遺老勢力結合，進一步地灼傷自由主義的信用。但自由主義所崇尚的物質理性，雖然受到中國情感導向的因素制約，這種情感導向卻找不到一種語言，可以在當前的投票主義中加以表達，所以成為看似最不理性的因素。⑮

投票行動背後所假設的個人理性，也傷害台灣本土意識下的自由主義信用。一方面，因為北京對台灣獨立運動表現得瘋狂的反對，現世的利害考量使得個別選民未必會選擇台灣獨立。這種個人理性算不算自由意志呢？如果算，自由主義就和台獨運動脫鉤了；如果不算，則當前推動的公民投票就不是屬於自由主義的。莫非台灣公民投票的自由主義程度，要靠北京先降低其民族主義才能有所提升。

另一方面，選民基於利害考量而抑制自我，難免增強了人們心中的台灣意識。經過一番累積而未能表達的台灣意識，必然與認同中國的自由主義者漸行漸遠，導致認同中國的自由主義者為求自保而串聯保守主義者。這一連串個人利害考量的理性行動，皆因個人的情感需要滿足不了而起。其結果，情感的缺陷決定了理性的內容，而理性的內容促成自由主義陣營的分裂與式微。

質言之，藉由公民投票來反映個人集體認同的作法，只具備歐美自由主義的形式，而不具備其間完整的個人理性條件。

⑯由於多數歐美國家不發生集體認同的分歧,所以投票理性可以物質化與個人化,大家在彼此都接受的物質標準上,競逐自己所可分享的部分,不論勝敗,每一次投票,都對這個共認的資本主義,作了再一次的確認與強化。此何以投票鞏固了彼等社會的集體認同。

相對於此,當後殖民社會決定某一項政策是否依循母國舊制,或維繫與母國既有聯繫時,同時是在進行物質化的鬥爭,與關乎認同的情感抉擇。則在票亭當中作出不同選擇的人,在情感上就分屬於不同的集體,變成本土與買辦的對立。所以,每一次投票,都對後殖民社會集體認同的營建,造成震盪。只是,個人投票的形式掩飾了其中集體主義的傾向,故台獨主張者仍藉以為對美國宣傳之用,「以爭取西方社會更大的支持」。⑰

除非,分屬不同認同的人在數量上差距很大,大族群可以裹脅小族,則公民投票有消聲的作用,讓小放群基於利害而不得不妥協。同前理,這裡的弔詭是,小族群的隱忍算不算自由主義的理性範疇?如果算,則自由主義與族群認同脫鉤,那麼,大族群執意用公民投票來表達族群認同就無關乎自由主義了;如果不算,則公民投票就剝奪了小族群的個人理性。⑱

像在台灣,當用公民投票解決國家認同問題時,不論出現幾個陣營,人們事實上是在選擇不同的集體認同。集體認同不同於福利、稅收政策,無法經由加總分配,選擇一個統計上的中數或眾數就解決,如果不滿,還可以等下次投票捲土重來。相反地,在台灣進行國家認同的投票,剛好暴露這個認同有族群前提,從而形成多數對少數的情感壓迫。

　　投票主義與情感歸屬之間的矛盾，或許會引導人們主張，未來進行公民投票時，在議題上必須有所限制，不能容許類似國家認同之事，成為公民投票的標的。⑲這種想法固然合理，但在台灣變成一廂情願。不僅公民投票制度在後殖民地區的主要推動力量，就是自決的願望；而且，即令不進行國家認同的投票，這個制度的存在，及其在相對瑣碎議題上的不斷使用，一樣有創造新認同的作用，這就關乎公民投票的排外特性了。

公民投票與排外主義

　　所謂公民投票，當然就是只有本國公民才可參與的投票。公民投票之所以可能，就在於國家公民身分的認定無礙。公民身分的確認有賴國家主權範圍的明確，只有在主權範圍之內的國家公民，才有資格行使公民投票的權利。所以，公民投票的標的即使無關乎主權，都不可避免地是在宣告主權。

　　政壇勝選者常謂民主國家之真諦在於主權在民，⑳似乎主權的行使是由公民來決定。其實，沒有主權之前是不可能有公民的，有了主權範圍之後，統治者根據需要決定誰有資格成為國家公民。在沒有主權概念的時代或地區，自然也就沒有公民的概念。像中國，自古只知有臣民，不知有公民；而西方也是經由啟蒙運動與宗教改革的解放之後，才有民族國家的出現與公民概念的衍生。㉑

　　主權在民的理論只有約三百年的歷史，是中產階級向君王貴族爭權時的思想武器，是特定歷史時期的產物，並非跨時代皆準的真理，此何以婦女、無產階級、奴隸在早期都不算是國家公民。既然主權範圍之內相當一部分人不是公民，則公民投

票對主權範圍的鞏固作用就不會太大。宣告主權最好的辦法，自然就是在主權範圍之內行使武力，武力之所及即主權之所及。

等到公民時代來臨之後，公民權的普及使公民的範圍與主權的範圍大致重疊，但並沒有改變主權為體、公民為用的本質。因為，離開主權的公民就喪失公民權。而且，在主權在民的理論下，公民任何的集體行動，都可以以主權的名義來呈現，沒有個別公民能違背主權者的意志。此何以主權名器成為主權範圍之內，兵家必爭的對象。既然多數公民不可能享有名器，他們行使公民的投票權利時，充其量是將正當性賦與擁有主權名器的少數人。

一旦公民權普及化，投票就逐漸取代武力，成為定期昭告主權的機制。道理很簡單，參與投票的人的決定容或不同，但他們共通擁有等值的投票權一事，就使得他們與意見相近的外國人，反而分開成為兩種人。換言之，對主權者來說，公民投票最大的功能，在於藉由參與者身分的認定，再一次宣告主權範圍何在。㉒至於範圍之內的人是否心存效忠，之外的人是否更是心繫斯土，就非所問了。

公民投票與分離主義

以台灣為例，假設以公民投票決定是否要繼續興建新的核能電廠，台灣電力公司的看法可能與美國核能廠商更接近，而與台灣其它部門疏遠，但台電職員可以參與投票，美國核能廠的員工則不行，故台電與反核的人共同構成一個主權體。人們投票時也許只關切核能，但美國廠商被排除在外，國際反核團

體也被排除在外的事實,說明了台電與反核勢力之間排他性的主權聯繫。

同理,在以公民投票來決定台灣國家認同時,即令台灣內部懷有中國認同者與十二億大陸人民的看法,遠較他們與台獨主張者的看法來得接近,但十二億大陸人民不能參與投票。能不能參與投票反映了一個人在某個主權範圍之內的公民身分,所以不論此一台灣國家認同的公民投票結果如何,都使反對和主張中國認同的人,變得好像距離更接近。

此何以公民投票法一經入憲,即使一直不行使,就已經具備宣告台灣脫離中國範圍的作用,因為大陸人民不能參與投票,所以不屬於同一個主權體。事實上,直接就國家認同進行投票對決,沒有哪一方有把握必勝。但即使公民投票入憲後就束之高閣,公民投票法的單純存在,仍能說明台灣與大陸的互不隸屬。像這樣用地理疆域或主權界線來決定身分的作法,如果不牴觸自由主義社會用產權利益來定位個人的習慣,起碼也與之無關。

公民投票是排外的道理就在這裡,它在法理上強迫關係遠的人成為一國,而關係近的反而分隸不同國,這在海峽兩岸親情分離的例子上最明顯,故在海外的親人有時還可以趕回國投票,但在大陸的親人就必然敬謝不敏;台灣的佛教與台灣的基督教變成自己人,而與大陸的佛教變成不一國的人;台灣的婦女與大陸的婦女形同陌路,反而與台灣的大男人主義者分享公民權。

這種排外特質引發精神緊張,使得被排除在外,但卻極度關切的人束手無策;使內部弱勢公民不能援引外在同情而焦慮

難堪，故公民投票的功能之一，不得不是切斷情感上較接近的
人們。由於投票不能保證絕對多數必然存在，使得弱勢族群與
外在同情者的聯繫，往往成為代罪羔羊。賽普路斯的例子可為
殷鑑，其地土耳其裔與土耳其國關係密切，對希臘裔形成威脅。
㉓其它如盧安達與蒲隆地、賽爾維亞回教徒、馬來西亞華人等。

註 釋

①參考黃主文，《一個分裂的中國》（桃園：世紀出版社，民81）。

②見劉錫五，《中國國民大會誌》（台北：民主憲政社，民58），頁145
以下。

③見李登輝，《經營大台灣》（台北：遠流，民84），頁242-246。

④參見戎撫天、楊憲村、林淑玲，〈陳水扁：中共再大也沒有台灣人民
大〉《中國時報》（民86.10.18）：4。

⑤見新國會聯合研究室，〈公民投票法與台灣前途〉《律師通訊》145
（民80.8.10）：19。

⑥參見Giovanni Sartori, *The Theory of Democracy Revisited* (Catham,
N. J.: Catham House, 1987).

⑦參考胡佛，〈政治文化的意涵與觀察〉，輯於喬健、潘乃谷（合編），
《中國人的觀念與行為》（天津：天津人民出版社，1995），頁389-
411。

⑧參考薩爾渥·馬斯太羅內，《歐洲民主史》（北京：社會科學文獻出版
社，1994）。

⑨例見Samuel Huntington, "Will More Countries Become Democratic?"
Political Science Quarterly 99, 2 (Summer 1984).

⑩例見Andrew Nathan, "China's Goals in the Taiwan Strait," *China*

Journal 36 (July 1996): 87-93.

⑪參考Yu-shan Wu, "Mainland China's Economic Policy Toward Tai-wan," in B. Lin and J. T. Myres (eds.), *Contemporary China in the Post-Cold War Era* (Columbia , S. C.: University of South Carolina Press, 1996), pp. 393-412.

⑫比如，Francis Fukuyama, *The End of History and the Last Man* (New York: Aron, 1992).

⑬參考張宗智，〈胡佛：「台灣主義」影響兩岸互動〉《聯合報》（民86.9.28）：9。

⑭有人認同中國的話，就被視爲是危機，見游盈隆，〈台灣族群認同的政治心理分析〉發表於「民主化、政黨政治與選舉研討會」（台北：民83.7.8）。

⑮參見Lily H. M. Ling and Chih-yu Shih, "Confucianism with a Liberal Face," *Review of Politics* (Winter 1998).

⑯黃光國，《權力的漩渦》（台北：商周，民86），頁9-43。

⑰何榮華，〈兩岸談判我有多少籌碼？〉《自由時報》（民86.10.17）：2；又見吳昱錚，〈全都是爲了公民投票〉《法律與你系列》47（1997.9）：121。

⑱參考黃克武，〈公民投票與盧梭思想〉《當代》104 (1994.12.1): 119。

⑲例見黃錦堂，〈公民投票在我國適用之檢討〉《問題與研究》35，7（民85.7）：50-52。

⑳例見李登輝，前引，頁233-234；黃主文，《邁向二十一世紀》（桃園：世紀出版社，民83），頁9-12。

㉑參考石之瑜，《中國文化與中國的民》（台北：風雲論壇，民87），頁109-130。

㉒見Philippe C. Schmitter, "Dangers and Dilemmas of Democracy," *Journal of Democracy* 5, 2 (April 1994): 65-66.

㉓參見Demetrios Theophylactou, "Identity as a Crucial Factor in Protracted Conflict: The Case of Cyprus," presented at the Western Political Science Association Annual Meeting, Portland (March 17, 1995).

第3節　公民投票的設計

前言

　　公民投票的設計表面上很公平，不會在意投票的人是男性或女性、佛教徒或基督教徒、資本家或勞工、外省人或原住民、老人或小孩。每人一票，每票等值。但這個表面的平等，隱藏了潛在的壓迫性，往往有弱勢族群受到欺凌而無法表達，甚至還不自知。社會的不平等在公民投票時消失了，則被壓迫的人說不定真的相信國家主權操之在我。①

　　壓迫形勢有很多種，最明確的就是赤裸裸地大吃小。基於歷史因素而累積的大黨與小黨、大派與小派、大姓與小姓、大族與小族之間的恩怨，在投票時經常無所保留地流露在選票上。②以愛沙尼亞為例，它自蘇維埃聯邦獨立建國時舉行的公民投票似乎順天應人，但不知愛國境內的俄羅斯人對獨立採取的態度，是否與投票大眾一致。俟後愛國針對公民權的取得再行投票，排除了不說愛語的俄羅斯人的公民權。

　　不過，也有許多壓迫是看不見的。居於弱勢的群體對於票決的議題未必有危機意識，壓迫是否存在往往要從投票行為中去推論。對於某一項議題，弱勢族群內部的看法很紛歧，也少有人用族群的觀點去看問題，所以在投票時可能支持與反對某一立場的各一半。不過，假如所有反對票之中，這個族群佔了絕大多數，即令族群本身並無一致立場，仍不能不懷疑支持此一議案的立場，對弱勢族群有壓迫的效果。

公民投票的壓迫性

　　上面這個問題過去若干馬克斯主義者有討論過，他們認爲工人原本是屬於工人階級，但是一人一票的設計，使他們的階級意識不彰，錯認爲自己是一個個別公民，從而忽視了自己的階級身分，以及此一身分所帶來的不利效果。因此在投票時不會刻意去思慮階級問題，從而保障了人數較少的資本家階級。③

　　當工人階級本身的立場紛歧，就看不出對工人階級的壓迫。相反地，優勢的資本家階級因爲立場一致，當他們在投票中失利時，反而還可以表現得備受壓迫，以能爭取同情。畢竟，每次投票都有勝負，因此重點不僅在於是否每個人的票效力一樣，而在於落敗一方的成員中，有無某一個弱勢族群佔大多數。

　　舉例來說，如果台灣舉行國家認同的公民投票，而且所有的族群都對這個問題的看法紛歧。如果票決結果是主張與中國大陸進行統一，而反對票當中省籍選民佔絕大多數，則即使過半數的省籍選民都抱持支持統一的態度，人們仍然必須思考是否統一的選擇不當地對省籍選民形成壓迫。

　　與此相反，如果絕大多數選民選擇獨立建國，即使過半數的外省人與客家人都支持，但只要反對獨立的人絕大多數是外省人與客家人，則就不能不說省籍選民是居於一個可以進行壓迫的位置。甚至，即使反對獨立的票中外省與客家只佔有一部分，省籍的票也佔有相當部分，都有可能具有壓迫的成分，這點值得細說。

　　比如，現在將時空變動，今天全體中國人要在中國統一的

問題上投票。以大陸十二億人口來看，只要有1%的人反對中國統一，其數量就可能大大超過台灣本地反對中國統一的票數。假設台灣有80%的選民反對統一，大陸有1%的人附和，則反對統一的票數中，台灣人只佔一部分，就看不出這個問題上明顯的大陸對台灣的壓迫。

壓迫也可能是多層次的，延續上面這個例子，台灣的外省人可能佔支持統一的票數的大部分，但居於失敗的一方，所以以台灣為單位來觀察，省籍選民是壓迫者；但若以全中國為單位來觀察，他們變成是被壓迫者。在不可能的例子裡，如果投票的範圍再擴大到全世界，全世界都反對兩岸今天進行統一，則大陸的中國人就變成被壓迫的對象。④

故有沒有壓迫存在，要先從投票行為上觀察，看失敗一方的票是否多數來自特定弱勢族群，以及特定弱勢族群的票是否都集中在失敗一方，任何一種都構成壓迫存在的條件。同時，要判斷何為弱勢族群。這基本上是一個政治問題，因為任何失敗一方都會傾向認定自己遭到不當的壓迫。不過，少數族裔、婦女、工人階級、移民、農民、同志、消費者等，除非是統治集團，都是一般認定的弱勢族群，較無爭論。

可見，弱勢族群有一些不為人注意的特點，第一，他們不見得在人數上居於劣勢，但他們通常不能影響公共政策的議程，有的族群意識還頗淡薄。第二，族群的認定不是以政治經濟資源的多寡為判準，所以用選票推翻統治集團就不能看成是壓迫，除非凡與統治集團有關者在統治集團更換之後，受到權利上的差別待遇。最後，時空的轉變使優勢族群可以變成弱勢。

最後這一點尤其值得注意，這是為什麼公民投票權範圍的

劃定極其重要，因為範圍的改變可以使壓迫者變成被壓迫者。所以，鼓吹台獨的人絕不會主張由全體中國人來進行關於獨立建國的公民投票，而外省人對於以台灣為範圍的公民投票有疑懼。投票的標的並不是最重要的，是投票的排外性決定了它的壓迫性，使弱勢選民被迫與潛在壓迫者共為一體。故投票行為比投票結果更具有壓迫性。

公民投票的制度思路

綜前所論，公民投票實在算不上什麼偉大的自由主義展現，或什麼民主時代的降生，它是後殖民地區人們借用歐洲特定歷史階段的產物，以表達特定集體認同的手段。所以，其間涉及的不僅只是政經資源再分配的鬥爭過程，而更要緊的，是人的集體歸屬如何建構的情感問題，因此而產生的壓迫與反壓迫，引導人從對抗的角度看待彼此，進而使得一意創造共同體意識的公民投票設計，反而淪為摧毀共同體意識的機制，並加深族群的間隙。

但基於種種因素，為追求新的集體認同，並且走出歷史框架的執著，已經制約著台灣政治菁英的思路，這裡的危機有兩重。一個是以公民投票為決勝點的思路，忽略了公民投票的排外性與壓迫性，使得最終即使能走出中國歷史的台灣人，也難免成為一個本身集體認同支離破碎，必須持續仰賴壓迫與排外來維繫這個新的、非自由的社會認同。

另一個危機是，中國大陸為了取得一定的行動正當性，也可能訴諸類似的投票手段，決定台灣不能走出中國的歷史脈絡。而眾所週知，統一問題在大陸的投票，未必意味著個別公

民自主意識的發揮，而代表一種拋棄個體主體性，臣服於集體認同的情感流露。剛好也凸顯台灣公民投票的非自由主義性質。

既然公民投票入憲已經箭在弦上，走出中國歷史的情緒已經澎湃，如何緩和公民投票的排外性與壓迫性，使得公民投票制度的設計，能留有對潛在少數族群的保護餘地，並安撫萬分關切卻被排斥在外的熱心人，就是當下最重要的課題。因此，寧繁勿簡，將制度做縝密的規劃，而不是僅作原則性的昭告，是避免以強欺弱，以眾凌寡的起碼條件。⑤

公民投票的重大瑕疵之一，已如前節所述，是不論贊成或反對某一議題的人，都必須先承認，和自己意見不同、認同不同的其它台灣人可以投票，但和自己意見相同的人，或情感相近的人（如美國人、日本人、大陸人、華僑）不能投票。參與投票意味著，有投票權的人和其它有投票權的人的關係較近，和沒有投票權的人關係較遠。

結果，沒有投票權，但卻覺得自己情感上與某些台灣人關係較近的人，就覺得受到排擠，而且情感聯繫愈重的人，愈感到沮喪。在台灣內部，覺得自己和日本人或大陸人更像同屬一國的人，也要眼睜睜地看自己的情感聯繫被切斷。假如自己是勝利的一方尚好，否則怎能不感到被壓迫，而他們那些沒有投票權的朋友親戚，想必也同感被壓迫。

化解的方法，是容許所有關心台灣前途的人，都有一個制度化的管道，來表達他們的意見，甚至容許他們來提案。只要能提案，就表示有參與，而且為了使自己的提案不要輸得很難看，也一定得認真關切多數台灣人的需要，自然就會設計內容

緩和、照顧面廣大的提案。一方面，他們不再被排斥；另一方面，他們又必須證明他們可以愛台灣。基於此，台灣應歡迎北京等大陸團體或單位參與提案。

公民投票的第二個瑕疵，也如前述，是假設每個人都是以一個個別公民的身分，平等參與投票，但實際生活之中，由於自己的性別、階級、族裔、宗教等因素，過著可能各種機會未必平等的生活。以個人身分投票，隱藏了潛在對弱勢群體的壓迫。解決之道，是每個人按身分投票，只有每一種身分都獲得多數支持的案子，才算過關。如此凸顯出是什麼身分受到壓迫，則其它群體必須設法平撫或彌補。

公民投票的具體設計

具體而言，投票的人要在複雜的身分欄內，選擇一種自己最關切的身分。假設，人們重視的身分有性別（分男、女）、年齡（分青、壯、老）、族群（分閩、客、外、原）、宗教（分基督、道、釋、統、無）、階級（分工、農、資、薪、自由、無）等，則選票上共有 $2 \times 3 \times 4 \times 5 \times 6 = 720$ 欄。每人只能選一欄，投一票，必須七百二十個群體皆過關，投票的議題才過關，於是保證沒有一種身分被犧牲。

會不會有人故意去發動群眾登記敵對團體的身分？那他們必須擔心別人也作同樣的事。這裡有七百二十個團體，超出人腦可以操控的範圍，而且任意登記造成認同混亂，與人們要求澄清認同的心態不符，因此策略性的任意登記身分，恐難成為常態。

會不會設計了七百二十個身分使得所有公民投票難過關？

如果公投議題不隱含壓迫性，則身分式公民投票所需的總票數不會更多。相反的，當公投因為若干族群反對而不能過關時，一來提供弱勢族群一個連號稱自由主義、個人至上的歐美社會都沒有的保障，證明生命共同體的真實存在，沒有任何少數或弱勢會被排除；二來為團體遊說與彌補提供明確對象，有利於爾後再次投票時順利過關。

會不會身分投票制只保障少數反對者，不保障少數支持者？比如，有可能絕大多數選民都反對台灣獨立，但某一種身分獨排眾議採支持態度，則獨立案的打消與現狀的維持，形成對此一身分的壓迫。這種顧慮公正合理，此何以用票決來解決問題本不恰當。當這種由某一種弱勢身分推動，而優勢群體反對的情事發生的時候，身分制不能提供保障。不過，它比非身分制的公投要進步，因為它起碼讓社會認識到，當前的現狀壓迫了哪一種身分。

最後，並非每次公投都採用同樣七百二十種身分，某些議題上身分可以減少，其它議題上可能還需加多；也並非世界各國所有人皆可隨時隨地向台灣提案，什麼人適合來提案，或表達意見，在獨立建國與核能發電兩個問題上，顯然不同。因此，應有一個由社會賢達組成的公民投票委員會，對細節負責。

大方無隅的公民投票

台灣地區已修憲修了四次，走出中國歷史脈絡的機緣似乎就欠缺臨門一腳，好像只要公投入憲，一切程序就已完備。但公民投票制度一旦淪為工具，鼓動人們非要走出中國歷史脈絡的自由主義說辭，就不攻自破了。吾人寧可相信，自由主義是

中國集體主義文化中所尙缺的價值，這在台灣也不例外，但自由主義有其發人深省，值得借鏡之處，此非本書篇幅所能涵蓋，只是將自由主義當成口號、工具，勢必斲傷自由主義與儒釋道結合的機緣，那就得不償失了。

　　不過，縝密的公民投票制度設計可以緩和其弊。如何使得公民投票的行使過程，消弭其排他性，緩和其壓迫性，使公民投票造成的社會分裂，轉化爲照顧弱勢群體的義務，從而營建大方無隅的生命共同體，應該是一心走出中國脈絡的政治菁英們，細細思量的課題。

註　釋

①參考Antonio Gramsci, *Selections from Prison Notebooks* (New York: International Publishers, 1971).

②參考謝復生，〈公民投票：主權在民的體現或民粹主義的濫用〉《問題與研究》35，7（民85.7）：38-46。

③美國制憲諸公關切之一，就是防止無產階級暴民結合，見James Madison, *The Federalist Papers.*

④這種可能性已經被認知，參考張文顯，〈人權的主體與主體的人權〉《中國法學》5 (1991)：29。

⑤見Chih-yu Shih, "Public Citizens, Private Voters," in C. Lin (ed.), *PRC Tomorrow* (Kaohsiung: Graduate Institute of Political Science, National Sun Yat-sen University, 1996): 145-168.

第4節　統一體制的思路

前言

　　如果由權力分配的角度思考兩岸統一的體制問題，則統一的過程就是一個權力重分配的開始，所有參與談判的各方，必先決定彼此之間的中央對地方地位。那麼，不論是統一前或統一後，都會出現大量的動員。相對於此，要是統一後政治體制的起點，是中國人如何跳脫以動員為實際內容的國家觀念，真正落實對綜合國力的培養與發展，則因地制宜而又相互維持地向基層分權，並妥善在制度上孕育健全的基層管理文化，是比較務實的作法。

權力分配問題

　　歷來研究中國統一體制者，著重權力分配的問題，這個問題有兩個面向：一是中央與地方的權力分配，這關係到台北與北京的相對地位；另一是行政與立法之間的權力分配，則涉及統一後所指向的理想政治形態。①

　　從權力分配著手必然出現幾個效應。首先，統一會被理解為改變現行權力分配的過程，使得當前權力體制中的若干領導幹部，產生牴觸的情緒。②其次，權力分配通常只是菁英的關切，從而忽略了廣大群眾的實際需要。③再其次，理想政體的抽象辯證，難免引發國情、文化方面的議論，於是將牽動中、西文明差異之爭。④最後，中國人的國家究竟應該是怎樣的國

家，在以權力為核心的思考中，變得模糊不清。⑤

　　但有若干因素誘使人們總從權力分配的角度思考問題。最主要的是，目前進行相關研究的人，倘非出於政治菁英圈中，也多來自深受西方文化影響的知識階層。前者關心統一對自己權力地位的影響乃事所當然，⑥後者則自西方習得關乎國家的理論，而西方基於對統治者的不信任，其發展國家體制主要的經驗，就在於如何限制統治者為惡，故權力分配是其中關鍵。⑦

　　權力分配問題妥善處理，固然應該是思考統一政體時的重要內容，藉以改良中國政治中普遍存在的假公濟私，恣意縱情之類的統治風格，可是由於在情感上，國人很難以人性本惡的態度面對自己的領導，使得限制權力的政體設計，在實踐上淪為政治菁英之間彼此傾軋的武器。⑧所以權力分配雖然是可以理解的重點，但當它成為人們關心的唯一焦點時，統一政體的思辨抉擇，恐怕逃不出權力鬥爭的漩渦。其結果，權力分配的討論，不僅處理不了權力分配的相關困擾，反而還成為權力鬥爭的場域。

　　所以，思考中國統一後的政體方向時，除了權力分配之外，還要探詢更根本的中國人問題，才能讓權力分配的討論，落實在既有的本土情境之中。中國人的根本問題，是一個現代化的問題，也就是問，在目前的世界發展趨勢之中，中國人是什麼樣的人的問題？放到政治領域裡，吾人要問的是，中國人為什麼要國家？要什麼樣的國家？這個國家應該由什麼樣的人來建設？如何產生適合中國人的領導？以及領導人如何與人民互動？

　　回答這些問題，必須從中國人的文化現實與政治現實出發。中國人的文化現實是，中國廣土眾民，不能搞一刀切的普遍原則，所以要依據地區、層級而發展不同的思路。中國的政治現實是，台海兩岸存在著不同的政治制度，港、澳也有其特殊環境，儘管他們之間有許多相通的政治文化，中國人的現代化挑戰也類似，但調適與變遷的途徑仍有各自的條件。在因地制宜的思路裡，中國統一後的政體設計，同時是一個基層的生活問題，而不徒只是菁英互動的規範問題。

中國國家問題

　　中國人傳統上沒有國家觀念，只有宗族觀念。不過，在近代帝國主義與殖民主義的刺激下，也逐漸發展出了國家觀念。但中國人國家觀念根深蒂固是一個文化概念，⑨主要是用來排洋用的，與早先西方國家用來排擠教會，後來藉以驅逐封建階級，大不相同。故國人講求的國家價值是效忠、團結、一統、振興等等，與天朝時期的差異有限。

　　但近代中國面臨的西潮衝擊是亙古罕見的，所以舊式臣民式的效忠不管用了，故清末民初的知識份子以為，必須要培養每個個別國民的公民意識，以能將臣民心態解放，一旦可以靠主動積極的公民來保家衛國，如此中國終將強盛。⑩事實證明他們是錯的。因為中國人的國家不是反教或反封建的，故在用了西方觀念建國後出現極大的不適應。排洋的基本情感傾向，決定了中國人不會在建立現代國家體制後，成為個別化的公民。

　　動員與表態，於是成為迄今未改的中國人的國家文化。人

民需要被動員，如此取得了個別化的公民身分所不能賦與的安全感；國家領導人需要去動員，如此方能因為公民自發效忠的表面現象，而安於所棲。⑪各種用個別公民身分從事的表面自發行為（如大躍進、文革、共同體），都因為無所不在的社會文化動員壓力，在實踐上的只能鞏固以少數人為主的集體領導。

在菁英彼此之間的政治權力分配上，中國人始終有盲點，此國家意義特殊性使然。根據西洋的國家典範，在國體方面，有中央與地方分殊的聯邦制形態，也有中央獨享統治的集權模式；在政體方面，有以制衡為要求的總統制，也有以民選機關至上的內閣制。凡此率皆不能滿足中國人對國家的排外需要；聯邦制有礙行政權的統一；集權制下中央政府的實際動員能力薄弱；總統制下元首受制衡事權不能專一；內閣制缺乏有力的國家領導。

在國體的抉擇上，中國人考慮過靠國民大會為動員機制的分權制（如孫中山先生），⑫或地方先宣誓效忠再取得特區地位的一國兩制（如香港）；⑬也實踐過專政式的集權制（如民主集中制）⑭或財政統一的集權制（如分稅制）；⑮在政體的抉擇上，中國人傾向於沒有制衡的總統制（如袁世凱），⑯或國會不必面臨選舉競爭的內閣制（如人民代表大會）。⑰中國人自覺積弱不振，凡事均以統一事權為考量，所以對西洋體制及其術語的引進，作了相當多便宜行事的調整，也就使站在純粹西方觀點的政治異議人士，不自願地淪為替帝國主義作嫁的政治邊緣人。

簡言之，近代中國人是在用西洋的國家作工具，力求振興民族。在學習西洋技術與體制的同時，益加感受到中國之落後。

但愈是由西洋引進個人化的建國之道，卻又愈疏離中國人的既有文化與人情脈絡。中國人的國家統一，一定是在這種意義之下被理解，則能不能靠尚未個體化的公民文化去制衡領導階層濫權，且受節制的領導又仍能滿足人們對團結統一的渴求，當是省思國家政體時的要務。

文化現實問題

中國地域之大，人口之多，誠非西洋國家領導所能體會。各地人民對於國家領導人各種動員活動的反應，頗不一致。但凡與西洋接觸較頻繁者，往往處於動員者的位置。在近代中國的例子裡，這些人包括知識份子、商人、政客、軍閥等，而且往往有人具有多重身分。不論是知識買辦、商品捐客、權力附庸，通常都還帶一點理想性，希望中國強盛。[18]

由於一方面認識到中國的落後，對西洋的東西存有潛在的怨恨，另一方面根據自己的經驗與資源引進西學，他們在言行中呈現出既有民族情緒，又有挾洋自重傾向的矛盾情感，造成私利與國家利益之間的曖昧不清。故他們之間的鬥爭，不僅是理念與路線之爭，通常也涉及實際利害之爭。結果，看到別人搞西化就認為賣國，只有自己搞西化才是救國，所以同時是關乎國家認同與個人認同的鬥爭，情緒難免激烈。[19]

這種菁英之間的互動，對各地人民的意義迥然不同。在資訊較為發達的沿海或省城，更多的人注視全國政局的走向，或為國家的前途憂心，或依附在買辦體系裡牟利，他們對西方的國家體制相對而言比較熟悉。一般買辦階級及其附庸的權威性，就建立在所擁有現代化的常識上，而少數爭取全國性權威

的人，則還要靠一套多少是西方搬來的救國思想。這一套思想
既然從全國角度出發，又帶有若干西方人的期待，就不能充分
照顧到因地制宜的中層買辦階級，於是決定了中央與地方之間
的結構性對立。

　　但一統的思想始終阻撓著人們看清，接受國家動員的中國
人，實際上會因地因事對動員者反應不同。過去中國歷史上，
一統就是向天子效忠，只要沒有違反言行即可天高皇帝遠，所
以各地的差異不構成威脅，反而還可說明天子雍容大度。但在
近代國家體制之下，差異的存在對於力圖一統振興的人就變成
威脅，因為差異表示動員無法全國有效。動員的障礙有二，一
是民眾基於生活壓力與認識不足，只可能暫時被動員，不可能
接受持續動員；二是菁英之間彼此競爭，不利於全國一致的動
員。

　　妨礙動員的因素有很多。首先社會方面，有地方宗族主義、
宗教迷信、宗派傾軋，使得循黨國體制的政治動員遭到抵消，
⑳於是有依賴計劃或市場的經濟動員；在經濟方面，不均衡的
發展使得全國一致的動員，必然牴觸相當多數地區的經濟利
益，從而推動不易，㉑於是定期有民族主義的歷史動員；從歷史
條件上看，各地受西化衝擊與殖民主義改造程度不一，最有力
的民族主義動員反而引發焦慮，㉒事後造成反彈亦大。

　　動員者基於建國救國的理念，而有全國一致的要求，與中
國各地分殊的國情不符合。即令在一國兩制之下，容許資本主
義與社會主義並存，也一定要在其它方面證實，兩制之下的人
民同屬一國，這就決定了一國兩制一定會受到民族主義或資本
主義的節制，前者用以動員資本主義下的效忠，後者用以動員

社會主義下的市場，難免對兩制均形成扭曲。

政治現實問題

　　在當前討論統一體制時，最常為人提起的政治問題，就是台灣實行民主制度，大陸實行共產黨一黨領導。不過，兩岸中國人以不同的制度所要解決的一統問題，具有共通性，所碰到的瓶頸，也有趨同的傾向。

　　台灣民主制度的特色，就是透過選舉來產生各級的政治領導與民意代表。大陸也有選舉，但其選舉制度與一般理解有異。在大陸，行政領導不是由人民直接選舉產生，而是由各級人民大會代表間接選舉出來。縣級或縣級以下的人民大會代表是由人民直接選舉，縣級以上則由下一級人大間接選舉。

　　由於歷史與政治因素，共產黨目前是大陸上唯一有實力的政黨，自一九四九年來就是執政黨，此外有八個民主參政黨，在選舉時依靠共產黨的協助而可獲得一定名額的保障。台灣有兩大黨（中國國民黨、民主進步黨）和一小黨（新黨），但執政的仍是國民黨。

　　在台灣，選舉中的候選人只代表社會上的局部利益，能代表較大局部利益的人就當選，所以候選人與潛在支持者之間的人情關係或利害關係十分密切。在大陸，所有候選人都應該代表全體選民，人們只選擇誰能更好的代表集體，而不是誰能更好的有利於自己人。㉓所以，台灣的候選人各有社會勢力的支援，而大陸的候選人必須通過全體選民的檢定。

　　台灣的選擇鼓勵個人利益之間的競爭，所以後來常發生金錢、黑道滲透的困擾。大陸的選舉重視集體利益，容許共產黨

可以合情合理的介入，常造成選舉結果不受選民重視，當選人
不熱心職務而鬆懈。不過，台灣選舉中的動員往往依附於地方
派系，而不是個別選民根據自己所計算的政策利害在抉擇；㉔
大陸的共黨介入，經常受到地方宗族、宗教、宗派的抵制，使
選民脫離不了局部利益的左右。㉕無論是個人利益或集體利
益，在兩岸都受制於局部利益。

個人利益是西方國家得以發生的礎石，集體利益是中國領
導階層以國家排洋的根基。但在中國文化下實踐起來，卻都被
局部利益所顛覆。結果，在台灣，國家領導憂慮者，是人們的
自由意志凝聚不出國家意識；㉖在大陸，國家領導則擔心，國家
利益被局部利益分化。㉗兩岸都試圖用制度來一統；台灣靠的
是總統的集權，表現成戡亂體制或九〇年代以後的修憲擴權；
大陸靠的是以人民大會為最高權力機構，並在政治上接受黨的
領導。

這種以制度來統一的作法，解決不了各地基層的心不在
焉，陽奉陰違。兩岸統一後的制度，倘若仍然圍繞在各自動員
勢力的集中或分散上，或用一國兩制來保存台灣的選舉與集
權，或用聯邦制來確立台北與北京的平等地位，顯然是文不對
題，對於中國人國家問題中一統與分殊的現象，不能對症下藥。

註　釋

①參考1995年3月美國加州柏克萊召開之中國國家結構研討會會議議
　題；另見嚴家其，《聯邦中國的構想》（台北：聯經，民81），頁79-
　92。

②這就是所謂的信任不足的問題，見丘宏達，〈中共對台政策與統一前

景〉，輯於趙全勝（編），《分裂與統一》（台北：桂冠，民83），頁15。

③參考龔鵬程，〈兩岸文教交流的困境與展望〉，發表於「兩岸關係學術研討會」（台北：中華會，民81.10.25-26）。

④參考華原，《痛史明鑒》（北京：北京出版社，1991），頁103-127。

⑤所以有人認爲採行總統制有助於解決國家整合的問題，見蕭全政、張瑞猛，〈台灣的威權轉型：國民政經體制與政經改革〉《國家政策雙週刊》24（1991.12.24）。

⑥見黃主文，《一個分裂的中國》（桃園：黃主文通訊雜誌社，民81），頁83-86。

⑦見趙全勝，〈論聯邦制和民主化與中國統一之關係〉，輯於趙（編），前引，頁41-60。

⑧因此，眞正的決策與權力重分配，要從體制外發動，見蔡玲、馬若孟、詹姆斯·羅賓遜，〈台灣民主實踐的探索之旅〉《中國時報》（民85.12.29）：11。

⑨參考葛劍雄，《統一與分裂：中國歷史的啓示》（北京：三聯，1994）；蕭君和，《中華民族大一統》（哈爾濱：黑龍江教育出版社，1995）。

⑩參考張琢，《中國文明與魯迅的批評》（台北：桂冠，民82），頁125-254；陳崧（編）《五四前後東西文化問題論戰文選》（北京：中國社會科學出版社，1989）。

⑪見石之瑜，〈泛政治與中國人的公民模樣〉《東亞季刊》27，5（民85.5），頁1-16。

⑫見賀凌虛，《孫中山政治思想論集》（台北：國立台灣大學三民主義研究所，民84），頁142-149。

⑬參考蕭蔚雲,《一國兩制與香港基本法制度》（北京：北京大學出版社,1990）。

⑭參考邱敦紅,《中西民主政治論》（北京：中國工人出版社,1992）,頁86-142。

⑮參考王紹光、胡鞍鋼,《中國國家能力報告》（香港：牛津大學出版社,1994）。

⑯參考徐予,《中華民國政治制度史》（上海：上海人民出版社,1992）,頁118-121。

⑰參考張春生,《代表法講話》（北京：人民出版社,1992）。

⑱參考吳相湘,《民國政治人物》（台北：文星,民56）；鄭邦興,《中國早期共產主義知識份子研究》（武漢：華中師範大學出版社,1993）。

⑲此何以胡耀邦的喪禮獨拒薄一波的參加,鄧小平的喪禮獨拒王忍之的參加。

⑳參考張厚安、徐勇,《中國農村政治穩定與發展》（武漢：武漢出版社,1995）,第13、16、19章。

㉑參考倪健中（主編）,《大國諸侯：中國中央與地方關係之結》（北京：中國社會出版社,1996）。

㉒請比較宋張、張藏藏、喬邊,《中國可以說不》（北京：中國工商聯合出版社,1996）；曹長青（編）,《中國大陸知識份子論西藏》（台北：時報,民85）。

㉓見葉明德,《中國大陸人民的政治參與》（台北：時英,民84）,頁112-121。

㉔見陳明通,《派系政治與台灣政治參與》（台北：月旦,民84）,頁20-21,222-223。

㉕見李學舉、王振耀、湯晉蘇，〈中等發展地區鄉鎮政權的基本結構及其所面臨的現實矛盾〉，輯於李學舉、王振耀、湯晉蘇（合編），《中國鄉鎮政權的現狀與改革》（北京：中國社會出版社，1994），頁136，137。

㉖見中國國民黨中央文化工作會（編），《以民意修憲向歷史負責》（台北：中央文物供應社，民81），頁205；李登輝，《經營大台灣》（台北：遠流，民84），頁111-127。

㉗參考張一，《中國社會熱點難點疑點問題分析》（北京：解放軍出版社，1989）。

第5節　統一體制的設計

前言

　　中國人國家體制首要處理的，是以國家名義對基層動員造成的各種侵擾。動員的目的是讓中國和外國一樣強，但反而暴露中國沒有西方式的公民文化。處在與西方接觸位置的人，通常可以取得進行動員的主體位置；但即令是本土性特強的政治人物，也都不能免俗參與動員的行列。對國家一統的渴求，使政治人物不分土洋，都得進入西方的國家體系，以求中國起碼的生存權，抗拒被殖民。所以表面上陷於中西之爭的人們，深層裡俱皆臣服於西方的國家制度。

　　既然以國家一統為指標的全民動員，不能回應於因地制宜的實際需要，就對真正從事生產工作的人形成阻撓，則建國救國的目的，反而不能達到。有鑑於此，包括企業、政府、社會基層人員在內的工作者，應當取得某種制度上的自主空間，使得他們不因為熱衷於政治動員而喪失專業判斷，不因為動員口號懸而未決而怠忽職守，不因為高層未獲一統共識而不敢負責，不因為疏於回應政治要求而遭懲罰。

　　這一類制度上的自主空間具備四個面向：在制度上有完整的培訓，以養成與時俱進的專業資歷；在制度上有嚴明的設計，以獲得盡忠職守的適當激勵；在制度上有清楚的分工，以享有充分授與的決策權力；在制度上有公平的績效評審，以保障專業工作者應有的權利。

　　中國人強國的問題是，基層工作人員缺乏一個制度空間，使得他們在情緒上受舉國範圍的動員所影響，始終建立不起一套能因應現代發展需要的行政體系。而所有關於統一後國家體制的討論，的確只關心高層次的權力安排，並不打算落實地提升中國實際的國家能力。

　　邦聯制、聯邦制、集權制、一國兩制的主張者必須說明，在一統的國家名義之下，自己的主張如何有助於緩和將來持續動員的衝動。內閣制、總統制、雙首長制、人民代表大會制的主張者必須回答，他們將高層權力集中或分散的想法，是不是有助於基層行政管理免於不適當的政治干擾。

　　另一方面，倘若人們已懂得，應該期待基層行政與生產工作者能對當地的情境，作出符合人情，又不違背專業知識的因地制宜，當然也必須在制度上鼓勵他們面對當地的人。則選舉作為一種保障因地制宜的機制，自然不可或缺。換言之，基層選舉制度的完善與推行，是中國潛在綜合國力發揮的關鍵。

　　選舉制度的完善包括選舉文化與選舉實務兩大項。台灣關於選舉實務的經驗，頗值得推廣。但在選舉文化上，兩岸仍流於動員大於選賢的困境。文化問題多少可以透過制度的安排來處理，蓋基於中國人傳統對選賢的重視，如何設計適當選舉程序規定，仍可有助於恢復這種優良的傳統。

基層分權制

　　如果由權力分配的角度思考兩岸統一的體制問題，則統一的過程就是一個權力重分配的開始，所有參與談判的各方，必先決定彼此之間的中央對地方定位。那麼，不論是統一前或統

一後，都會出現大量的動員，有的志在一統民族，振興中華；有的可能覬覦某些好處或亟思確保既得利益。其間目的，莫不在於藉由制度的安排，維繫自己爾後動員或反動員的正常性。但若以效果論斷，這種思路至多是延續中國人在西方國家體制裡的掙扎。

相對於此，要是統一後政治體制的起點，是中國人如何跳脫以動員為實際內容的國家觀念，真正落實對綜合國力的培養與發展，則因地制宜而又相維相持地向基層分權，並妥善在制度上孕育健全的基層管理文化，是比較務實的作法。倘若兩岸在基層分權運作上能醞釀共識，則高層權力分配問題的爭議，相對可以獲得紓解。

基層分權制之下，基層人事應該層層區分，任用各有體系，且限制跨層級的升降調動，如此至少有中央、省、縣三級，受中央法律的授權均有自己因地制宜的考選、銓敍辦法。縣幹部、省幹部、國家幹部三級之間的薪資差異應予消弭，以鼓勵人才進入並留在基層工作。

國家財政體制應該相應分為三級，各級財政收入有三種、四項來源。基礎來源是稅收，亦即在法律許可範圍內容許地方稅的存在，但基層稅基與稅源與比例不宜大過上一級。第二種來源是地方經營創收，包括企業、規費等項目，但須經上一級審批稽核，以防濫權。這兩種稅顯然將因各地條件不同而有大差異，上一級得在地方收入中，取得設有一定上限比例的分享權，以防止貧富差異大幅擴大。

第三種來源分為兩項。第一項是上級的指定項目補助，透過此一機制，上級機構取得一統化的政策權力，確保全國一致

的基本生活條件。第二項是非指定項目的補助，其數目不宜低於指定項目的補助，以保障上級不以第一項補助誘使下級放棄分權。中央基於政策考量，亦得跨級向下補助，但也應遵循指定項目補助不宜大過非指定項目補助的原則。

縣級以下民意代表與行政領導俱應由民選產生，以確保基層分權面向群眾。選舉提名制度各級皆應該有法規範，以降低局部利益代表裏脅選民而當選之情事。提名制度的設計最好因地制宜，但總宜容許選民直接作初步提名，再採初選制（經選民半數以上認可之候選人方能列名候選名單）、或採委員會提名制（由社會公正超然人士組成，經半數以上同意方能列名候選名單）、或採政黨聯合提名制（凡由兩個以上過5%之政黨聯名提名方可列名候選名單）、或採某種折衷或綜合制，來確立最後候選名單，其目的是保證所有候選人均為多數選民接受為代表。

縣級以上之代表與行政領導，均應以間接選舉產生，以免基層選民不當捲入喧囂的動員活動，提名辦法亦可在上述各形態之中作選擇。

在台灣，任用或銓敘方面的分權可另分為三級，但不受中央法律的限制，台灣官員轉入大陸行政體系亦不受層級之限制，但轉入之後自不宜再作跨級調動；台灣的財稅體系得免於中央的稅收抽成，但不得拒絕中央的補助，而台灣作為一個超省級特區，亦取得所有補助省級以下政府之權利。台灣的候選名單得拒絕大陸政黨的聯合提名，但台灣人可參與大陸的提名，且不宜全面限制大陸人在台灣接受非政黨提名。

一旦兩岸針對統一後基層政治體制加大關注，並由改革中

國人過去偏頗的動員式國家文化入手，相信可以改善對統一後
體制抉擇的討論氣氛，把問題落實在真正有利於救國的基層管
理方面，從而優化中國人的國家文化品質。

人事與財政

在基層分權體系之下，台灣本身必須作出一定程度的調
整。首先，人事體系的考選與銓敘應進行分權，其目的在於使
基層政府工作人員免於因上一級與政治之鬥爭，而失去政策指
導，隨風觀望。為了確保各級政府工作的穩定性，省級對縣級，
或中央對縣級的薪資補助應予定額，各級的特殊加給亦有上
限，而薪資中有若干比例則應由各級政府創收自籌，如此保證
各級政府一定程度的生產壓力，但又不至於刻意形成過當之地
區資源壟斷。

縣級常務行政官不得上調省級，但可以平調，故如屏東縣
級官員可以移至如彰化縣工作，但應經由各縣級政府透過法規
或契約規範，故如同樣屏東縣的官員亦可與如上海市金山縣交
換。這些縣級的人事自主決策，使中國的統一名副其實，且容
許基層人員得彈性地交換經驗。必要時，亦可由省級間進行協
議，提供跨縣切磋的誘因，則中央權力分配或鬥爭的狀態，在
基層造成的影響，也因此被中立化。

統一之後的台灣地區成為中國之內四區之一（大陸、港、
澳、台），①繼承原中華民國政府，領有台灣省、北市與高市，
但一旦進行基層分權制之後，則代表四區聯合政府在此地區行
使統治。本區政府的考選、銓敘繼承統一前的體制，所不同者，
因其高於省級，故區級人事與省、市及以下之縣將作區分，且

在權力考量上，統一後本區政府向下是讓權的。

　　不過，另一方面，本區的行政官員另應取得與大陸地區政府常務行政體系互調的權利。這種權利代表多重含意；本區與大陸政府是同一級的行政體系，回答了台灣方面關心的矮化與否問題；本區與大陸的對等不是藉由兩岸截然兩分、互不干涉取得，而是依據人事分權制之下屬於同一層級而取得；本區與大陸政府人事互調即使在事實上不發生，也不會象徵國家分裂，因爲在本區與大陸政府以下的各級基層政府，已各自進行主權國家之間不會發生的各種互調。

　　更重要的是，本區政府仍保有其大陸政策部門，對於大陸和省級以下之政府，具有財政補助的權力，不受北京干預，不過此一補助，仍以指定項目與不指定項目兩部分相均衡爲宜，以免有害大陸各級基層分權。而此一強迫補助政策並非本區政府之義務，故可因時因地而有不同，蓋本區政府並不負責大陸基層行政的基礎行政費用，此大陸政府之責任。

　　故本區政府取得補助大陸特定地區投產事業的權力，亦得以依年輪流協助建立大陸各地基層選舉工作規範，廣泛試點，甚至推動人員互調，彼此觀摩。一旦代表台灣人民的本區政府，能定期定量但不定對象地參與大陸的改革開放，則所謂兩岸的統一，才具有意義。

　　不過，本區對大陸的補助與參與並非片面的，大陸對本區以下各級政府亦有強迫補助的權力，而且大陸這方面的預算能力，可能遠遠超過本區對大陸的影響力，這種補助，只要基層接受，本區政府不得阻撓。

　　至於大陸省級政府能否對台灣縣級以下補助，或台灣省市

政府能否對大陸縣級以下補助的問題，在理論上並無需要，在實踐上發生類似狀況的機會也並不大。畢竟跨海峽的宏觀政策互動，仍應屬於兩區級政府間的事務。

選舉提名委員制

選舉制度的變革是台灣面臨的另一項大改革的工程。當前台灣選舉制度的弊病，是流於動員，而且當權者過於保護社會上的局部利益，不顧及整體後果。其中值得向大陸借鏡的，乃是選舉的提名制度。

大陸的選舉提名分為選民提名與政黨提名兩種，而政黨提名往往是共產黨與其它八個小參政黨聯合提名。②這種開放式提名的好處在於參與者眾多，但因共黨獨大，故最後提名受其左右最多。然而又因參與者眾多，故提名本身成為一件極為慎重的事，哪些人最後可以列在候選名單上，是經過妥協諮商得出的結果，因此候選人在心態上就不會褊狹到只有局部利益。

台灣的各級選舉缺乏一種機制，使候選人能超越出裹脅小集體選民即可當選為惡的投機風格。因此在提名機制上增加一層過濾，殊為必要。而且，台灣所採行的提名過濾辦法，對大陸勢必也可以有啟示，使大陸的選舉也往活潑多樣的方向發展。

基層選舉提名的辦法可依級別而有不同規範。比如在鄉鎮以下，就可以採用類似美國陪審團的制度，在鎮中以輪流或抽籤的方式，選定一百位選民代表組成提名委員會，來審核所有初步被提名的，或自提的候選人，根據上級政府的提示、各政黨建議的審核標準，與提名委員會成員彼此商訂的地方需要，

決定誰才是符合全鄉、全鎮需要的候選人，在投票前一個月，
擬出最後候選名單，以不超過應當選人數三倍爲宜，以求當選
者獲相當比例選民的認可。倘若最後候選名單懸而不決，可以
在提委間進行假投票。③

　　縣級選舉範圍頗大，故凡在上一次選舉中獲得5%選票以上
的政黨兩個或兩個以上聯合提名，可以視爲當然候選人。但每
一政黨背書的候選人人數不應超過應選名額。此外，由選民提
名的候選名單，應成立一個賢良方正委員會來篩減濃縮。這個
委員會由地方賢達、民間團體代表與政黨代表聯合組成。地方
賢達由各該屆鄉鎮提名委員會選出，其餘用推派。如此有意爭
取候選資格者，必先經過縣中賢良之共同認可方有機會列榜。

　　同理，省級選舉乃至於特區一級選舉均應依此類推，成立
各自的提名委員會，使選民所要投票的對象，先經過一層全民
關切的過濾，而且當選者均必然獲得選區之內一定比例的票
數。這個比例的要求在愈高層級應該會愈嚴格，故最高行政領
導人宜有絕對多數的選票支持，則應採行兩輪選舉制，在第二
輪時針對第一輪最高兩位再選，或爲免勞民傷財，在低層就直
接由選舉委員會挑定最後兩人候選名單。

　　以提名委員會來過濾候選人難免遺珠，不過眞正人才出線
的機會，可能反而大過於目前叢林法則下的選舉濫竽。而且，
過濾的重點，在於校正局部利益過於囂張的偏差，這種偏差往
往來自上對下的動員，統一之後，也可能是來自海峽彼岸自覺
的、或不自覺的干預，故提委制旨在保障統一後的基層權利與
權力。

　　最後，各政黨聯合提名的不分區名單，亦應由提委過濾，

提委應有刪除或調動次序的權力。另提名委員會亦可接受各界推薦不分區名單,凡非政黨提名人的獲票,都歸給提委會的不分區名單來分配,則提名制度的改革自有成效。

務實外交問題

本區的外事權一向是台灣人民所關注者。在基層分權制之下,各級政府自然取得與國外公民營單位簽訂契約的權利,這種契約不涉及領土、司法權、稅收權、駐軍權的讓渡或承諾,只有大陸政府與本區政府有此權力。

基於尊重歷史現實,大陸政府與本區政府均應擁有外事權力,但由於兩個外事體系人員之間的流通,而且大陸政府與本區政府之間,不存在關乎主權的外事條約,故又不能視之為平行的兩個主權體。既然大陸與本區政府轄下各級政府就有相通的權利,且此一權利為大陸與本區政府所不可剝奪者,則大陸政府與本區政府外事代表在海外的關係為何,實在不重要了。

向來為台灣強調的務外交,在此取得了無限的空間。務實外交的深層動機常不為人解,或謂為過去實質外交的延長。但實質外交者,是在無主權的關係之下謀求國民最大活動空間;相較之下,務實外交則是在傳統主權關係之外,爭取可比擬於主權地位的活動方式。④故實質外交重在國民的生活空間,務實外交則迷於主權者的尊嚴,差距不可以道里計。

倘若本區外事單位向大陸外事單位延攬人才,或挖角、或借將,則實際上,大陸政府的外事部門間接地就也為本區政府的實質外交在服務。相對地,本區外交部門的外交人才,亦可爭取調往大陸外事部門服務,當然不可能有要打壓台灣外交空

間的想法，甚至還因爲拓展了自己的專業視野，在反調時成爲
台灣人外交活動的提升者。這種主權觀念之外的自己國人間的
外交合作，只有在基層分權制之下才可能。

統一談判方向

　　從中國人的文化與政治現實開始思考，則一統的意義要比
兩岸政治權力重分配的意義更廣泛。以基層分權制作爲統一體
制談判的起點，有幾項重要的訊息。首先，台灣既有生活方式
的維持，向爲人們所關切，總以爲在一國兩制的施捨心態下，
本土的需要終將遭到外來的壓制，基層分權制則是將最懂得本
土需要的基層工作人員，放在突出的位置，則台灣的區政府是
否與大陸的區政府採對立的態度，以及大陸會否反彈，都成爲
較不重要的事，則上層的權力分合，也會因之得以緩和，形成
良性循環。

　　其次，大陸基層分權制的一併推廣，使得台灣在整個宏觀
視野裡，不會看起來像一個異類。大陸政府在任何狀態之下，
不會有要將台灣的體制動員向大陸體制轉變的需要，則基層分
權制對台灣人一度揮之不去的夢魘，即受外來政權壓迫的心
結，成爲一帖紓解的良劑。

　　再其次，台灣以全國爲基層分權出發的統一談判，一方面
說明了其視野是中國人整體的，採取的是主動積極的態度；另
一方面其設計是著眼於基層的穩定，與因地制宜的發展策略，
符合中國的國情。這與以往兩種來自台北的態度都截然不同，
過去人們或思完全否定大陸的制度，或根本不願與之扯上關
聯，造成中國人之間的不可碰觸。

第四，基層分權制將發展的責任交到人民的手中，解除了主權者為滿足西方國家文化而不斷動員人民的機制，故為兩岸人民將彼此視為外在對象的政治習慣打破，為開創性的相互支援提供了制度上的空間。

第五，選舉提名制作為基層分權的保障，使動員式的國家文化，無法再經由黨政運作，或利誘、或裹脅基層政治人物依附於中央。相反地，提名委員制的設計，容許也鼓勵站在整體立場的候選人出線，層層上推，使局部利益在一定範圍內，既服從又能決定集體利益。

最後，選舉制度的實施是兩岸互為模範的佳作。以地方賢人組成提名班子在大陸行之久遠，對於將偏激勢力或局部利益自然淘汰，確實起了作用。⑤另一方面，提名制中的鄉鎮民輪流任職方式，與上層的賢良公正委員會一旦制度化，也有助於中央的民主轉型，使能更貼切地掌握民意，依法行政。而政黨聯合提名上限的限制，與提名委員會自提不分區名單的作法，都更能落實民主監督與民主選舉的政策。

以基層分權取代聯邦、邦聯、一國兩制的討論，使兩岸統一談判有了一個共通的政治工程，而不是相互提防，相互削權，又要動員民眾聲援，又要偽稱道德立場，卻一點一滴消磨中國人自己的力量。

基層分權的討論，將焦點轉移，提醒當權者，真正的中國人在哪裡，真正的統一問題是什麼，如此方能跳出西方為中國人設的國家桎梏，化解不斷動員的壓力，展開遲了一百多年的救亡圖存與民族振興，將中國人的成長與現代化，於到主權框架之外來思考，為世人（尤其是西方）點出一個不會威脅外

人，沒有怨氣的、心平氣和的發展方向。

註 釋

① 參考翁其銀，〈「一國兩法」與板塊式法律大體系〉《法學》8，
　 (1991)。

② 參考〈上海市人民代表大會常務委員會關係本市區、縣及鄉、鎮人民代
　 表大會直接選舉的實施細則〉第7章。

③ 參考劉亞夫（編），《新編中華人民共和國常用法律條文闡釋》（北
　 京：中國檢察出版社，出版年不詳），頁84-85。

④ 參考邵宗海，《大陸政策與兩岸關係》（台北：華泰，民85，二版），
　 頁151-166。

⑤ 參考中國基層政權建設研究會中國農村村民自治制度研究課題組，
　 《中國農村村民委員會換居選舉制度》（北京：中國社會出版社，
　 1994），頁40-49。

第5章 兩岸關係大事紀年 *(1895-1997)*

1895

《中日馬關條約》割台 (4.17)

1937

對日抗戰開始 (7.7)

1943

開羅宣言台灣戰後歸返中國 (12.1)

1945

日本投降 (8.15)

1947

二二八事件 (2.28)

1949

美發表對華政策白皮書 (8.5)

國民黨播遷來台 (12.7)

1950

韓戰爆發第七艦隊協防台灣 (6.27)

1951

聯合國決議中共爲侵略者 (1.30)

1952

台北東京簽《中日和約》 (4.28)

1954

台北華盛頓簽《中美共同防禦條約》 (12.2)

1955

北京取一江山、大陳島 （1.20/2.13）

中共與美展開日內瓦談判 （9.15）

1956

北京宣布和平解放台灣政策 （1.30）

1958

八二三砲戰 （8.23）

北京華盛頓華沙會談展開 （9.15）

1960

艾森豪訪台北 （6.18）

1961

台北否決外蒙入聯合國 （10.27）

1962

台北策動沿海反攻失敗 （10-12）

1964

中法斷交 （1.27）

1966

大陸爆發「文化大革命」 （5.16）

1967

國民黨發起「文化復興運動」 （6.5）

「世界反共聯盟」首屆大會 （9.25）

1969

台北通過中央民代增補選辦法 （7.1）

1970

「台獨聯盟」在美成立 （1.15）

美將釣魚台歸日 (8.12)

1971

保釣運動 (1.29)

台北退出聯合國 (10.25)

1972

尼克森訪北京簽《上海公報》 (2.28)

東京承認北京 (9.29)

1974

「世台會」在奧地利成立 (9.6)

日台斷航 (4.20)

1975

蔣中正過世 (4.5)

福特訪北京 (12.1)

1976

五四天安門事件 (5.4)

毛澤東過世 (9.9)

1977

台北重申西、南沙主權 (5.27)

五項地方公職選舉中壢事件 (11.19)

1979

中共與美簽署《建交公報》 (1.1)

人大發表《告台灣同胞書》 (1.1)

鄧小平訪美 (1.28)

台北宣佈「三不政策」 (4.4)

美通過《台灣關係法》 (4.10)

高雄美麗島事件 (12.10)

1980

統一列北京三大任務 (1.16)

黨外33人獲選民代 (12.6)

1981

葉劍英《九條》講話 (9.30)

國民黨通過「三民主義統一中國」決議 (4.2)

1982

中共與美簽署《八一七公報》 (8.17)

1983

華航與中航香港談判歸還劫機 (5.17)

鄧小平提出《鄧六條》 (6.26)

李先念訪美 (7.23)

台北首次提出「中華民國在台灣」一詞 (10.11)

1984

雷根訪北京 (4.26)

兩岸共赴洛杉機奧運 (7.28)

中共與英簽署香港問題《聯合聲明》 (12.19)

1985

台北通過10萬元以下海上貿易不處罰 (5.16)

1986

民主進步黨成立 (9.28)

1987

楊尙昆訪美 (5.15)

台北解除戒嚴 (7.15)

台灣記者首度赴大陸（9.14）

台北開放赴大陸探親（10.14）

1988

蔣經國過世李登輝繼任總統（2.13）

李登輝繼任黨主席（2.27）

中國統一聯盟成立於台北（4.14）

成立行政院大陸工作會報（8.18）

1989

北京成立國務院台灣辦公室（1.18）

李登輝訪新加坡（3.6）

台北亞銀代表聽北京國歌起立事件（5.1）

天安門學運事件爆發（6.4）

美眾議院通過制裁中共案（11.21）

1990

美參議院通過制裁中共案（1.20）

李登輝當選總統（3.21）

人大通過《香港基本法》（4.4）

台北召開「國是會議」（6.28）

兩岸紅十字會簽署《金門協議》（9.13）

台媒體專訪楊尚昆（9.24）

台北成立「國家統一委員會」（10.7）

台灣教授協會成立（12.9）

1991

台北成立「行政院大陸委員會」（1.30）

台北發表《國家統一綱領》（2.23）

台北成立「海峽交流基金會」 (3.9)

台北結束「動員戡亂」 (4.22)

民進黨通過「台獨黨綱」 (10.13)

海基會赴北京會談「打擊犯罪」 (11.4)

北京成立「海峽兩岸關係協會」 (11.16)

國代改選與首屆資深民代退職 (12.21/12.31)

1992

台北公佈首部《國防白皮書》 (2.17)

兩會北京會談「文書驗證」 (3.22)

北京《中國公民往來兩岸管理辦法》實施 (5.1)

台北廢除「刑法100條」 (5.18)

台北第二次修憲 (5.27)

台北通過兩岸《人民關係條例》 (7.31)

台北國統會通過「一個中國」的涵義 (8.1)

台北發佈《兩岸直航說明書》 (9.20)

彭定康片面提出政改方案 (10.7)

兩會香港會談「文書驗證」 (10.26)

民進黨公佈中國政策 (12.25)

1993

台北發表《外交報告書》 (1.21)

國民黨《香港時報》停刊 (2.17)

兩會北京會談「文書驗證」 (3.25)

兩會北京「辜汪會談」預備協商 (4.7)

兩會新加坡「辜汪會談」預備協商 (4.23)

辜汪會談 (4.27)

台北發表《參與聯合國說帖》（5.17）

杭廷頓在《外交季刊》發表〈文明衝突論〉（夏）

新黨成立於台北（8.10）

「辜汪會談」第一次北京後續協商（8.25）

北京發表《台灣問題白皮書》（8.30）

台北官方參與聯合國行動受挫（9.22）

「辜汪會談」第二次廈門後續協商（11.2）

亞太經合會台北試探兩個中國政策（11.21）

「辜汪會談」第三次台北後續協商（12.18）

1994

兩會副董事長層級北京第一次會談（2.1）

李登輝度假（破冰）之旅啓程（2.9）

北京通過《台灣同胞投資保護法》（3.5）

「辜汪會談」第四次北京後續協商（3.24）

千島湖船難事件爆發（3.31）

李登輝發表〈生爲台灣人的悲哀〉（4.30）

李登輝跨洲之旅啓程（5.4）

台北發表《直航說明書》（5.26）

小金門砲擊誤傷廈門居民（7.4）

《台海兩岸關係說明書》發表（7.5）

上好漁船事件（7.10）

美修正《台灣關係法》閣員互訪規定（7.22）

台北公佈《一個中國說帖》（7.29）

「辜汪會談」第五次台北後續協商（7.30）

《一九九五閏八月》發表（8）

台北第三次修憲 (8.1)

兩會董事長層級台北第二次會談 (8.3)

全國人大通過香港「立法局」九七不過渡 (8.30)

李登輝爭取亞運出席未果 (9.9)

兩會北京公證書適用範圍協商 (9.25)

台北發表《兩岸文教交流說帖》 (10.15)

「辜汪會談」第六次台北後續協商 (11.21)

「北美事務協調會」更名「台北代表處」 (11.28)

台灣省、台北市大選 (12.3)

本年發生十次大陸劫機來台事件

1995

「辜汪會談」第七次北京後續協商 (1.21)

兩會副董事長層級第三次會談 (1.21)

北京發表《江八點》 (1.30)

李登輝中東之旅啓程 (4.1)

台北發表《李六條》 (4.8)

台北出現「告別中國」大遊行 (4.16)

兩會台北第二次辜汪會談預備協商 (5.27)

李登輝康乃爾學術之旅啓程 (6.7)

北京推遲汪辜會談連續批李 (6.16)

北京發表處理港台關係《錢七條》 (6.22)

北京第一次飛彈試射開始 (7.21)

北京第二次飛彈試射開始 (8.15)

台北澳門航權談判「一機到底」 (10.24)

台北公佈《港澳政策說明書》 (11.21)

1996

北京第三次飛彈試射開始　(3.8)

李登輝連任總統　(3.23)

台北公佈《大陸經貿白皮書》　(3.26)

《中國可以說不》發表　(5.-)

高雄境外轉運開展　(5.9)

中資「香港電訊」取得「台灣電訊」股權　(7.5)

海峽兩岸航運協會成立　(8.19)

《台灣海峽兩岸間航運管理辦法》施行　(8.21)

台北宣佈「戒急用忍」政策　(9.14)

建國黨成立於台北　(10.6)

台北召開「國家發展會議」　(12.23)

1997

鄧小平過世　(2.21)

達賴喇嘛訪台灣　(2.22)

台北通過《港澳關係條例》　(3.19)

香港回歸　(7.1)

台北第四次修憲　(7.18)

《認識台灣》教科書試教開始　(9.1)

李登輝訪中美洲啓程　(9.4)

美日《安保條約》續約　(9.24)

江澤民訪美啓程　(10.26)

亞洲金融風暴台幣大貶　(11.-)

海協會發函邀海基會往訪　(11.6)

海基會回函建議辜振甫往訪　(11.7)

台縣市長選舉民進黨獲勝　(11.29)

台北提出「一個分治的中國」　(12.6)

1998

美前國防部長抵台促兩岸談判　(1.8)

台《海洋法》放棄歷史水域　(1.21)

海基會發函要求海協會覆86.11.7函　(1.19)

錢其琛重申「一個中國」未提國號　(1.26)

海協會回函建議恢復兩會交流　(2.24)

海基會回函表達往訪意願　(3.5)

海協會回函請求更具體建議　(3.11)

海基會回函討論往訪人員層級　(3.17)

海協會回函接受來訪　(4.13)

海基會與海協會副秘書長於北京見面　(4.22)

柯林頓訪問北京　(6.25)

附　錄

附錄*1*　國家統一委員會設置要點

民國七十九年九月二十一日總統府祕書長⑺華總一五七一七號函

第1條　總統為在自由、民主的原則下，加速國家統一，研究
　　　　並諮詢有關國家統一之大政方針，特以任務編組方
　　　　式，設置「國家統一委員會」（以下簡稱本委員
　　　　會）。

第2條　本委員會主任委員由總統擔任。副主任委員三人，除
　　　　由副總統及行政院長擔任外，另一人由總統聘任。

第3條　本委員會置委員二十五人至三十一人，由總統聘任，
　　　　聘期一年，期滿得予續聘。

第4條　本委員會每兩個月集會一次，由主任委員主持，必要
　　　　時得召開臨時會議。主任委員不克主持時，由其指定
　　　　之副主任委員主持。

第5條　本委員會開會時，得邀請有關人員列席。

第6條　本委員會得置研究委員若干人，由主任委員聘任。

第7條　本委員會之幕僚事務，由總統府指派人員辦理。

第8條　本委員會作業規則另定之。

附錄2 行政院大陸委員會組織條例

民國八十年一月二十八日總統華總㈠義字第〇五五四令公佈

第1條　行政院為統籌處理有關大陸事務，特設行政院大陸委員會（以下簡稱本會）。

第2條　本會對於省（市）政府執行本會主管事務，有指示、監督之責。

第3條　本會對於中介團體經授權處理台灣地區與大陸地區各項業務交流事項，有指示、監督之責。

第4條　本會設下列各處：

　　　　一、企劃處。

　　　　二、文教處。

　　　　三、經濟處。

　　　　四、法政處。

　　　　五、港澳處。

　　　　六、聯絡處。

　　　　七、祕書處。

第5條　企劃處掌理下列事項：

　　　　一、關於大陸政策之研究及綜合規劃事項。

　　　　二、關於大陸情勢之研判事項。

　　　　三、關於與國外研究中國大陸機構之聯繫事項。

　　　　四、關於大陸相關資訊之蒐集、分析及出版事項。

　　　　五、關於台灣地區與大陸地區資源利用、開發之綜合

　　　　　規劃事項。

　　　　六、關於大陸事務之其它企劃事項。

第 6 條　文教處掌理下列事項：

　　　　一、關於台灣地區與大陸地區學術、文化、教育、科
　　　　　　技、體育、大衆傳播等交流之審議、協調及聯繫
　　　　　　事項。

　　　　二、關於大陸政策文教業務之建議與擬辦事項。

　　　　三、關於大陸事務之其它文教事項。

第 7 條　經濟處掌理下列事項：

　　　　一、關於台灣地區與大陸地區財稅、金融、經貿、交
　　　　　　通、農林漁牧、環境保護等交流事項之審議、協
　　　　　　調及聯繫事項。

　　　　二、關於大陸政策經濟業務之建議與擬辦事項。

　　　　三、關於大陸事務之其它經濟事項。

第 8 條　法政處掌理下列事項：

　　　　一、關於台灣地區與大陸地區法務、內政、衛生及勞
　　　　　　工業務之研擬、審議、協調、聯繫及處理事項。

　　　　二、關於台灣地區與大陸地區人民往來法規之研擬、
　　　　　　審議及協調事項。

　　　　三、關於大陸法制問題之研究事項。

　　　　四、關於本會及大陸事務之其它法制事項。

第 9 條　港澳處掌理下列事項：

　　　　一、關於香港與澳門地區政策之研究及規劃事項。

　　　　二、關於香港與澳門地區有關事務之處理及協調事
　　　　　　項。

三、關於香港與澳門地區同胞之聯繫及服務事項。

四、關於香港與澳門地區事務之其它事項。

第10條　聯絡處掌理下列事項：

一、關於大陸政策之宣導、新聞發佈及聯繫事項。

二、關於旅居國外之大陸地區人民及其團體之聯繫事項。

三、關於大陸相關資訊之諮詢及服務事項。

四、關於大陸事務之其它聯絡事項。

第11條　祕書處掌理下列事項：

一、關於議事及業務管制事項。

二、關於事務及出納事項。

三、關於文書、印信及檔案管理事項。

四、關於資訊相關業務之規劃及推動、軟體應用系統之發展及硬體設備之管理事項。

五、不屬於其它各處、室事項。

第12條　本會置主任委員一人，特任，綜理會務；副主任委員二人至三人，襄助會務，職務比照簡任第十四職等，其中一人得為特任。

本會置委員十七人至二十七人，由行政院院長派兼或聘兼之。

第13條　本會委員會議，每月舉行一次，由主任委員召集之；必要時，得召開臨時會議。

有關大陸政策及重要大陸工作措施，需經委員會會議議決之。

第14條　本會置主任祕書一人，處長七人，參事三人至五人，

職務均列簡任第十二職等；研究委員六人至十四人，職務列簡任第十職等至第十二職等；副處長七人，職務列簡任第十一職等；專門委員七人至十一人，職務列簡任第十職等至第十一職等；科長三十六至四十人，職務列薦任第九職等；祕書七人至八人，職務列薦任第八職等至第九職等，其中三人或四人，職務得列簡任第十職等至第十一職等；專員五十八人至六十六人，分析師一人至三人，職務均列薦任第七職等至第九職等；設計師二人至四人，職務列薦任第六職等至第八職等；科員八十一人至九十六人，職務列委任第五職等，其中四十一人至四十八人，職務得列薦任第六職等至第七職等；助理設計師一人至二人，職務列委任第三職等至第五職等；辦事員六人至八人，職務列委任第三職等至第四職等；書記六人至八人，職務列委任第一職等至第三職等。

第15條　本會設人事室，置主任一人，職務列簡任第十職等至第十一職等；依法辦理人事管理事項。

前項所需工作人員，應就本條例所定員額內派充之。

第16條　本會設會計室，置會計主任一人，職務列簡任第十職等至第十一職等；依法辦理會計、歲計及統計事項。

前項所需工作人員，應就本條例所定員額內派充之。

第17條　第十四條至第十六條列有官等職等人員，其職務所適用之職系，依公務人員任用法第八條之規定，就有關職系選用之。

第18條　本會因業務需要，經報請行政院核准，得聘用研究員、

　　　　　　副研究員、助理研究員。

第19條　本會得視業務需要，遴聘學者、專家為顧問或諮詢委
　　　　　員，均為無給職，其遴聘及集會辦法另定之。

第20條　本會為業務需要，得設各種協調會報，聘請有關部會
　　　　　副首長、司（處）長為委員，均為無給職；各協調會
　　　　　報所需工作人員，應就本條例所定員額內調用之。

第21條　本會會議規則、辦事細則，由本會擬訂，報請行政院
　　　　　核定之。

第22條　本條例自公佈日施行。

附錄3　財團法人海峽交流基金會捐助暨組織章程

民國八十二年三月二十四日行政院大陸委員會⑻陸法字第一四九五號函核准修正第七條條文

總則

第1條　本財團法人定名為「財團法人海峽交流基金會」（以下簡稱本會）。

第2條　本會以協調處理台灣地區與大陸地區人民往來有關事務，並謀保障兩地區人民權益為宗旨，不以營利為目的。但提供服務時，得酌收服務費用。

第3條　本會為達成前條所定之宗旨，辦理及接受政府委託辦理下列業務：

一、台灣地區與大陸地區人民入出境案件之收件、核轉及有關證件之簽發補發等事宜。

二、大陸地區文書之驗證、身分關係之證明、協助訴訟文書之送達及兩地人犯之遣返等事宜。

三、大陸地區經貿資訊之蒐集、發佈；間接貿易、投資及其爭議之協調處理等事宜。

四、兩地區人民有關文化交流之事宜。

五、協助保障台灣地區人民在大陸地區停留期間之合法權益。

六、兩地區人民往來有關諮詢服務事宜。

七、政府委託辦理之其它事項。

第 4 條　本會之主事務所設於台北市，並得視業務需要，在海外及大陸地區設置分事務所。

第 5 條　本會基金來源，由捐助人五十三人共捐助新台幣六億七千萬元成立之。

本會經費之來源如下：

一、基金運用之孳息。

二、委託收益。

三、政府或民間捐贈。

四、依本章程第二條但書所收取之費用。

組織

第 6 條　本會設董事會，爲本會之決策機構，掌理基金之籌募、保管及運用，祕書長之任免，工作方針之核定，業務計劃及預算之審議等事宜。

第 7 條　本會董事會置董事四十三人。第一屆董事由捐助人選聘之。

本會置董事長一人，綜理會務，對外代表本會。置副董事長一至三人，襄助董事長處理會務。均由董事互選之。

本會置名譽董事長一人，由董事會敦聘德高望重之人士擔任。名譽董事長、董事長、副董事長及董事，均爲無給職，但得酌支交通費。

第 8 條　董事任期三年，連選得連任。

董事長、副董事長、董事在任期內，遇有辭職或其它原因出缺時，得由本屆董事會補選之。其任期以補足

原任期爲限。

第 9 條　每屆董事會於任期屆滿前一個月，推選次屆董事人
　　　　選。

　　　　新任董事會於上屆任滿之日成立，並依第七條第二項
　　　　規定選舉董事長及副董事長。

第10條　董事會每三個月召開會議一次，由董事長召集並爲主
　　　　席。董事長因故缺席，由副董事長代理之。董事長、
　　　　副董事長均缺席時，由董事互推一人代理之。董事長
　　　　認爲必要或經董事三分之一以上提議，得召開臨時董
　　　　事會。

第11條　董事會之決議，須經二分之一以上董事出席，並以出
　　　　席董事過半數同意行之。

第12條　董事因故不能出席前條所定之會議時，得委託其它董
　　　　事代行職務。但每一董事以受一人委託爲限。

第13條　本會置祕書長一人，由董事長提名，經董事會同意聘
　　　　任之；解任時亦同。

　　　　祕書長承董事會之命，綜理本會事務。

第14條　本會置副祕書長一至三人，由祕書長提請董事長同意
　　　　聘任之；解任時亦同。

第15條　本會設下列各處，辦理第三條所定業務。

　　　　一、祕書處。

　　　　二、文化服務處。

　　　　三、經貿服務處。

　　　　四、法律服務處。

　　　　五、旅行服務處。

六、綜合服務處。

各處置處長一人，視業務繁簡，得置副處長一至二人，專員、組員、辦事員、雇員若干人，並得於處下分科辦事，本會視需要得設人事室及會計室。

本會海外及大陸地區設立之分事務所各置主任一人，視業務繁簡，得置副主任一至二人，其它人員配置得比照前項辦理之。

第二項及第三項所定工作人員，由祕書長提請董事長聘任之。其職掌及人員分配，另以職掌表及編制表定之。

第16條 本會置監事六人，由捐助人選聘之，掌理基金、存款之稽核，財務狀況之監督及決算表冊之查核等事宜。

第17條 監事之任期、缺任、給與及次屆監事之產生等，均準用本章程有關董事之規定。

第18條 本會得因業務需要，由祕書長提請董事長同意聘任顧問若干人。

第19條 本會除董事長、副董事長及兼任董事之祕書長外，其餘董事對外不得代表本會。

基金之管理

第20條 本會之會計年度，與政府之會計年度同。

第21條 本會祕書長應於會計年度開始前三個月擬定業務計畫及預算，提報董事會審議通過後執行。

第22條 本會基金之保管及運用，應於會計年度結束後二個月內編制基金保管及運用報告書、暨全年度決算，提報

董事會通過後，送請監事核備。

第23條　本會年度經辦業務及基金收支平衡表，均應依法向主
　　　　管機關報備。

附　則

第24條　本會如因情勢變更，致不能達捐助目的時，得依法報
　　　　經主管機關許可後，解散之。

　　　　本會解散後，應依法辦理清算。其剩餘財產，歸屬國
　　　　庫。

第25條　本章程未規定事宜，依有關法令規定辦理之。

　　　　本章程於中華民國七十九年十一月二十一日經董事會
　　　　通過訂定，於報請主管機關核備後施行。

附錄4　大陸對台工作組織表

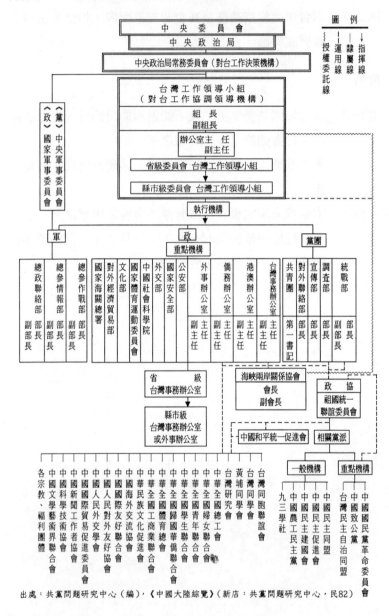

出處：共黨問題研究中心（編），《中國大陸綜覽》（新店：共黨問題研究中心，民82）

附錄5　海峽兩岸關係協會組織章程

總則

第 1 條　本會定名為海峽兩岸關係協會，是社會團體法人。

第 2 條　本會以促進海峽兩岸交往，發展兩岸關係，實現祖國和平統一為宗旨。

第 3 條　為實現上述宗旨，本會致力於：

一、加強同贊成本會宗旨的社會團體和各界人士的聯繫與合作。

二、協助有關方面促進海峽兩岸各項交往和交流。

三、協助有關方面處理海峽兩岸同胞交往中的問題，維護兩岸同胞的正當權益。

第 4 條　本會接受有關方面委託，與台灣有關部門和授權團體、人士商談海峽兩岸交往中的有關問題，並可簽訂協議性文件。

第 5 條　本會會址設在北京。

組織機構

第 6 條　本會最高權力機構為理事會。理事會的理事由社會各界和有關方面推薦、協商產生。理事任期三年可連任。

第 7 條　本會設會長一人，常務副會長一人，副會長若干人，祕書長一人。

本會聘請名譽會長。

本會聘請顧問。

第 8 條　理事會的職責是：審議年度會務報告；修訂章程；審議經費預算、決算；推薦會長、常務副會長、副會長；聘請名譽會長；聘請顧問；決定增免理事；根據會長提名，決定祕書長人選。

第 9 條　理事會每年舉行一次全體會議。會長、常務副會長認為必要或經三分之一以上理事提議，可以臨時召開理事會議。

第10條　理事會決議事項，須經出席會議的多數理事通過。

第11條　會長、常務副會長、副會長、祕書長組成常務理事會，作為理事會的常設執行機構。

常務理事會的職責是：召集理事會會議；增免理事，並提請理事會審議追認；聘請顧問，並提請理事會審議追認；根據祕書長提名，決定副祕書長人選。

第12條　會長領導本會工作。常務副會長、副會長協助會長工作。常務副會長主持日常會務。

第13條　會長、常務副會長、副會長代表本會。經本會常務理事會授權，理事可代表本會辦理某項具體事宜。

第14條　本會根據需要設辦事機構。

經費

第15條　本會經費來源：民間贊助和捐贈；國家資助；諮詢服務等其它合法收入。

第16條　本會的收入、支出，受理事會監督。

附則

第17條　本會的解散，應依法辦理手續。

第18條　本會章程自理事會全體會議通過之日起生效。

第19條　本會章程由理事會修改。理事會全體會議修改章程，
　　　　須四分之三以上理事出席，並須出席會議的三分之二
　　　　以上理事同意。

第20條　本會章程由常務理事會解釋。

附錄6　國家統一綱領

民國八十年二月二十三日國家統一委員會第三次會議通過
民國八十年三月十四日行政院第二二二三次會議通過

前言

　　中國的統一，在謀求國家的富強與民族長遠的發展，也是海內外中國人共同的願望。海峽兩岸應在理性、和平、對等、互惠的前提下，經過適當時期的坦誠交流、合作、協商，建立民主、自由、均富的共識，共同重建一個統一的中國。基此認識，特制訂本綱領，務期海內外全體中國人同心協力，共圖貫徹。

目標

建立民主、自由、均富的中國。

原則

一、大陸與台灣均是中國的領土，促成國家的統一，應是中國
　　人共同的責任。

二、中國的統一，應以全民的福祉為依歸，而不是黨派之爭。

三、中國的統一，應以發揚中華文化，維護人性尊嚴，保障基
　　本人權，實踐民主法治為宗旨。

四、中國的統一，其時機與方式，首應尊重台灣地區人民的權
　　益並維護其安全與福祉，在理性、和平、對等、互惠的原

則下，分階段逐步達成。

進程

一、近程——交流互惠階段

　　㈠以交流促進了解，以互惠化解敵意；在交流中不危及對
　　　方的安全與安定，在互惠中不否定對方為政治實體，以
　　　建立良性互動關係。

　　㈡建立兩岸交流秩序，制訂交流規範，設立中介機構，以
　　　維護兩岸人民權益；逐步放寬各項限制，擴大兩岸民間
　　　交流，以促進雙方社會繁榮。

　　㈢在國家統一的目標下，為增進兩岸人民福祉，大陸地區
　　　應積極推動經濟改革，逐步開放輿論，實行民主法治；
　　　台灣地區則應加速憲政改革，推動國家建設，建立均富
　　　社會。

　　㈣兩岸應摒除敵對狀態，並在一個中國的原則下，以和平
　　　方式解決一切爭端，在國際間相互尊重，互不排斥，以
　　　利進入互信合作階段。

二、中程——互信合作階段

　　㈠兩岸應建立對等的官方溝通管道。

　　㈡開放兩岸直接通郵、通航、通商，共同開發大陸東南沿
　　　海地區，並逐步向其他地區推展，以縮短兩岸人民生活
　　　差距。

　　㈢兩岸應協力互助，參加國際組織與活動。

　　㈣推動兩岸高層人士互訪，以創造協商統一的有利條件。

三、遠程——協商統一階段

　　成立兩岸統一協商機構，依據兩岸人民意願，秉持政治民主、經濟自由、社會公平及軍隊國家化的原則，共商統一大業，研訂憲政體制，以建立民主、自由、均富的中國。

附錄7　關於「一個中國」的涵義

民國八十一年八月一日國家統一委員會第八次會議通過

一、海峽兩岸均堅持「一個中國」之原則，但雙方所賦與之涵義有所不同。中共當局認爲「一個中國」即爲「中華人民共和國」，將來統一以後，台灣將成爲其轄下的一個「特別行政區」。我方則認爲「一個中國」應指一九一二年成立迄今之中華民國，其主權及於整個中國，但目前之治權，則僅及於台澎金馬。台灣固爲中國之一部分，但大陸亦爲中國之一部分。

二、民國三十八年（公元一九四九年）起，中國處於暫時分裂之狀態，由兩個政治實體，分治海峽兩岸，乃爲客觀之事實，任何謀求統一之主張，不能忽視此一事實之存在。

三、中華民國政府爲求民族之發展、國家之富強與人民之福祉，已訂定「國家統一綱領」，積極謀取共識，開展統一步伐；深盼大陸當局，亦能實事求是，以務實的態度捐棄成見，共同合作，爲建立自由民主均富的一個中國而貢獻智慧與力量。

附錄8　台灣地區與大陸地區人民關係條例

民國八十一年七月三十一日總統華總㈠義字第三七三六號令公佈

民國八十一年九月十六日行政院台八十一法字第三一六六九號令自民國
八十一年九月十八日施行

民國八十二年二月三日總統華總㈠義字第○四五○號令修正公佈第十八
條條文並經行政院訂定自同年九月十八日施行

民國八十三年九月十六日總統華總㈠義字第五五四五號令修正公佈第六
十六條條文並經行政院訂定自同年同月十八日施行

民國八十四年七月十九日總統華總　義字第五一一六號令修正公佈第六
十六條條文並經行政院訂定自同年同日二十一日施行

民國八十五年七月三十日總統華總　義字第八五○○一九○一六○號令
修正公佈第六十八條條文並經行政院訂定自同年九月十八日施行

民國八十六年五月十四日總統華總　義字第八六○○一○九二五○號令
公佈增訂第二十六條之一、第二十八條之一、第六十七條之一、第七十五
條之一及第九十五條之一；並修正第五條、第十條、第十一條、第十五條
至第十八條、第二十條、第二十七條、第三十二條、第三十五條、第六十
七條、第七十四條、第七十九條、第八十條、第八十三條、第八十五條、
第八十六條、第八十八條及第九十六條條文並經行政院訂定自同年七月
一日施行

總則

第1條　　國家統一前，爲確保台灣地區安全與民眾福祉，規範
　　　　　台灣地區與大陸地區人民之往來，並處理衍生之法律

事件，特制定本條例。本條例未規定者，適用其它有
關法令之規定。

第 2 條　本條例用詞，定義如下：

　　　　一、台灣地區：指台灣、澎湖、金門、馬祖及政府統
　　　　　　治權所及之其它地區。

　　　　二、大陸地區：指台灣地區以外之中華民國領土。

　　　　三、台灣地區人民：指在台灣地區設有戶籍之人民。

　　　　四、大陸地區人民：指在大陸地區設有戶籍或台灣地
　　　　　　區人民前往大陸地區繼續居住逾四年之人民。

第 3 條　本條例關於大陸地區人民之規定，於大陸地區人民旅
　　　　居國外者，適用之。

第 4 條　行政院得設立或指定機構或委託民間團體，處理台灣
　　　　地區與大陸地區人民往來有關之事務。

　　　　前項受託民間團體之監督，以法律定之

　　　　第一項委託辦理事務之辦法，由行攻院定之。

　　　　公務員轉任第一項之機構或民間團體者，在該機構或
　　　　團體服務之年資，於回任公職時，得予採計為公務員
　　　　年資；本條例施行前已轉任者，亦同。

　　　　前項年資採計辦法，由考試院會同行政院定之。

第 5 條　依前條規定設立或指定之機構或受委託之民間團體，
　　　　非經主管機關許可，不得與大陸地區法人、團體或其
　　　　它機構訂定任何形式之協議。

　　　　前項協議，應經主管機關核准，始生效力。但協議內
　　　　容涉及法律之修正或應另以法律定之者，並應經立法
　　　　院議決。

第 6 條　爲處理台灣地區與大陸地區人民往來有關之事務，行
　　　　政院得依對等原則，許可大陸地區之法人、團體或其
　　　　它機構在台灣地區設立分支機構。
　　　　前項設立許可事項，以法律定之。

第 7 條　在大陸地區製作之文書，經行政院設立或指定之機構
　　　　或委託之民間團體驗證者，推定爲眞正。

第 8 條　應於大陸地區送達司法文書或爲必要之調查者，司法
　　　　機關得囑託或委託第四條之機構或民間團體爲之。

行政

第 9 條　台灣地區人民進入大陸地區，應向主管機關申請許
　　　　可。
　　　　台灣地區人民經許可進入大陸地區者，不得從事妨害
　　　　國家安全或利益之活動。
　　　　第一項許可辦法，由內政部擬訂，報請行政院核定後
　　　　發佈之。

第10條　大陸地區人民非經主管機關許可，不得進入台灣地
　　　　區。
　　　　經許可進入台灣地區之大陸地區人民，不得從事與許
　　　　可目的不符之活動。
　　　　前二項許可辦法，由有關主管機關擬訂，報請行政院
　　　　核定後發佈之。

第11條　僱用大陸地區人民在台灣地區工作，應向主管機關申
　　　　請許可。
　　　　經許可受僱在台灣地區工作之大陸地區人民，其受僱

期間不得逾一年，並不得轉換雇主及工作。但因雇主
關廠、歇業或其它特殊事故，致僱用關係無法繼續時，
經主管機關許可者，得轉換雇主及工作。

大陸地區人民因前項但書情形轉換雇主及工作時，其
轉換後之受僱期間，與原受僱期間併計。

雇主向行政院勞工委員會申請僱用大陸地區人民工
作，應先以合理勞動條件在台灣地區辦理公開招募，
並向公立就業服務機構申請求才登記，無法滿足其需
要時，始得就該不足人數提出申請。但應於招募時，
將招募內容全文通知其事業單位之工會或勞工，並於
大陸地區人民預定工作場所公告之。

僱用大陸地區人民工作時，其勞動契約應以定期契約
為之。

第一項許可及其管理辦法，由行政院勞工委員會會同
有關機關擬訂，報請行政院核定後發佈之。

第12條　經許可受僱在台灣地區工作之大陸地區人民，其眷屬
在勞工保險條例實施地區外罹患傷病、生育或死亡
時，不得請領各該事故之保險給付。

第13條　僱用大陸地區人民者，應向行政院勞工委員會所設專
戶繳納就業安定費。

前項收費標準及管理運用辦法，由行政院勞工委員會
會同財政部擬訂，報請行政院核定後發佈之。

第14條　經許可受僱在台灣地區工作之大陸地區人民，違反本
條例或其它法令之規定者，主管機關得撤銷其許可。

前項經撤銷許可之大陸地區人民，應限期離境，逾期

　　　　　不離境者，依第十八條規定強制其出境。

　　　　　前項規定，於中止或終止勞動契約時，適用之。

第15條　下列行爲不得爲之：

　　　　一、使大陸地區人民非法進入台灣地區。

　　　　二、招攬台灣地區人民未經許可使之進入大陸地區。

　　　　三、使大陸地區人民在台灣地區從事未經許可或與許
　　　　　　可目的不符之活動。

　　　　四、僱用或留用大陸地區人民在台灣地區從事未經許
　　　　　　可或與許可範圍不符之工作。

　　　　五、居間介紹他人爲前款之行爲。

第16條　大陸地區人民有下列情形之一者，得申請在台灣地區
　　　　定居：

　　　　一、台灣地區人民之直系血親及配偶，年齡在七十歲
　　　　　　以上、十二歲以下者。

　　　　二、其台灣地區之配偶死亡，須在台灣地區照顧未成
　　　　　　年之親生子女者。

　　　　三、民國三十四年後，因兵役關係滯留大陸地區之台
　　　　　　籍軍人及其配偶、直系血親卑親屬及其配偶。

　　　　四、民國三十八年政府遷台後，因作戰或執行特種任
　　　　　　務被俘之前國軍官兵及其配偶、直系血親卑親屬
　　　　　　及其配偶。

　　　　五、民國三十八年政府遷台前，以公費派赴大陸地區
　　　　　　求學人員及其配偶、直系血親卑親屬及其配偶。

　　　　六、民國三十八年政府遷台前，赴大陸地區之台籍人
　　　　　　員，在台灣地區原有戶籍且有直系血親、配偶或

兄弟姊妹者。

七、民國七十六年十一月一日前，因船舶故障、海難或其它不可抗力之事由滯留大陸地區，且在台灣地區原有戶籍之漁民或船員。

大陸地區人民依前項第一款規定，每年申請在台灣地區定居之數額，得予限制。

第一項第六款至第七款之大陸地區人民，其配偶及直系血親，亦得申請在台灣地區定居。

第17條　大陸地區人民有下列情形之一者，得申請在台灣地區居留：

一、台灣地區人民之配偶，結婚已滿二年或已生產子女者。

二、其它基於政治、經濟、社會、教育、科技或文化之考量，經主管機關認為確有必要者。

前項第一款情形，台灣地區之配偶於民國七十六年十一月一日以前重婚者，申請前應經該後婚配偶同意。

大陸地區人民依第一項規定，每年申請在台灣地區居留之類別及數額，得予限制；其類別及數額，由行政院函請立法院同意後公告之。

依第一項規定申請居留者，在台灣地區連續居留滿二年後，得申請定居。

依本條例規定經許可居留者，居留期間內，得在台灣地區工作。

依第一項第一款許可居留或依第四項許可定居之大陸地區人民，有事實足認係通謀而為虛偽結婚者，撤銷

其居留許可或戶籍登記，並強制出境。

大陸地區人民在台灣地區逾期停留或未經許可入境者，在台灣地區停留期間，不適用前條及第一項之規定。

前條及第一項申請定居或居留之許可辦法，由內政部會同有關機關擬訂，報請行政院核定後發佈之。

第18條　進入台灣地區之大陸地區人民，有下列情形之一者，治安機關得逕行強制出境。但其所涉案件已進入司法程序者，應先經司法機關之同意。

一、未經許可入境者。

二、經許可入境，已逾停留期限者。

三、從事與許可目的不符之活動或工作者。

四、有事實足認為有犯罪行為者。

五、有事實足認為有危害國家安全或社會安定之虞者。

前項大陸地區人民，於強制出境前，得暫予收容，並得令其從事勞務。

前二項規定，於本條例施行前進入台灣地區之大陸地區人民，適用之。但其為台灣地區人民之配偶，而結婚於本條例施行前者，得於出境前檢附相關證據申請在台灣地區居留，其申請案件確定前，除顯無申請理由或證據者外，不得強制其出境。

前項但書之台灣地區人民配偶，結婚已滿二年或已生產子女者，得申請在台灣地區定居。其在台灣地區連續居留滿二年者，亦同。

第一項之強制出境處理辦法及第二項收容處所之設置及管理辦法，由內政部擬訂，報請行政院核定後發佈之。

第19條　台灣地區人民依規定保證大陸地區人民入境者，於被保證人逾期不離境時，應協助有關機關強制其出境，並負擔因強制出境所支出之費用。

前項費用，得由強制出境機關檢具單據影本及計算書，通知保證人限期繳納，逾期不繳納者，移送法院強制執行。

第20條　台灣地區人民有下列情形之一者，應負擔強制出境所需之費用：

一、使大陸地區人民非法入境者。

二、非法僱用大陸地區人民工作者。

三、僱用之大陸地區人民依第十四條第二項或第三項規定強制出境者。

前項費用有數人應負擔者，應負連帶責任。

第一項費用，由強制出境機關檢具單據影本及計算者，通知應負擔人限期繳納；逾期不繳納者，移送法院強制執行。

第21條　大陸地區人民經許可進入台灣地區者，非在台灣地區設有戶籍滿十年，不得登記為公職候選人、擔任軍公教或公營事業機關（構）人員及組織政黨。但法律另有規定者，從其規定。

第22條　台灣地區人民與經許可在台灣地區定居之大陸地區人民，在大陸地區接受教育之學歷檢覈及採認辦法，由

教育部擬訂，報請行政院核定後發佈之。

第23條　台灣地區、大陸地區及其它地區人民、法人、團體或其它機構，不得為大陸地區之教育機構在台灣地區辦理招生事宜或從事居間介紹之行為。

第24條　台灣地區人民、法人、團體或其它機構有大陸地區來源所得者，應併同台灣地區來源所得課徵所得稅。但其在大陸地區已繳納之稅額，准自應納稅額中扣抵。前項扣抵之數額，不得超過因加計其大陸地區所得，而依其適用稅率計算增加之應納稅額。

第25條　大陸地區人民、法人、團體或其它機構有台灣地區來源所得者，其應納稅額分別就源扣繳，並應由扣繳義務人於給付時，按規定之扣繳率扣繳，免辦理結算申報。

第26條　支領各種月退休（職、伍）給與之退休（職、伍）軍公教及公營事業機關（構）人員，經許可赴大陸地區並擬在大陸地區定居者，依其申請就其原核定退休（職、伍）年資及其申領當月同職等或同官階之現職人員月俸額，計算其應領之一次退休（職、伍）給與為標準，扣除已領之月退休（職、伍）給與，一次發給其餘額；無餘額或餘額未達其應領之一次退休（職、伍）給與半數者，一律發給其應領一次退休（職、伍）給與之半數。

前項人員在台灣地區有受其扶養之人者，申請前應經該受扶養人同意。

第26條之1　軍公教及公營事業機關（構）人員，在任職（服

役）期間死亡，或支領月退休（職、伍）給與人員，在支領期間死亡，而在台灣地區無遺族或法定受益人者，其居住大陸地區之遺族或法定受益人，得於各該支領給付人死亡之日起五年內，經許可進入台灣地區，以書面向主管機關申請領受公務人員或軍人保險死亡給付、一次撫卹金、餘額退伍金或一次撫慰金。但不得請領年撫卹金或月撫慰金；逾期未申請領受者，喪失其權利。

前項保險死亡給付、一次撫卹金、餘額退伍金或一次撫慰金總額，不得逾新台幣二百萬元。

本條例修正施行前，依法核定保留保險死亡給付、一次撫卹金、餘額退伍金或一次撫慰金者，其居住大陸地區之遺族或法定受益人，應於本條例修正施行之日起五年內，依第一項規定辦理申領，逾期喪失其權利。民國三十八年以前在大陸地區依法令核定應發給之各項公法給付，其權利人尚未領受或領受中斷者，於國家統一前，不予處理。

第27條　行政院國軍退除役官兵輔導委員會安置就養之榮民，經許可進入大陸地區定居者，其原有之就養給付及傷殘撫卹金，仍應發給。

前項發給辦法，由行政院國軍退除役官兵輔導委員會擬訂，報請行政院核定後發佈之。

第28條　中華民國船舶、航空器及其它運輸工具，非經主管機關許可，不得航行至大陸地區。

前項許可辦法，由交通部會同有關機關擬訂，報請行

政院核定後發佈之。

第28條之1　中華民國船舶、航空器及其它運輸工具，不得私行運送大陸地區人民前往台灣地區及大陸地區以外之國家或地區。

台灣地區人民不得利用非中華民國船舶、航空器或其它運輸工具，私行運送大陸地區人民前往台灣地區及大陸地區以外之國家或地區。

第29條　大陸船舶、民用航空器及其它運輸工具，非經主管機關許可，不得進入台灣地區限制或禁止水域、台北飛航情報區限制區域。

前項限制或禁止水域及限制區域，由國防部公告之。

第一項許可辦法，由交通部會同有關機關擬訂，報請行政院核定後發佈之。

第30條　外國船舶、民用般空器及其它運輸工具，不得直接航行於台灣地區與大陸地區港口、機場間；亦不得利用外國船舶、民用航空器及其它運輸工具，經營經第三地區航行於包括台灣地區與大陸地區港口、機場間之定期航線業務。

前項船舶、民用航空器及其它運輸工具為大陸地區人民、法人、團體或其它機構所租用、投資或經營者，交通部得限制或禁止其進入台灣地區港口、機場。

第一項之禁止規定，交通部於必要時得報經行政院核定為全部或一部之解除。

第31條　大陸民用航空器未經許可進入台北飛航情報區限制進入之區域，執行空防任務機關得警告飛離或採必要之

防衛處置。

第32條　大陸船舶未經許可進入台灣地區限制或禁止水域，主
　　　　管機關得逕行驅離或扣留其船舶、物品，留置其人員
　　　　或爲必要之防衛處置。

　　　　前項扣留之船舶、物品，或留置之人員，主管機關應
　　　　於三個月內爲下列之處分：

　　　　一、扣留之船舶、物品未涉入違法情事，得發還；若
　　　　　　違法情節重大者，得沒入。

　　　　二、留置之人員經調查後移送有關機關依本條例第十
　　　　　　八條收容遣返或強制其出境。

　　　　本條例實施前，扣留之大陸船舶、物品及留置之人員，
　　　　已由主管機關處理者，依其處理。

第33條　台灣地區人民、法人、團體或其它機構，非經主管機
　　　　關許可，不得爲大陸地區法人、團體或其它機構之成
　　　　員或擔任其任何職務；亦不得與大陸地區人民、法
　　　　人、團體或其它機構聯合設立法人、團體、其它機構
　　　　或締結聯盟。

　　　　前項許可辦法，由有關主管機關擬訂，報請行政院核
　　　　定後發佈之。

　　　　本條例施行前，已爲大陸地區法人、團體或其它機構
　　　　之成員或擔任職務，或已與大陸地區人民、法人、團
　　　　體或其它機構聯合設立法人、團體、其它機構或締結
　　　　聯盟者，應自前項許可辦法施行之日起六個月內向主
　　　　管機關申請許可，逾期未申請或申請未核准者，以未
　　　　經許可論。

第34條　台灣地區人民、法人、團體或其它機構，非經主管機關許可，不得委託、受託或自行於台灣地區爲大陸地區物品、勞務或其它事項，從事廣告之進口、製作、發行、代理、播映、刊登或其它促銷推廣活動。

前項許可辦法，由行政院定之。

第35條　台灣地區人民、法人、團體或其它機構，非經主管機關許可，不得在大陸地區從事投資或技術合作，或與大陸地區人民、法人、團體或其它機構從事商業行爲。

台灣地區與大陸地區貿易，非經主管機關許可，不得爲之。

前二項許可辦法，由有關主管機關擬訂，報請行政院核定後發佈之。

本條修正施行前，未經核准從事第一項之投資、技術合作者，應自本條例修正施行之日起三個月內向主管機關申請許可，逾期未申請或申請未核准者，以未經許可論。

第36條　台灣地區金融保險機構及其在台灣地區以外之國家或地區設立之分支機構，非經主管機關許可，不得與大陸地區之法人、團體、其它機構或其在大陸地區以外國家或地區設立之分支機構有業務上之直接往來。

前項許可辦法，由財政部擬訂，報請行政院核定後發佈之。

第37條　大陸地區出版品、電影片、錄影節目及廣播電視節目，非經主管機關許可，不得進入台灣地區，或在台灣地區發行、製作或播映。

前項許可辦法，由行政院新聞局擬訂，報請行政院核定後發佈之。

第38條　大陸地區發行之幣券，不得進出入台灣地區。但於進入時自動向海關申報者，准予攜出。

主管機關於必要時，得訂定辦法，許可大陸地區發行之幣券，進出入台灣地區。

前項許可辦法，由財政部擬訂，報請行政院核定後發佈之。

第39條　大陸地區之中華古物，經主管機關許可運入台灣地區公開陳列、展覽者，得予運出。

前項以外之大陸地區文物、藝術品，違反法令、妨害公共秩序或善良風俗者，主管機關得限制或禁止其在台灣地區公開陳列、展覽。

第40條　輸入或攜帶進入台灣地區之大陸地區物品，以進口論；其檢驗、檢疫、管理、關稅等稅捐之徵收及處理等，依輸入物品有關法令之規定辦理。

民事

第41條　台灣地區人民與大陸地區人民間之民事事件，除本條例另有規定外，適用台灣地區之法律。

大陸地區人民相互間及其與外國人間之民事事件，除本條例另有規定外，適用大陸地區之規定。

本章所稱行為地、訂約地、發生地、履行地、所在地、訴訟地或仲裁地，指在台灣地區或大陸地區。

第42條　依本條例規定應適用大陸地區之規定時，如該地區內

　　　　　各地方有不同規定者，依當事人戶籍地之規定。

第43條　依本條例規定應適用大陸地區之規定時，如大陸地區
　　　　就該法律關係無明文規定或依其規定應適用台灣地區
　　　　之法律者，適用台灣地區之法律。

第44條　依本條例規定應適用大陸地區之規定時，如其規定有
　　　　悖於台灣地區之公共秩序或善良風俗者，適用台灣地
　　　　區之法律。

第45條　民事法律關係之行為地或事實發生地跨連台灣地區與
　　　　大陸地區者，以台灣地區為行為地或事實發生地。

第46條　大陸地區人民之行為能力，依該地區之規定。但未成
　　　　年人已結婚者，就其在台灣地區之法律行為，視為有
　　　　行為能力。

　　　　大陸地區之法人、團體或其它機構，其權利能力及行
　　　　為能力，依該地區之規定。

第47條　法律行為之方式，依該行為所應適用之規定。但依行
　　　　為地之規定所定之方式者，亦為有效。

　　　　物權之法律行為，其方式依物之所在地之規定。

　　　　行使或保全票據上權利之法律行為，其方式依行為地
　　　　之規定。

第48條　債之契約依訂約之規定。但當事人另有約定者，從其
　　　　約定。

　　　　前項訂約地不明而當事人又無約定者，依履行地之規
　　　　定，履行地不明者，依訴訟地或仲裁地之規定。

第49條　關於在大陸地區由無因管理、不當得利或其它法律事
　　　　實而生之債，依大陸地區之規定。

第50條　侵權行為依損害發生地之規定。但台灣地區之法律不認其為侵權行為者，不適用之。

第51條　物權依物之所在地之規定。

關於以權利為標的之物權，依權利成立地之規定。

物之所在地如有變更，其物權之得喪，依其原因事實完成時之所在地之規定。

船舶之物權，依船籍登記地之規定；航空器之物權，依航空器登記之規定。

第52條　結婚或兩願離婚之方式及其它要件，依行為地之規定。

判決離婚之事由，依台灣地區之法律。

第53條　夫妻之一方為台灣地區人民，一方為大陸地區人民者，其結婚或離婚之效力，依台灣地區之法律。

第54條　台灣地區人民與大陸地區人民在大陸地區結婚，其夫妻財產制，依該地區之規定。但在台灣地區之財產，適用台灣地區之法律。

第55條　非婚生子女認領之成立要件，依各該認領人被認領人認領時設籍地區之規定。

認領之效力，依認領人設籍地區之規定。

第56條　收養之成立及終止，依各該收養者被收養者設籍地區之規定。

收養之效力，依收養者設籍地區之規定。

第57條　父母之一方為台灣地區人民，一方為大陸地區人民者，其與子女間之法律關係，依父設籍地區之規定，無父或父為贅夫者，依母設籍地區之規定。

第58條　受監護人為大陸地區人民者，關於監護，依該地區之
　　　　規定。但受監護人在台灣地區有居所者，依台灣地區
　　　　之法律。

第59條　扶養之義務，依扶養義務人設籍地區之規定。

第60條　被繼承人為大陸地區人民者，關於繼承，依該地區之
　　　　規定。但在台灣地區之遺產，適用台灣地區之法律。

第61條　大陸地區人民之遺囑，其成立或撤回之要件及效力，
　　　　依該地區之規定。但以遺囑就其在台灣地區之財產為
　　　　贈與者，適用台灣地區之法律。

第62條　大陸地區人民之捐助行為，其成立或撤回之要件及效
　　　　力，依該地區之規定。但捐助財產在台灣地區者，適
　　　　用台灣地區之法律。

第63條　本條例施行前，台灣地區人民與大陸地區人民間、大
　　　　陸地區人民相互間及其與外國人間，在大陸地區成立
　　　　之民事法律關係及因此取得之權利、負擔之義務，以
　　　　不違背台灣地區公共秩序或善良風俗者為限，承認其
　　　　效力。
　　　　前項規定，於本條例施行前已另有法令限制其權利之
　　　　行使或移轉者，不適用之。
　　　　國家統一前，下列債務不予處理：
　　　　一、民國三十八年以前在大陸發行尚未清償之外幣債
　　　　　　券及民國三十八年黃金短期公債。
　　　　二、國家行局及收受存款之金融機構在大陸撤退前所
　　　　　　有各項債務。

第64條　夫妻因一方在台灣地區，一方在大陸地區，不能同居，

而一方於民國七十四年六月四日以前重婚者，利害關係人不得聲請撤銷；其於七十四年六月五日以後七十六年十一月一日以前重婚者，該後婚視爲有效。

前項情形，如夫妻雙方均重婚者，於後婚者重婚之日起，原婚姻關係消滅。

第65條　台灣地區人民收養大陸地區人民爲養子女，除依民法第一千零七十九條第五項規定外，有下列情形之一者，法院亦應不予認可：

一、已有子女或養子女者。

二、同時收養二人以上爲養子女者。

三、未經行政院設立或指定之機構或委託之民間團體驗證收養之事實者。

第66條　大陸地區人民繼承台灣地區人民之遺產，應於繼承開始起三年內以書面向被繼承人住所地之法院爲繼承之表示；逾期視爲拋棄其繼承權。

大陸地區人民繼承本條例施行前已由主管機關處理，且在台灣地區無繼承人之現役軍人或退除役官兵遺產者，前項繼承表示之期間爲四年。

繼承在本條例施行前開始者，前項期間自本條例施行之日起算。

第67條　被繼承人在台灣地區之遺產，由大陸地區人民依法繼承者，其所得財產總額，每人不得逾新台幣二百萬元。超過部分，歸屬台灣地區同爲繼承之人；台灣地區無同爲繼承之人者，歸屬台灣地區後順序之繼承人；台灣地區無繼承人者，歸屬國庫。

前項遺產，在本條例施行前已依法歸屬國庫者，不適用本條例之規定。其依法令以保管款專戶暫為存儲者，仍依本條例之規定辦理。

遺囑人以其在台灣地區之財產遺贈大陸地區人民、法人、團體或其它機構者，其總額不得逾新台幣二百萬元。

第一項遺產中，有以不動產為標的者，應將大陸地區繼承人之繼承權利折算為價額。但其為台灣地區繼承人賴以居住之不動產者，大陸地區繼承人不得繼承之，於定大陸地區繼承人應得部分時，其價額不計入遺產總額。

第67條之1　前條第一項之遺產事件，其繼承人全部為大陸地區人民者，除應適用第六十八條之情形者外，由繼承人、利害關係人或檢察官聲請法院指定財政部國有財產局為遺產管理人，管理其遺產。

被繼承人之遺產依法應登記者，遺產管理人應向該管登記機關登記。

第一項遺產管理辦法，由財政部擬訂，報請行政院核定後發佈之。

第68條　現役軍人或退除役官兵死亡而無繼承人、繼承人之有無不明或繼承人因故不能管理遺產者，由主管機關管理其遺產。

前項遺產事件，在本條例施行前，已由主管機關處理者，依其處理。

第一項遺產管理辦法，由國防部及行政院國軍退除役

官兵輔導委員會分別擬訂，報請行政院核定後發佈之。

本條例修正施行前，大陸地區人民未於第六十六條所定期限內完成繼承之第一項及第二項遺產，由主管機關逕行捐助設置財團法人榮民榮眷基金會，辦理下列業務，不受前條第一項歸屬國庫規定之限制：

一、亡故現役軍人或退除役官兵在大陸地區繼承人申請遺產之核發事項。

二、榮民重大災害救助事項。

三、清寒榮民子女教育獎助學金及教育補助事項。

四、其它有關榮民、榮眷福利及服務事項。

依前項第一款申請遺產核發者，以其亡故現役軍人或退除役官兵遺產，已納入財團法人榮民榮眷基金會者為限。

財團法人榮民榮眷基金會章程，由行政院國軍退除役官兵輔導委員會擬訂，報請行政院核定之。

第69條　大陸地區人民不得在台灣地區取得或設定不動產物權，亦不得承租土地法第十七條所列各款之土地。

第70條　未經許可之大陸地區法人、團體或其它機構，不得在台灣地區為法律行為。

第71條　未經許可之大陸地區法人、團體或其它機構，以其名義在台灣地區與他人為法律行為者，其行為人就該法律行為，應與該大陸地區法人、團體或其它機構，負連帶責任。

第72條　大陸地區人民、法人、團體或其它機構，非經主管機

關許可，不得爲台灣地區法人、團體或其它機構之成員或擔任其任何職務。

前項許可辦法，由有關主管機關擬訂，報請行政院核定後發佈之。

第73條　大陸地區人民、法人、團體或其它機構，持有股份超過20％之外國公司，得不予認許。經認許者，得撤銷之。

外國公司主要影響力之股東爲大陸地區人民、法人、團體或其它機構者，亦同。

第74條　在大陸地區作成之民事確定裁判、民事仲裁判斷，不違背台灣地區公共秩序或善良風俗者，得聲請法院裁定認可。

前項經法院裁定認可之裁判或判斷，以給付爲內容者，得爲執行名義。

前二項規定，以在台灣地區作成之民事確定裁判、民事仲裁判斷，得聲請大陸地區法院裁定認可或爲執行名義者，始適用之。

刑事

第75條　在大陸地區或在大陸船艦、航空器內犯罪，雖在大陸地區曾受處罰，仍得依法處斷。但得免其刑之全部或一部之執行。

第75條之1　大陸地區人民於犯罪後出境，致不能到庭者，法院得於其能到庭以前停止審判。但顯有應諭知無罪或免刑判決之情形者，得不待其到庭，逕行判決。

第76條　配偶之一方在台灣地區，一方在大陸地區，而於民國
　　　　七十六年十一月一日以前重為婚姻或與非配偶以共同
　　　　生活為目的而同居者，免予追訴、處罰；其相婚或與
　　　　同居者，亦同。

第77條　大陸地區人民在台灣地區以外之地區，犯內亂罪、外
　　　　患罪，經許可進入台灣地區，而於申請時據實申報者，
　　　　免予追訴、處罰；其進入台灣地區參加主管機關核准
　　　　舉辦之會議或活動，經專案許可免予申報者，亦同。

第78條　大陸地區人民之著作權或其它權利在台灣地區受侵害
　　　　者，其告訴或自訴之權利，以台灣地區人民得在大陸
　　　　地區享有同等訴訟權利者為限。

罰則

第79條　違反第十五條第一款規定者，處五年以下有期徒刑、
　　　　拘役或科或併科新台幣五十萬元以下罰金。
　　　　以犯前項之罪為常業者，處一年以上七年以下有期徒
　　　　刑，得併科新台幣一百萬元以下罰金。
　　　　第一項之未遂犯罰之。

第80條　中華民國船舶、航空器或其它運輸工具所有人、營運
　　　　人或船長、機長、其它運輸工具駕駛人違反第二十八
　　　　條第一項規定或違反第二十八條之一第一項規定或台
　　　　灣地區人民違反第二十八條之一第二項規定者，處三
　　　　年以下有期徒刑、拘役或科或併科新台幣一百萬元以
　　　　上一千五百萬元以下罰金。但行為係出於中華民國船
　　　　舶、航空器或其它運輸工具之船長或機長或駕駛人自

行決定者，處罰船長或機長或駕駛人。

前項中華民國船舶、航空器或其它運輸工具之所有人或營運人爲法人者，除處罰行爲人外，對該法人並科以前項所定之罰金。但法人之代表人對於違反之發生，已盡力爲防止之行爲者，不在此限。

刑法第七條之規定，對於第一項台灣地區人民在中華民國領域外私行運送大陸地區人民前往台灣地區及大陸地區以外之國家或地區者，不適用之。

第一項情形，主管機關得處該中華民國船舶、航空器或其它運輸工具一定期間之停航，或註銷、撤銷其有關證照，並得停止或撤銷該船長、機長或駕駛人之執業證照或資格。

第81條　違反第三十六條規定未經許可直接往來者，其參與決定之人，處三年以下有期徒刑、拘役或科或併科新台幣一百萬元以上一千五百萬元以下罰金。

前項情形，除處罰參與決定之人外，對該金融保險機構並科以前項所定之罰金。

前二項之規定，於在中華民國領域外犯罪者，適用之。

第82條　違反第二十三條規定從事招生或居間介紹行爲者，處三年以下有期徒刑、拘役或科或併科新台幣一百萬元以下罰金。

第83條　違反第十五條第四款或第五款規定者，處二年以下有期徒刑、拘役或科或併科新台幣三十萬元以下罰金。

意圖營利而違反第十五條第五款規定者，處三年以下有期徒刑、拘役或科或併科新台幣六十萬元以下罰

金。

以犯前項之罪爲常業者，處五年以下有期徒刑，得併科新台幣六十萬元以下罰金。

法人之代表人、法人或自然人之代理人、受僱人或其它從業人員，因執行業務犯前三項之罪者，除處罰行爲人外，對該法人或自然人並科以前三項所定之罰金。但法人之代表人或自然人對於違反之發生，已盡力爲防止行爲者，不在此限。

第84條　違反第十五條第二款規定者，處六月以下有期徒刑、拘役或科或併科新台幣十萬元以下罰金。

法人之代表人、法人或自然人之代理人、受僱人或其它從業人員，因執行業務犯前項之罪者，除處罰行爲人外，對該法人或自然人並科以前項所定之罰金。但法人之代表人或自然人對於違反之發生，已盡力爲防止行爲者，不在此限。

第85條　違反第三十條第一項規定者，處新台幣三百萬元以上一千五百萬元以下罰鍰，並得禁止該船舶、民用航空器或其它運輸工具所有人、營運人之所屬船舶、民用航空器或其它運輸工具，於一定期間內進入台灣地區港口、機場。

前項所有人或營運人，如在台灣地區未設立分公司者，於處分確定後，主管機關得限制其所屬船舶、民用航空器或其它運輸工具駛離台灣地區港口、機場，至繳清罰鍰爲止。但提供與罰鍰同額擔保者，不在此限。

第86條　違反第三十五條第一項規定從事投資、技術合作、貿易或商業行為者，處新台幣一百萬元以上五百萬元以下罰鍰，並限期命其停止投資、技術合作、貿易或商業行為；逾期不停止者，得連續處罰。

違反第三十五條第二項規定從事貿易行為者，除依其它法律規定處罰外，主管機關得停止其二個月以上一年以下輸出入貨品或撤銷其出進口廠商登記。

第87條　違反第十五條第三款規定者，處新台幣二十萬元以上一百萬元以下罰鍰。

第88條　違反第三十七條規定者，處新台幣四萬元以上二十萬元以下罰鍰。

前項出版品、電影片、錄影節目或廣播電視節目，不問屬於何人所有，得沒入之。

第89條　違反第三十四條第一項規定者，處新台幣十萬元以上五十萬元以下罰鍰。

前項廣告，不問屬於何人所有或持有，得沒入之。

第90條　違反第三十三條第一項規定者，處新台幣十萬元以上五十萬元以下罰鍰。

第91條　違反第九條第一項規定者，處新台幣二萬元以上十萬元以下罰鍰。

第92條　違反第三十八條第一項規定者，未經申報之幣券，由海關沒入之。

第93條　違反依第三十九條第二項規定所發之限制或禁止命令者，其文物或藝術品，由主管機關沒入之。

第94條　本條例所定罰鍰，由主管機關處罰；經通知繳納逾期

不繳納者，移送法院強制執行。

附則

第95條　主管機關於實施台灣地區與大陸地區直接通商、通航
　　　　及大陸地區人民進入台灣地區工作前，應經立法院決
　　　　議；立法院如於會期內一個月未爲決議，視爲同意。
第95條之1　各主管機關依本條例規定受理申請許可、核發證
　　　　照，得收取審查費、證照費；其收費標準由各主管機
　　　　關定之。
第96條　本條例施行細則及施行日期，由行政院定之。
　　　　本條例修正條文施行日期，由行政院定之。

附錄9　中華人民共和國台灣同胞投資保護法

一九九四年三月五日第八屆全國人民代表大會常務委員會第六次會議通過

中華人民共和國主席令

第二十號

《中華人民共和國台灣同胞投資保護法》已由中華人民共和國第八屆人民代表大會常務委員會第六次會議於一九九四年三月五日通過，現予公佈，自公佈之日起施行。

中華人民共和國主席　江澤民

一九九四年三月五日

第1條　為了保護和鼓勵台灣同胞投資，促進海峽兩岸的經濟發展，制定本法。

第2條　台灣同胞投資適用本法；本法未規定的，國家其它有關法律、行政法規對台灣同胞投資有規定的，依照該規定執行。

台灣同胞投資是指台灣地區的公司、企業、其它經濟組織或者個人作為投資者在其它省、自治區和直轄市投資。

第3條　國家依法保護台灣同胞投資者的投資、投資收益和其它合法權益。

台灣同胞投資必須遵守國家的法律、法規。

第 4 條　國家對台灣同胞投資者的投資不實行國有化和徵收；在特殊情況下，根據社會公共利益的需要，對台灣同胞投資者的投資可以依照法律程序實行徵收，並給予相應的補償。

第 5 條　台灣同胞投資者投資的財產、工業產權、投資收益和其它合法權益，可以依法轉讓和繼承。

第 6 條　台灣同胞投資者可以用可自由兌換貨幣、機器設備或者其它實物、工業產權、非專利技術等作為投資。

第 7 條　台灣同胞投資，可以舉辦合資經營企業、合作經營企業和全部資本由台灣同胞投資者投資的企業（以下統稱台灣同胞投資企業），也可以採用法律、行政法規規定的其它投資形式。

　　　　舉辦台灣同胞投資企業，應當符合國家的產業政策，有利於國民經濟的發展。

第 8 條　設立台灣同胞投資企業，應當向國務院規定的部門或者國務院規定的地方人民政府提出申請，接到申請的審批機關應當自接到全部申請文件之日起四十五日內決定批准或者不批准。

　　　　設立台灣同胞投資企業的申請經批准後，申請人應該自接到批准證書之日起三十日內，依法向企業登記機關登記註冊，領取營業執照。

第 9 條　台灣同胞投資企業依照法律、行政法規和經審批機關批准的合同、章程進行經營管理活動，其經營管理的自主權不受干涉。

第10條　在台灣同胞投資企業集中的地區，可以依法成立台灣

同胞投資企業協會，其合法權益受法律保護。

第11條 台灣同胞投資者依法獲得投資收益、其它合法收入和清算後的資金，可以依法匯回台灣或者匯往境外。

第12條 台灣同胞投資者可以委託親友作爲其投資的代理人。

第13條 台灣同胞投資企業依照國務院關於鼓勵台灣同胞投資的有關規定，享受優惠待遇。

第14條 台灣同胞投資者與其它省、自治區和直轄市的公司、企業、其它經濟組織或者個人之間發生的與投資有關的爭議，當事人可以透過協商或者調解解決。

當事人不願協商、調解的，或者經協商、調解不成的，可以依據合同中的仲裁條款或者事後達成的書面仲裁協議，提交仲裁機構仲裁。

當事人未在合同中訂立仲裁條款，事後又未達成書面仲裁協議的，可以向人民法院提起訴訟。

第15條 本法自公佈之日起施行。

（原載《人民日報》海外版一九九四年三月七日）

附錄10　李登輝總統在國統會的六條談話

一九九五年四月八日，李登輝總統國統會之講話全文

　　今天是國家統一委員會改組後的第一次會議，我們聽取了行政院大陸委員會和國家安全局的報告，同時也進行了熱烈的討論。各位基於對國家統一問題的高度關注，所發表的意見，非常重要，本人將請有關單位作進一步研究。非常感謝大家！

　　民國七十九年五月二十日，登輝在中華民國第八任總統宣誓就職典禮的致辭中，曾明確指出「當此全人類都在祈求和平、謀求和解的時刻，所有中國人也應共謀以和平與民主的方式，達成國家統一的共同目標」；為了「匯集國人的智慧，發揮我們的特長，以積極務實的作為，掌握民心的歸趨，主導兩岸關係的發展，早日達成國家統一的目標」，十月七日成立國家統一委員會。國家統一委員會於八十年二月二十三日通過《國家統一綱領》，具體說明了中華民國追求自由、民主、均富、統一的信念與進程。八十年四月三十日，本人宣告終止動員戡亂時期，更實際展現了我們開創和平統一的誠意。

　　《國家統一綱領》中列舉了四項原則：

　　1.大陸與台灣均是中國的領土，促成國家的統一，應是中國人共同的責任；

　　2.中國的統一，應以全民的福祉為依歸，而不是黨派之爭；

　　3.中國的統一，應以發揚中華文化，維護人性尊嚴，保障基本人權，實踐民主法治為宗旨。

第三項,相信是全體中國人,包括兩岸有責任感的政黨所不能否定的。

然而,由於四十多年來,海峽兩岸不同制度、不同條件形成的發展差距,我們爲了對台澎金馬的二千一百萬同胞負責任,同時也爲維護中國人在台灣所締造的可貴經驗,分潤全中華民族,所以,《國家統一綱領》又列舉了第四項原則:中國的統一,其時機與方式,首應尊重台灣地區人民的權益並維護其安全與福祉,在理性、和平、對等、互惠的原則下,分階段逐步達成。

近年來,海峽兩岸民間往來日益頻繁,各項交流不斷發展擴大,兩岸人民跨越長期的隔絕,逐漸增進彼此的了解;而辜汪會談及兩岸事務性商談,標誌著兩岸關係走入協商的時代。兩岸關係的發展開啓了全中華民族重新融合的新頁,是令人珍惜的歷史進程。但是,由於大陸當局未能正視中華民國政府已存在八十四年,並持續擁有對台澎金馬主權與治權的事實,處處否定、排擠我們在國際上應有的發展與地位,致使和平統一的步伐停滯不前。

不容諱言,兩岸分離對峙四十餘年,累積的敵意與誤解自難立即消弭。然而,面對新的情勢,兩岸都必須以新的體認,採取務實的作爲,促成眞正的和諧,才能塑造中國再統一的有利氣候與形勢。

因此,針對現階段的情勢,爲建立兩岸正常關係,我們提出以下的主張:

在兩岸分治的現實上追求中國統一

民國三十八年以來，台灣與大陸分別由兩個互不隸屬的政治實體治理，形成了海峽兩岸分裂分治的局面，也才有國家統一的問題。因此，要解決統一問題，就不能不實事求是，尊重歷史，在兩岸分治的現實上探尋國家統一的可行方式。只有客觀對待這個現實，兩岸才能對於「一個中國」的意涵，儘快獲得較多共識。

以中華文化為基礎，加強兩岸交流

博大精深的中華文化，是全體中國人的共同驕傲和精神支柱。我們歷年來以維護及發揚固有文化為職志，也主張以文化作為兩岸交流的基礎，提升共存共榮的民族情感，培養相互珍惜的兄弟情懷。在浩瀚的文化領域裡，兩岸應加強各項交流的廣度與深度，並進一步推動資訊、學術、科技、體育等各方面的交流與合作。

增進兩岸經貿往來，發展互利互補關係

面對全球致力發展經濟的潮流，中國人必須互補互利，分享經驗。台灣的經濟發展要把大陸列為腹地，而大陸的經濟發展則應以台灣作為借鑑。我們願意提供技術與經驗，協助改善大陸農業，造福廣大農民；同時也要以既有的投資與貿易為基礎，繼續協助大陸繁榮經濟，提升生活水準。至於兩岸商務與航運往來，由於涉及的問題相當複雜，有關部門必須多方探討，預作規劃。在時機與條件成熟時，兩岸人士並可就此進行溝通，

以便透徹了解問題和交換意見。

兩岸平等參與國際組織，雙方領導人藉此自然見面

本人曾經多次表示，兩岸領導人在國際場合自然見面，可以緩和兩岸的政治對立，營造和諧的交往氣氛。目前，兩岸共同參與若干重要的國際經濟及體育組織，雙方領導人若能藉出席會議之便自然見面，必然有助於化解兩岸的敵意，培養彼此的互信，為未來的共商合作奠定基礎。我們相信，兩岸平等參與國際組織的情形愈多，愈有利於雙方關係發展及和平統一進程，並且可以向世人展現兩岸中國人不受政治分歧影響，仍能攜手共為國際社會奉獻的氣度，創造中華民族揚眉吐氣的新時代。

兩岸均應堅持以和平方式解決一切爭端

炎黃子孫須先互示真誠，不再骨肉相殘。我們不願看到中國人再受內戰之苦，希望化干戈為玉帛。因此，於民國八十年宣佈終止動員戡亂，確認兩岸分治的事實，不再對大陸使用武力。遺憾的是，四年來，中共當局一直未能宣佈放棄對台澎金馬使用武力，致使敵對狀態持續至今。我們認為，大陸當局應表現善意，聲明放棄對台澎金馬使用武力，不再作出任何引人疑慮的軍事行動，從而為兩岸正式談判結束敵對狀態奠定基礎。本人必須強調，以所謂「台獨勢力」或「外國干預」作為拒不承諾放棄對台用武的理由，是對中華民國立國精神與政策的漠視和歪曲，只會加深兩岸猜忌，阻撓互信；兩岸正式談判結束敵對狀態的成熟度，需要雙方共同用真心誠意來培養醞

釀。目前，我們將由政府有關部門，針對結束敵對狀態的相關
議題進行研究規劃，當中共正式宣佈放棄對台澎金馬使用武力
後，即在最適當的時機，就雙方如何舉行結束敵對狀態的談判，
進行預備性協商。

兩岸共同維護港澳繁榮，促進港澳民主

香港和澳門是中國固有領土，港澳居民是我們的骨肉兄
弟，一九九七年後的香港和一九九九年後的澳門情勢，是我們
密切關心的問題。中華民國政府一再聲明，將繼續維持與港澳
的正常連繫，進一步參與港澳事務，積極服務港澳同胞。維持
經濟的繁榮與自由民主的生活方式，是港澳居民的願望，也受
到海外華人和世界各國的關注，更是海峽兩岸無可旁貸的責
任。我們希望大陸當局積極回應港澳居民的要求，集合兩岸之
力，與港澳人士共同規劃維護港澳繁榮與安定。

近百年來，中國歷經重重苦難始終未能建立自由富裕的現
代化社會。五十年前抗戰勝利，雖然結束了外力入侵，重現希
望的曙光，然而兩岸又告分離。四十餘年來，中華民國秉承孫
中山先生遺志，致力推動民生建設，在經濟上創造了全球肯定
的「台灣經驗」；近年又積極從事憲政改革，實踐主權在民的
民主理念。這一切作為，都在為中華民族的未來奠定基礎。儘
管兩岸長期分隔，但我們向來珍惜與大陸同胞的手足之情，時
時以全中國人民的福祉為念。而未來，我們也將繼續發揮相互
扶持的同胞愛，協助大陸地區在穩定的局勢中，謀求進一步的
發展。我們希望大陸的經濟日益繁榮，政治走向民主，讓十二
億同胞享有自由富裕的生活。本人堅定地相信，在國際局勢日

趨緩和的今天，兩岸分別展開民權及民生建設，進行和平競賽，是對全中華民族最直接、最有效的貢獻，不但能謀求中國統一問題的眞正解決，並能使炎黃子孫在世界舞台昂首屹立。這才是民族主義的眞諦，也是面對二十一世紀，兩岸執政者不容推卸的責任。

附錄11　人大常委會《告台灣同胞書》

一九七九年一月一日中華人民共和國全國人民代表大會常務委員會

親愛的台灣同胞們：

今天是一九七九年元旦。我們代表祖國大陸的各族人民，向諸位同胞致以親切的問候和衷心的祝賀。

昔人有言：「每逢佳節倍思親」。在這歡度新年的時刻，我們更加想念自己的親骨肉——台灣的父老兄弟姐妹。我們知道，你們也無限懷念祖國和大陸上的親人。這種綿延了多少歲月的相互思念之情與日俱增。自從一九四九年台灣同祖國不幸分離以來，我們之間音訊不通，來往斷絕，祖國不能統一，親人無從團聚，民族、國家和人民都受到了巨大的損失。所有中國同胞以及全球華裔，無不盼望早日結束這種令人痛心的局面。

我們中華民族是偉大的民族，佔世界人口近四分之一，享有悠久的歷史和優秀的文化，對世界文明和人類發展的卓越貢獻，舉世共認。台灣自古就是中國不可分割的一部分。中華民族是具有強大的生命力和凝聚力的。儘管歷史上有過多少次外族入侵和內部紛爭，都不曾使我們的民族陷於長久分裂。近三十年台灣同祖國的分離，是人為的，是違反我們民族利益和願望的，絕不能再這樣下去了。每一個中國人，不論是生活在台灣的還是生活在大陸的，都對中華民族的生存、發展和繁榮負有不容推諉的責任。統一祖國這樣一個關係全民族前途的重大

任務，現在擺在我們大家的面前，誰也不能迴避，誰也不應迴避。如果我們還不儘快結束目前這種分裂局面，早日實現祖國的統一，我們何以告慰於列祖列宗？何以自解於子孫後代？人同此心，心同此理，凡屬黃帝子孫，誰願成為民族的千古罪人？

近三十年來，中國在世界上的地位已發生根本變化。我國國際地位愈來愈高，國際作用愈來愈重要。各國人民和政府為了反對霸權主義、維護亞洲和世界的和平穩定，幾乎莫不對我們寄予極大期望。每一個中國人都為祖國的日見強盛而感到自豪，我們如果儘快結束目前的分裂局面，把力量合到一起，則所能貢獻於人類前途者，自更不可限量，早日實現祖國統一，不僅是全中國人民包括台灣同胞的共同心願，也是全世界一切愛好和平的人民和國家的共同希望。

今天，實現中國的統一，是人心所向，大勢所趨。世界上普遍承認只有一個中國，承認中華人民共和國政府是中國唯一合法的政府。最近中日和平友好條約的簽訂，和中美兩國關係正常化的實現，更可見潮流所至，實非任何人所得而阻止。目前祖國安定團結，形勢比以往任何時候都好。在大陸上的各族人民，正在為實現四個現代化的偉大目標而同心戮力。我們殷切期望台灣早日回歸祖國，共同發展建國大業。我們的國家領導人已經表示決心，一定要考慮現實情況，完成祖國統一的大業，在解決統一問題時尊重台灣現狀和台灣各界人士的意見，採取合情合理的政策和辦法，不使台灣人民蒙受損失。台灣各界人士也紛紛抒發懷鄉思舊之情，訴述「認同回歸」之願，提出種種建議，熱烈盼望早日回到祖國的懷抱。時至今日，種種條件都對統一有利，可謂萬事俱備，任何人都不應當拂逆民族

的意志，違背歷史的潮流。

我們寄希望於一千七百萬台灣人民，也寄希望於台灣當局。台灣當局一貫堅持一個中國的立場，反對台灣獨立，這就是我們共同的立場，合作的基礎。我們一貫主張愛國一家，統一祖國，人人有責。希望台灣當局以民族利益爲重，對實現祖國統一的事業作出寶貴的貢獻。

中國政府已經命令人民解放軍從今天起停止對金門等島嶼的砲擊。台灣海峽目前仍然存在著雙方的軍事對峙，這只能制造人爲的緊張。我們認爲，首先應當通過中華人民共和國政府和台灣當局之間的商談結束這種軍事對峙狀態，以便爲雙方的任何一種範圍的交往接觸創造必要的前提和安全的環境。

由於長期隔絕，大陸和台灣的同胞互不瞭解，對於雙方造成各種不便。遠居海外的許多僑胞都能回國觀光，與家人團聚。爲什麼近在咫尺的大陸和台灣的同胞卻不能自由來往呢？我們認爲，這種藩籬沒有理由繼續存在。我們希望雙方儘快實現通航通郵，以利雙方同胞直接接觸，互通訊息，探親訪友，旅遊參觀，進行學術文化體育工藝觀摩。

台灣和祖國大陸，在經濟上本來是一個整體。這些年來，經濟聯繫不幸中斷。現在，祖國的建設正在蓬勃發展，我們也希望台灣的經濟日趨繁榮。我們相互之間完全應當發展貿易，互通有無，進行經濟交流。這是相互的需要，對任何一方都有利而無害。

親愛的台灣同胞：

我們偉大祖國的美好前途，旣屬於我們，也屬於你們。統一祖國，是歷史賦與我們這一代人的神聖使命。時代在前進，

形勢在發展，我們早一天完成這一使命，就可以早一天共同創造我國空前未有的光輝燦爛的歷史，而與各先進強國並駕齊驅，共謀世界的和平、繁榮和進步。讓我們攜起手來，為這一光榮目標共同奮鬥！

附錄*12*　人大委員長葉劍英九條談話

一九八一年九月三十日全國人民代表大會常務委員會委員長葉劍英談和
平統一方針

一九七九年元旦，全國人民代表大會常務委員會發表《告台灣同胞書》，宣佈了爭取和平統一祖國的大政方針，得到全中國各族人民，包括台灣同胞、港澳同胞以及國外僑胞的熱烈擁護和積極響應。台灣海峽出現了和緩氣氛。現在，我願趁此機會進一步闡明關於台灣回歸祖國，實現和平統一的方針政策：

一、為了儘早結束中華民族陷於分裂的不幸局面，我們建議舉行中國共產黨和中國國民黨兩黨對等談判，實行第三次合作，共同完成祖國統一大業。雙方可先派人接觸，充分交換意見。

二、海峽兩岸各族人民迫切希望互通音訊、親人團聚、開展貿易、增進瞭解。我們建議雙方共同為通郵、通商、通航、探親、旅遊以及開展學術、文化、體育交流提供方便，達成有關協議。

三、國家實現統一後，台灣可作為特別行政區，享有高度的自治權，並可保留軍隊，中央政府不干預台灣地方事務。

四、台灣現行社會、經濟制度不變，生活方式不變，同外國的經濟、文化關係不變。私人財產、房屋、土地、企業所有權、合法繼承權和外國投資不受侵犯。

五、台灣當局和各界代表人士，可擔任全國性政治機構的領導職務，參與國家管理。

六、台灣地方財政遇有困難時，可由中央政府酌情補助。

七、台灣各族人民、各界人士願回祖國大陸定居者，保證妥善安排，不受歧視，來去自由。

八、歡迎台灣工商界人士回祖國大陸投資，興辦各種經濟事業，保證其合法權益和利潤。

九、統一祖國，人人有責。我們熱誠歡迎台灣各族人民、各界人士、民眾團體透過各種渠道、採取各種方式提供建議，共商國是。

台灣回歸祖國，完成統一大業是我們這一代人光榮、偉大的歷史使命。中國的統一和富強，不僅是祖國大陸各種人民的根本利益所在，同樣是台灣各族同胞的根本利益所在，而且有利於遠東和世界和平。

我們希望廣大台灣同胞，發揚愛國主義精神，積極促進全民族大團結早日實現，共享民族榮譽。希望港澳同胞、國外僑胞繼續努力，發揮橋樑作用，為統一祖國貢獻力量。

我們希望國民黨當局堅持一個中國、反對「兩個中國」的立場，以民族大義為重，捐棄前嫌，同我們攜起手來，共同完成統一祖國大業，實現振興中華的宏圖，為列祖列宗爭光，為子孫後代造福，在中華民族歷史上譜寫新的光輝篇章！

附錄*13*　鄧小平談中國大陸和台灣和平統一的設想

一九八三年六月二十六日（載同年七月三十日《人民日報》）

　　中共中央顧問委員會主任鄧小平六月二十六日在北京會見美國新澤西州西東大學敎授楊力宇時，談到實現中國大陸和台灣和平統一的一些設想。

　　他說，問題的核心是祖國統一。和平統一已成爲國共兩黨的共同語言。但不是我吃掉你，也不是你吃掉我。我們希望國共兩黨共同完成民族統一，大家都對中華民族作出貢獻。

　　鄧小平不贊成台灣「完全自治」的提法，他說：自治不能沒有限度，旣有限度就不能「完全」。「完全自治」就是「兩個中國」，而不是一個中國。制度可以不同，但在國際上代表中國的，只能是中華人民共和國。我們承認台灣地方政府在對內政策上可以搞自己的一套。台灣作爲特別行政區，雖是地方政府，但同其它省市的地方政府以至自治區不同，可以有其它省市自治區所沒有而爲自己所獨有的某些權力，條件是不能損害統一的國家的利益。

　　鄧小平說，祖國統一後，台灣特別行政區可有自己的獨立性，可實行同大陸不同的制度。司法獨立，終審權不須到北京。台灣還可有自己的軍隊，只是不能構成對大陸的威脅。大陸不派人駐台，不僅軍隊不去，行政人員也不去。台灣的黨政軍等系統，都由台灣自己管。中央政府還要給台灣留出名額。

　　鄧小平指出，和平統一不是大陸把台灣吃掉，當然也不能

是台灣把大陸吃掉。所謂「三民主義統一中國」，這不現實。

鄧小平說，要實現統一，就要有個適當方式，所以我們建議舉行兩黨平等會談，實行第三次合作，而不提中央與地方談判。雙方達成協議後，可以正式宣佈。但萬萬不可讓外國插手，那樣只能意味著中國還未獨立，後患無窮。

鄧小平希望台灣方面仔細研究一下「九條」的內容和鄧穎超在政協六屆一次會議上致的開幕詞，消除誤解。

鄧小平對楊力宇教授今年三月在美國舊金山舉辦「中國統一之展望」討論會表示稱讚，說：你們作了一件很好的事。

鄧小平說，我們是要完成前人沒有完成的事業的。如果他們能完成這件事，蔣氏父子以及一切致力於中國統一事業的人，歷史都會寫得好一些。當然，實現和平統一需要一定時間。如果說不急，那是假話，我們上了年紀的人，總希望早日實現。要多接觸，增進瞭解。我們隨時可以派人去台灣，可以只看不談，也歡迎他們派人來，保證安全、保密。我們講話算數，不搞小動作。

鄧小平指出，我們已經實現了真正的安定團結。我們和平統一祖國的方針，是黨的十一屆三中全會以後制定的，有關政策是逐漸完備起來的，我們將堅持不變。

談到中美關係，鄧小平說，中美關係最近略有好轉，但是，美國的當權人士從未放棄搞「兩個中國」或「一個半中國」。美國把它的制度吹得那麼好，可是總統競選時一個說法，剛上任一個說法，中期選舉一個說法，臨近下一屆大選時又是一個說法。美國還說我們的政策不穩定，同美國比起來，我們的政策穩定得多。

附錄*14*　江澤民主席春節前夕八點談話

一九九五年一月三十日

　　同志們，朋友們：

　　全國各族人民剛剛歡度了一九九五年元旦，又迎來乙亥年春節。在這中華民族的傳統節日來臨之際，在京的台灣同胞和有關人士歡聚一堂，共話兩岸關係前景和祖國和平統一大業，是一件很有意義的事，藉此機會，我謹代表中共中央、國務院，向兩千一百萬台灣同胞祝賀新年，祝台灣同胞新春快樂，萬事如意！

「一國兩制」統一方針

　　台灣是中國不可分割的一部分。一百年前，一八九五年四月十七日，日本帝國主義以戰爭的手段逼迫腐敗的清朝政府簽訂了喪權辱國的《馬關條約》，強行攫取了台灣與澎湖列島，使台灣人民在日本殖民統治下生活半個世紀之久。中國人民永遠不會忘記這屈辱的一頁。五十年前，中國人民同世界人民一道戰勝了日本帝國主義，一九四五年十月二十五日，台灣與澎湖列島重歸中國版圖，台灣同胞從此擺脫了殖民統治的枷鎖。但是，由於眾所週知的原因，一九四九年以後，台灣又與祖國大陸處於分離狀態。實現祖國的完全統一，促進中華民族的全面振興，仍然是所有中國人的神聖使命和崇高目標。

　　一九七九年一月，全國人民代表大會常務委員會發表《告

台灣同胞書》以來,我們制定了「和平統一,一國兩制」的基本方針和一系列對台政策。鄧小平同志是中國改革開放的總設計師,也是「一個國家,兩種制度」偉大構想的創造者。鄧小平同志高瞻遠矚,實事求是,提出了一系列具有鮮明時代特色的解決台灣問題的重要論斷和思想,確立了實現祖國和平統一的指導方針。

堅決反對「台灣獨立」

鄧小平同志指出,問題的核心是祖國統一,凡是中華民族的子孫,都希望中國統一,分裂是違背民族意志的。只有一個中國,台灣是中國的一部分。不能允許有什麼「兩個中國」或「一中一台」,堅決反對「台灣獨立」。解決台灣問題無非有兩種方式,一種是和平的方式,一種是非和平的方式,用什麼方式解決台灣問題,完全是中國的內政,決不允許外國干涉。我國堅持用和平的方式,透過談判實現和平統一;同時我們不能承諾根本不使用武力,如果承諾了這一點,只能使和平統一成為不可能,只能導致最終用武力解決問題。統一以後實行「一國兩制」,國家的主體堅持社會主義制度,台灣保持原有的制度。「不是我吃掉你,也不是你吃掉我」。統一後,台灣的社會經濟制度不變,生活方式不變,台灣同外國的民間關係不變,包括外國在台灣的投資及民間交往不變。台灣作為特別行政區有高度的自治權,擁有立法權和司法權(包括終審權),可以有自己的軍隊,黨、政、軍等系統都由自己管理。中央政府不派軍隊、行政人員駐台,而且在中央政府裡還要給台灣留出名額。

早日實現直接「三通」

　　十幾年來，在「和平統一，一國兩制」基本方針指引下，經過海峽兩岸同胞、港澳同胞和海外僑胞的共同努力，兩岸人員往來以及科技、文化、學術、體育等各領域的交流蓬勃發展。兩岸經濟相互促進、互補互利的局面正初步形成。早日實現兩岸直接「三通」，不僅是廣大台胞、特別是台灣工商業者的強烈呼聲，而且成為台灣未來經濟發展的實際需要。兩岸事務性商談已取得進展，「汪辜會談」標誌著兩岸關係邁出了歷史性的重要一步。

　　但是，值得所有中國人警惕的是，近年來台灣島內分離傾向有所發展，「台獨」活動趨於猖獗。某些外國勢力進一步插手台灣問題，干涉中國內政。這些活動不僅阻礙著中國和平統一的進程，而且威脅著亞太地區的和平、穩定和發展。

　　當前國際形勢仍然複雜多變，但總的趨勢是走向緩和。世界各國都在制定面向未來的經濟戰略，把增強綜合國力作為首要任務，以求在下一世紀到來時能在世界上佔自己的位置。我們感到高興的是，海峽兩岸的經濟都在向前發展。一九九七年、一九九九年，我國將相繼恢復對香港和澳門行使主權，這將是全國各族人民包括台灣同胞的一件大喜事。中華民族歷盡滄桑，飽經磨難，現在是完全祖國統一大業、實現全面振興的時候了。這對台灣是個機會，對整個中華民族也是個機會。在這裡，我願就現階段發展兩岸關係、推進祖國和平統一進程的若干重要問題提出如下看法和主張。

　　一、堅持一個中國的原則，是實現和平統一的基礎和前提。

中國的主權和領土絕不容許分割。任何製造「台灣獨立」的言論和行動，都應堅決反對；主張「分裂分治」、「階段性兩個中國」等等，違背一個中國的原則也應堅決反對。

二、對於台灣同胞外國發展民間性經濟文化關係，我們不持異議。在一個中國的原則下，並依據有關國際組織的章程，台灣已經以「中國台北」名義參加亞洲開發銀行、亞太經濟合作會議等經濟性國際組織。但是，我們反對台灣以搞「兩個中國」、「一中一台」為目的的所謂「擴大國際生存空間」的活動。一切愛國的台灣同胞和有識之士都會認識到，進行這類活動並不能解決問題，反而會使「台獨」勢力更加肆無忌憚地破壞和平統一的進程。只有實現和平統一後，台灣同胞才能與全國各族人民一道，真正充分地共享偉大祖國在國際上的尊嚴與榮譽。

三、進行海峽兩岸和平統一談判，是我們的一貫主張。在和平統一談判的過程中可以吸取兩岸各黨派、團體有代表性的人士參加。我在一九九二年十月中國共產黨第十四次全國代表大會的報告中說：「在一個中國的前提下，什麼問題都可以談，包括就兩岸正式談判的方式同台灣方面進行討論，找到雙方都認為合適的辦法。」我們所說的「在一個中國的前提下，什麼問題都可以談」，當然也包括台灣當局關心的各種問題。我們曾經多次建議雙方就「正式結束兩岸敵對狀態、逐步實現和平統一」進行談判。在此，我再次鄭重建議舉行這項談判，並且提議，作為第一步，雙方可先在「在一個中國的原則下，正式結束兩岸敵對狀態」進行談判，並達成協議。在此基礎上，共同承擔義務，維護中國的主權和領土完整，並對今後兩岸關

係的發展進行規劃。至於政治談判的名義、地點、方式等問題，只要早日進行平等協商，總可找出雙方都可以接受的解決辦法。

四、努力實現和平統一，中國人不打中國人。我們不承諾放棄使用武力，絕不是針對台灣同胞，而是針對外國勢力干涉中國統一和搞「台灣獨立」的圖謀的。我們完全相信台灣同胞、港澳同胞和海外僑胞理解我們的這一原則立場。

五、面向二十一世紀世界經濟的發展，要大力發展兩岸經濟交流與合作，以利於兩岸經濟共同繁榮，造福整個中華民族。我們主張不以政治分歧去影響、干擾兩岸經濟合作。我們將繼續長期執行鼓勵台商投資的政策，貫徹《中華人民共和國台灣同胞投資保護法》。不論在什麼情況下，我們都將切實維護台商的一切正當權益。要繼續加強兩岸同胞得相互往來如交流，增進了解和互信。兩岸直接通郵、通航、通商，是兩岸經濟發展和各方面交往的客觀需要，也是兩岸同胞利益之存在，完全應當採取實際步驟加速實現直接「三通」。要促進兩岸事務性商談。我們贊成在互惠互利的基礎上，商談並且簽訂保護台商投資權益的民間性協議。

六、中華各族兒女共同創造的五千年燦爛文化，始終是維繫全體中國人的精神紐帶，也是實現和平統一的一個重要基礎。兩岸同胞要共同繼承和發揚中華文化的優秀傳統。

七、兩千一百萬台灣同胞，不論是台灣省籍還是其它的省籍，都是中國人，都是骨肉同胞、手足兄弟。要充分尊重台灣同胞的生活方式和當家做主的願望，保護台灣同胞一切正當權益。我們黨和政府各有關部門，包括駐外機構，要加強與台灣

同胞的聯繫，傾聽他們的意見和要求，關心、照顧他們的利益，盡可能幫助他們解決困難。我們希望台灣島內社會安定、經濟發展、生活富裕；也希望台灣各黨各派以理性、前瞻和建設性的態度推動兩岸關係發展。我們歡迎台灣各黨派、各界人士，同我們交換有關兩岸關係和平統一的意見，也歡迎他們前來參觀、訪問。凡是爲中國統一作出貢獻的各方面人士，歷史將永遠銘記他們的功績。

八、我們歡迎台灣當局的領導人以適當身分前來訪問；我們也願意接受台灣方面的邀請，前往台灣。可以共商國是，也可以先就某些問題交換意見，就是相互走走看看，也是有益的。中國人的事我們自己辦，不需要借助任何國際場合。海峽咫尺，殷殷相望，總要有來有往，不能「老死不相往來」。

港澳同胞、海外僑胞爲促進兩岸關係、祖國統一和中華民族振興，作出了許多努力，功不可沒。我們希望廣大港澳同胞、海外僑胞進一步發展兩岸關係、統一祖國和振興中華作出新的貢獻。

早日完成祖國統一，是中國各族人民的共同心願。無限期地拖延統一，是所有愛國同胞不願意看到的。中華民族偉大的革命先行者孫中山先生曾經說過：「統一是中國全體國民的希望。能夠統一，全國人民便享福；不能統一便要受害。」我們呼籲所有中國人團結起來，高舉愛國主義的偉大旗幟，堅持統一，反對分裂，全力推動兩岸關係的發展，促進祖國統一大業的完成。中華民族現代發展進程中這光輝燦爛的一天，一定會到來。

附錄15 「九七」後香港涉台問題七條基本原則

　　新華社北京一九九六年六月二十二日電　國務院副總理、香港特別行政區籌委會預委會主任錢其琛，在今天開幕的預委會第五次全體會議上代表國務院宣佈了中央人民政府確定處理「九七」後香港涉台問題的基本原則和政策。（載同年六月二十三日《人民日報》海外版）

　　一、港、台兩地現有的各種民間交流交往關係，包括經濟文化交流、人員往來等，基本不變。

　　二、鼓勵、歡迎台灣居民和台灣各類資本到香港從事投資、貿易和其它工商活動。台灣居民和台灣各類資本在香港的正當權益依法受到保護。

　　三、根據「一個中國」的原則，香港特別行政區與台灣地區間的空中航線和海上運輸航線，按「地區特殊航線」管理。香港特別行政區與台灣地區間的海、空航運交通，依雙向互惠原則進行。

　　四、台灣居民可根據香港特別行政區法律進出香港地區，或在當地就學、就業、定居。為方便台灣居民出入香港，中央人民政府將就其所持證件等問題作出安排。

　　五、香港特別行政區的教育、科學、技術、文化、藝術、體育、專業、醫療衛生、勞工、社會福利、社會工作等方面的民間團體和宗教組織，在互不隸屬、互不干涉和互相尊重的原則基礎上，可與台灣地區的有關民間團體和組織保持和發展關

係。

六、香港特別行政區與台灣地區之間以各種名義進行的官方接觸往來、商談、簽署協議和設立機構，須報請中央人民政府批准，或經中央人民政府具體授權，由特別行政區行政長官批准。

七、台灣現有在香港的機構及人員可繼續留存，他們在行動上要嚴格遵守《中華人民共和國香港特別行政區基本法》，不得違背「一個中國」的原則，不得從事損害香港的安定繁榮以及與其註冊性質不符的活動。我們鼓勵、歡迎他們為祖國的統一和保持香港的繁榮穩定作出貢獻。

錢其琛說，中華人民共和國政府恢復對香港行使主權，是包括香港同胞、台灣同胞在內的全體中國人民長期以來的共同願望。「九七」以後香港特別行政區與台灣地區的關係，是兩岸關係的特殊組成部分。「九七」後香港的涉台問題，凡屬涉及國家主權和兩岸關係的事務，由中央人民政府安排處理，或由香港特別行政區政府在中央人民政府的指導下處理。港台兩地民間交往，香港同胞、台灣同胞的正當權益應予維護，以促進兩地共同繁榮。

錢其琛強調說，中央人民政府確定的處理「九七」後香港涉台問題的各項政策的依據是「一個中國」的原則和「一國兩制」的方針。他說，我們要求台灣當局認清形勢，面對現實，採取務實的態度，消除各種障礙，不要企圖在港台關係上搞「兩個中國」、「一中一台」的活動。我們也要求台灣在港的機構和人員嚴格遵守《中華人民共和國香港特別行政區基本法》，

用以規範自己的行為，不違背「一個中國」的原則，不從事有
損香港安定繁榮的事。

附錄16　辜汪會談共同協議

民國八十二年五月十三日行政院第二三三一次會議准予備查
民國八十二年五月二十四日行政院台八十二祕字第一五九九四號函分行

　　財團法人海峽交流基金會（以下簡稱海基會）辜振甫董事長與海峽兩岸關係協會（以下簡稱海協）汪道涵會長代表兩會於本年四月二十七日至二十九日在新加坡進行會談。本次會談為民間性、經濟性、事務性與功能性之會談，海基會邱進益副董事長與海協常務副會長唐樹備、副會長兼祕書長鄒哲開等參加會談。雙方達成以下協議：

本年度協商議題

　　雙方確定今年內就「違反有關規定進入對方地區人員之遣返及相關問題」、「有關共同打擊海上走私、搶劫等犯罪活動問題」、「協商兩岸海上漁事糾紛之處理」、「兩岸智慧財產權（知識產權）保護」及「兩岸司法機關之相互協助（兩岸有關法院之間的聯繫與協助）」（暫定）等議題進行事務性協商。

經濟交流

　　雙方均認為應加強兩岸經濟交流，互補互利。雙方同意就台商在大陸投資權益及相關問題、兩岸工商界人士互訪等問題，擇時擇地繼續進行商談。

能源資源開發與交流

雙方同意就加強能源、資源之開發與交流進行磋商。

文教科技交流

雙方同意積極促進青少年互訪交流、兩岸新聞界交流以及科技交流。在年內舉辦青少年才藝競賽及互訪，促成青年交流、新聞媒體負責人及資深記者互訪。促進科技人員互訪、交換科技研究出版物以及探討科技名詞統一與產品規格標準化問題，共同促進電腦及其它產業科技之交流，相關事宜再行商談。

簽署生效

本共同協議自雙方簽署之日起三十日生效實施。
本共同協議於四月二十九日簽署，一式四份，雙方各執兩份。

　　　　　　　財團法人海峽交流基金會
　　　　　　　董事長　辜振甫
　　　　　　　海峽兩岸關係協會
　　　　　　　會長　　汪道涵
　　　　　　　中華民國八十二年四月二十九日

附錄16（續）　兩岸公證書使用查證協議

民國八十二年五月十三日行政院第二三三一次會議准予備查

行政院台八十二祕字第一五九九二號函

民國八十二年五月二十四日司法院㈡院台廳司三字第○九一八一號函會

衡分行

考試院㈡考台祕議字第一六六號函

　　財團法人海峽交流基金會與海峽兩岸關係協會、中國公證
員協會，就兩岸公證書使用查證事宜，經協商達成以下協議：

聯繫主體

　　一、關於寄送公證書副本及查證事宜，雙方分別以財團法
人海峽交流基金會與中國公證員協會或有關省、自治區、直轄
市公證員協會相互聯繫。

　　二、本協議其它相關事宜，由財團法人海峽交流基金會與
海峽兩岸關係協會聯繫。

寄送公證書副本

　　一、雙方同意相互寄送涉及繼承、收養、婚姻、出生、死
亡、委託、學歷、定居、扶養親屬及財產權利證明公證書副本。

　　二、雙方得根據公證書使用需要，另行商定增、減寄送公
證書副本種類。

公證書查證

一、查證事由

公證書有下列情形之一，雙方應相互協助查證：

1.違反公證機關有關受理範圍規定；

2.同一事項在不同公證機關公證；

3.公證書內容與戶籍資料或其它檔案資料記載不符；

4.公證書內容自相矛盾；

5.公證書文字、印鑑模糊不清，或有塗改、擦拭等可疑痕跡；

6.有其它不同證據資料；

7.其它需要查明事項。

二、拒絕事由

未敍明查證事由，或公證書上另加蓋有其它證明印章者，接受查證一方得附加理由拒絕該項查證。

三、答覆期限

接受查證一方，應於收受查證函之日起三十日內答覆。

四、查證費用

提出查證一方應向接受查證一方支付適當費用。

查證費用標準及支付方式由雙方另行商定。

文書格式

寄送公證書副本、查證與答覆，應經雙方協商使用適當文書格式。

其它文書

雙方同意就公證書以外的文書查證事宜進行個案協商並予協助。

協議履行、變更與終止

雙方應遵守協議。

協議變更或終止,應經雙方協商同意。

爭議解決

因適用本協議所生爭議,雙方應儘速協商解決。

未盡事宜

本協議如有未盡事宜,雙方得以適當方式另行商定。

簽署生效

本協議自雙方簽署之日起三十日後生效實施。

本協議於四月二十九日簽署,一式四份,雙方各執兩份。

財團法人海峽交流基金會

代表　　辜振甫　邱進益

海峽兩岸關係協會

代表　　汪道涵　唐樹備

中華民國八十二年四月二十九日

註：關於增加寄送公證書副本種類事宜（財團法人海峽交流基金會與大
　　陸海峽兩岸關係協會以換文方式確認，並自民國八十四年二月一日
　　起生效）：
　　財團法人海峽交流基金會與海峽兩岸關係協會、中國公證員協會依
　　據《兩岸公證書使用查證協議》第二條規定，商定增加寄送涉及稅
　　務、病歷、經歷、專業證明等四項公證書副本。

附錄16（續）　兩岸掛號函件查詢、補償事宜協議

民國八十二年五月十三日行政院第二三三一次會議准予備查
民國八十二年五月二十四日行政院台八一二祕字第一五九九四號函分行

　　財團法人海峽交流基金會與海峽兩岸關係協會、中國通信學會郵政專業委員會，就兩岸掛號函件查詢及補償事宜，進行協商，達成以下協議：

開辦範圍

　　本協議所稱掛號函件係指信函、明信片、郵簡、印刷物、新聞紙、雜誌及盲人文件。上述開辦範圍雙方得以書面協議增減。

聯繫方式

　　掛號函件之查詢由財團法人海峽交流基金會與中國通信學會郵政專業委員會或其指定之郵件處理中心（航郵中心）相互聯繫。

　　其它相關事宜由財團法人海峽交流基金會與海峽兩岸關係協會相互聯繫。

傳遞方式

　　掛號函件通過第三地轉運辦理。

查詢期限

　　掛號函件查詢，應自原寄件人交寄次日起十二個月內提出。

答覆期限

　　接受查詢一方應於收受查詢文件之日起三個月內答覆。

繕發驗單

　　一方接受他方封來之函件總包，遇有掛號函件遺失、被竊或毀損等情形，應即繕發驗單，由對方迅予查覆。

各自理賠

　　掛號函件發生遺失、被竊或毀損等情形，概由原寄一方負責補償，不相互結算。

文件格式

　　雙方各依郵政慣例印製查詢表格、驗單、答覆函及簡函，相互認可後使用。

協議履行、變更與終止

　　雙方應遵守協議。
　　協議變更或終止，應經雙方協商同意。

爭議解決

因適用本協議所生爭議，雙方應儘速協商解決。

未盡事宜

本協議如有未盡事宜，雙方得以適當方式另行商定。

生效實施

本協議自雙方簽署之日起三十日後生效實施。
本協議於四月二十九日簽署，一式四份，雙方各執兩份。

財團法人海峽交流基金會
代表　　辜振甫　邱進益
海峽兩岸關係協會
代表　　汪道涵　唐樹備
中華民國八十二年四月二十九日

附錄16（續）　兩會聯繫與會談制度協議

民國八十二年五月十三日行政院第二三三一次會議准予備查

民國八十二年五月二十四日行政院台八十二祕字第一五九九四號函分行

　　財團法人海峽交流基金會（以下簡稱海基會）與海峽兩岸關係協會（以下簡稱海協）為建立聯繫與會談制度，經協商達成以下協議：

會談

　　海基會董事長與海協會長，視實際需要，經雙方同意後，就兩會會務進行會談，地點及相關問題另行商定。

　　海基會副董事長與海協常務副會長或兩會祕書長，原則上每半年一次，在兩岸輪流和商定之第三地，就兩會會務進行會談。

　　兩會副祕書長、處長、主任級人員，就主管之業務，每季度在兩岸擇地會商。

事務協商

　　雙方同意就兩岸交流中衍生且有必要協商之事宜，儘速進行專案協商，並簽署協議。

專業小組

　　雙方同意因業務需要，各自成立經濟小組與綜合事務小

組。

緊急聯繫

雙方同意各自指定副祕書長作爲緊急事件之聯絡人,相互聯繫並採行適當措施。

入出境往來便利

雙方同意因本協議所定之事由,相互給予經商定之兩會會務人員適當之入出境往來與查驗通關等便利,其具體辦法另行商定。

協議履行、變更與終止

雙方應遵守協議。

協議變更或終止,應經雙方協商同意。

未盡事宜

本協議如有未盡事宜,雙方得以適當方式另行商定。

簽署生效

本協議自雙方簽署之日起三十日後生效實施。

本協議於四月二十九日簽署,一式四份,雙方各執兩份。

財團法人海峽交流基金會

代表　　辜振甫

海峽兩岸關係協會

代表　　汪道涵
中華民國八十二年四月二十九日

附錄*17* 聯合國大會第二七五八號決議案

The General Assembly, Recalling the principles of the Charter of the United Nations, Considering that the restoration of the lawful rights of the People's Republic of China is essential both for the protection of the Charter of the United Nations and for the cause that the United Nations must serve under the Charter, Recognizing that the representatives of the Government of the People's Republic of China are the only lawful representatives of China to the United Nations and that the People's Republic of China is one of the five permanent members of the Security Council, decides to restore all its rights to the People's Republic of China and to recognize the representatives of its Governments as the only legitimate representatives of China to the United Nations, and to expel forthwith the representatives of Chiang Kai-shek from the place which they unlawfully occupy at the United Nations and in all the organizations related to it.

附錄*18*　上海公報

THE SHANGHAI COMMUNIQUE, FEBRUARY 28, 1972 *

(* Paper Papers of the Presidents of the United States: Richard Nixon, 1972 (Washington: Government Printing Office, 1974), pp. 376-79.)

President Richard Nixon of the United States of America visited the People's Republic of China at the invitation of Premier Chou En-lai [Zhou Enlai] of the People's Republic of China from February 21 to February 28, 1972. Accompanying the President were Mr. Nixon, U.S. Secretary of State William Rogers, Assistant to the President Dr. Henry Kissinger, and other American officials.

President Nixon met with Chairman Mao Tse-tung [Mao Zedong] of the Communist Party of China on February 21. The two leaders had a serious and frank exchange of views of Sino-U.S. relations and world affairs.

During the visit, extensive, earnest, and frank discussions were held between President Nixon and Premier Chou En-lai on the normalization of relations between the United States of America and the People's Republic of China, as well as on other matters of interest to both sides. In addition, Secretary of State William Rogers and Foreign Minister Chi P'eng-fei [Ji Pengfei] held talks in the same spirit.

President Nixon and his party visited Peking and viewed cultural, industrial and agricultural sites, and they also toured Hangchow [Hangzhou] and Shanghai where, continuing discussions with Chinese leaders, they viewed similar places of interest.

The leaders of the People's Republic of China and the United States of America found it beneficial to have this opportunity, after so many years without contact, to present candidly to one another their views on a variety of issues. They reviewed the international situation in which important changes and great upheavals are taking place and expounded their repective positions and attitudes.

The U.S. stated: Peace in Asia and peace in the world requires efforts both to reduce immediate tensions and to eliminate the basic causes of conflict. The United States will work for a just and secure peace: just, because in fulfills the aspirations of peoples and nations for freedom and progress; secure, because in removes the danger of foreign aggression. The United States supports individual freedom and social progress for all the peoples of the world, free of outside pressure or intervention. The United States believes that the effort to reduce tensions is served by improving communication between countries that have different ideologies so as to lessen the risks of confrontation through accident, miscalulation or misunderstanding. Countries should treat each other with mutual respect and be willing to compete peacefully, letting performance be the ultimate judge. No country should claim infallibility and each country should be prepared to re-examine its own attitudes for the common good. The United States stressed that the peoples of Indochina should be allowed to determine their destiny without outside intervention; its constant primary objective has been a negotiated solution; the eight-point proposal put forward by the Republic of Vietnam and the United States on January 27, 1972, represents a basis for the attainment of that objective; in the absence of a negotiated settlement the United States envisages the ultimate withdrawal of all U.S. forces from the region consistent with the aim of self-determination for each country of Indochina. The United States will maintain its close ties with and support efforts of the Republic of Korea to seek a relaxation of tension and increased communication in the Korean peninsula. The United States places the highest value on its friendly relations with Japan; it will continue to develop the existing close bonds. Consistent with the United Nations Security Council Resolution of December 21, 1971, the United States favors to continuation of the ceasefire between India and Pakistan and the withdrawal of all military forces to within their own territories and to their own sides of the ceasefire line in Jammu and Kashmir; the United States supports the right of the peoples of South Asia to shape their own future in peace, free of military threat, and without having the area become the subject of great power rivalry.

The Chinese side stated: Wherever there is oppression, there is resistance. Countries want independence, nations want liberation and the people want revolution-this has become the irresistible trend of history. All nations, big or small, should be equal; big nations should not bully the small and strong nations should not bully the weak. China will never be a superpower and it opposes hegemony and power politics of any kind. The Chinese side stated that it firmly supports the struggles of all the oppressed people and nations for freedom and liberation and that the people of all countries have the right to choose their social systems according to their own wishes and the right to safeguard the independence,

sovereignty and territorial integrity of their own coun-
tries and oppose foreign aggression, interference, control
and subversion. All foreign troops should be withdrawn
to their own countries.

The Chinese side expressed its firm support to the
peoples of Vietnam, Laos, and Cambodia in their efforts
for the attainment of their goal and its firm support to
the seven-point proposal of the Provisional Revolution-
ary Government of the Republic of South Vietnam and
the elaboration of February this year on the two key
problems in the proposal, and to the Joint Declaration
of the Summit Conference of the Indochinese Peoples. It
firmly supports the eight-point program for the peaceful
unification of Korea put forward by the Government of
the Democratic People's Republic of Korea on April 12,
1971, and the stand for the abolition of the "U.S. com-
mission for the Unification Rehabilitation of Korea." It
firmly opposes the revival and outward expansion of
Japanese militarism and firmly supports the Japanese
people's desire to build an independent, democratic,
peaceful and neutral Japan. It firmly maintains that
India and Pakistan should, in accordance with the
United Nations resolutions on the India-Pakistan ques-
tion, immediately withdraw all their forces to their
respective territories and to their own sides of the cease-

fire line in Jammu and Kashmir and firmly supports the Pakistan Govenment and the people in their struggle to preserve their independence and sovereignty and the people of Jammu and Kashmir in their struggle for the right of self-determination.

There are essential differneces between China and the United States in their social systems and foreign policies. However, the two sides agreed that countries, regardless of their social systems, should conduct their relations on the principles of respect for the sovereignty and territorial integrity of all states, non-aggression against other states, non-interference in the internal affairs of other states, equality and mutual benefit, and peaceful coexistence. International disputes should be settled on this basis, without resorting to the use or threat of force. The United States and the People's Republic of China are prepared to apply these principles to their mutual relations.

With these principles of international relations in mind the two sides stated that:

—progress toward the normalization of relations between China the United States is in the interest of all countries;

—both wish to reduce the danger of international military conflict;

—neither should seek hegemony in the Asia-Pacific region and each is opposed to efforts by any other country or group of countries to establish such hegemony; and

—neither is prepared to negotiate on behalf of any third party or to enter into agreements or understanding with the other directed at other states.

Both sides are of the view that it would be against the interests of the peoples of the world for any major country to collude with another against other countries, or for major countries to divide up the world into spheres of interest.

The two sides reviewed the long-standing serious disputes between China and the United States. The Chinese side reaffirmed its position: The Taiwan question is the crucial question obstructing the normalization of relations between China and the United States; the Government of the People's Republic of China is the sole legal government of China; Taiwan is a province of China which has long been returned to the motherland; the liberation of Taiwan is China's internal affair in which no other country has the right to interfere; and all U.S. forces and military installations must be withdrawn from Taiwan. The Chinese Government firmly opposes any activities which aim at the creation of "one

China, one Taiwan," "one China, two governments," "two Chinas," and "independent Taiwan" or advocate the "the status of Taiwan remains to be determined."

The U.S. side declared: The United States acknowledges that all Chinese on either side of the Taiwan Strait maintain there is but one China and the Taiwan is a part of China. The United States Government does not challenge that position. It reaffirms its interest in a peaceful settlement of the Taiwan question by the Chinese themselves. With this prospect in mind, it affirms the ultimate objective of the withdrawal of all U.S. forces and military installations from Taiwan. In the meantime, it will progressively reduce its forces and military installations on Taiwan as the tension in the area diminishes.

The two sides agreed that it is desirable to broaden the understanding between the two peoples. To this end, they discussed specific areas in such fields as science, technology, culture, sports, and journalism, in which people-to-people contacts and exchanges would be mutually beneficial. Each side undertakes to facilitate the further development of such contacts and exchanges.

Both sides view bilateral trade as another area from which mutual benefits can be derived, and agreed that economic relations based on equality and mutual benefit are in the interest of the people of the two countries. They agree to facilitate the progressive development of trade between their two countries.

The two sides agreed that they will stay in contact through various channels, including the sending of a senior U.S. representative to Peking from time to time for concrete consultations to further the normalization of relations between the two countries and continue to exchange views on issues of common interest.

The two sides expressed the hope that the gains achieved during tihs visit would open up new prospects for the relations between the two countries. They believe that the normalization of relations between the two countries is not only in the interest of the Chinese and American peoples but also contributes to the relaxation of tension in Asia and the world.

President Nixon, Mrs. Nixon and the American party expressed their appreciation for the gracious hospitality shown them by the Government and people of the People's Republic of China.

附錄19　建交公報

U.S.-CHINA JOINT COMMUNIQUE ON NORMALIZA-
TION OF RELATIONS, JANUARY 1, 1979 *
(* Public Papers of the Presidents of the United States: Jimmy
Carter, 1978, bk. 2 (GPO, 1979), pp. 2264-66.)

The United States of America and the People's Republic
of China have agreed to recognize each other and to
establish diplomatic relations as of January 1, 1979.

The United States of America recognizes the Gov-
ernment of the People's Republic of China as the sole
legal Government of China. Within this context, the peo-
ple of the United States will maintain cultural, commer-
cial, and other unofficial relations with the people of
Taiwan.

The United States of America and the People's
Republic of China reaffirm the principles agreed on by
the two sides in the Shanghai Communique' and empha-
size once again that:

—both wish to reduce the danger of international
military conflict;

—neither should seek hegemony in the Asia-Pacific
region or in any other region of the world and each

is opposed to efforts by any other country or group of countries to establish such hegemony;

—neither is prepared to negotiate on behalf of an third party or to enter into agreements or understandings with the other directed at other states;

—the Government of the United States of America acknowledges the Chinese position that there is but one China and Taiwan is part of China;

—both believe that normalization of Sino-American relations is not only the interest of the Chinese and American peoples but also contributes to the cause of peace in Asia and the world.

The United States of America and the People's Republic of China will exchange Ambassdors and establish Embassies on March 1, 1979.

附錄20　八一七公報

U.S.-CHINA AUGUST 17, 1982 COMMUNIQUE *

(* Public Papers of the Presidents of the United States, Ronald Reagan, 1982, bk. 2 (GPO 1983), pp. 1052-53.)

United States-China Joint Communique'on United States Arms Sales to Taiwan

　　1. In the Joint Communique' on the Establishment of Diplomatic Relations on January 1, 1979, issued by the Government of the United States of America and the Government of the People's Republic of China, the United States of America recognized the Government of the People's Republic of China as the sole legal government of China, and it acknowledged the Chinese position that there is but one China and Taiwan is part of China. Within that context, the two sides agreed that the people of the United States would continue to maintain cultural, commercial, and other unofficial relations with the people of Taiwan. On this basis, relations between the United States and China were normalized.

　　2. The questaion of United States arms sales to Taiwan was not settled in the course of negotiations

between the two countries on establishing diplomatic relations. The two sides held differing positions, and the Chinese side stated that it would raise the issue again following normalization. Recognizing that this issue would seriously hamper the development of United States-China relations, they have held further discussions on it, during and since the meetings between President Ronald Reagan and Premier Zhao Ziyang and between Secretary of State Alexander M. Haig, Jr., and Vice Premier and Foreign minister Huang Hua in October, 1981.

3. Respect for each other's sovereignty and territorial integrity and no-interference in each other's internal affairs constitute the fundamental principles guiding United States-China relation. These principles were confirmed in the Shanghai Communique' on the Establishment of Diplomatic Relations which came into effect on January 1, 1979. Both sides emphatically state that these principles continue to govern all aspects of their relations.

4. The Chinese government reiterates that the question of Taiwan is China's internal affair. The Message to Compatriots in Taiwan issued by China on January 1, 1979, promulgated a fundamental policy of striving for peaceful reunification of the Motherland. The Nine-

Point Proposal put forward by China on September 30, 1981, represented a further effort under this fundamental policy to strive for a peaceful solution to the Taiwan question.

5. The United States Government attaches great importance to its relations with China, and reiterates that it has no intention of interfering on Chinese sovereignty and territorial integrity, or interfering in China's internal affairs, or pursuing a policy of "two Chinas" or "one China, one Taiwan." The United States Government understands and appreciates the Chinese policy of striving for a peaceful resolution of the Taiwan question as indicated of China's Message to Compatriots in Taiwan issued on January 1, 1979, and the Nine-Point Proposal put forward by China on September 30, 1981. The new situation which has emerged with regard to the Taiwan question also provides favorable conditions for the settlement of United States-China differences over the question of United States arms sale to Taiwan.

6. Having in mind the foregoing statements of both sides, the United States Government states that it does not seek to carry out a long-term policy of arms sales to Taiwan, that its arms sales to Taiwan will not exceed, either in quantitative or in quantitative terms the level of those supplied in recent years since the

establishment of diplomatic relations between the United States and China, and that it intends to reduce gradually its sales of arms to Taiwan, leading over a period of time of a final resolution. In so stating, the United States acknowledges China's consistent position regarding the thorough settlement of this issue.

7. In order to bring about, over a period of time, a final settlement of the question of United States arms sales to Taiwan, which is an issue rooted in history, the two governments will make every effort to adopt measures and create conditions conductive to the thorough settlement of this issue.

8. The development of United States-China relations is not only in the interests of the two peoples but also conducive to peace and stability in the world. The two sides are determined, on the principle of equality and mutual benefit, to strengthen their ties in the economic, cultural, educational, scientific, technological and other fields and make strong, joint efforts for the continued development of relations between the government and people of the United States and China.

9. In order to bring about the healthy development of United States-China relations, maintain world peace and oppose aggression and expansion, the two governments reaffirm the principles agreed on by the two sides

in the Shanghai Communique' and the Joint Communique' on the Establishment of Diplomatic Relations. The two sides will maintain contact and hold appropriate consultations on bilateral and international issues of common interest.

附錄*21* 中美聯合聲明

JOINT U.S.-CHINA STATEMENT OCTOBER 29, 1997

At the invitation of President William J. Clinton of the United States of America, President Jiang Zemin of the people's Republic of China is paying a state visit to the United States from October 26 to November 3, 1997. This is the first state visit by the President of China to the United States in twelve years. President Jiang Zemin held formal talks with President Clinton in Wasington D.C. and also met with Vice President Al Gore, Cogressional leaders and other American leaders. Talks also were held between Vice Premier and Foreign Minister Qian Qichen and Secretary of State Madeleine Albright.

The two Presidents had an in-depth and productive exchange of views on the international situation, U.S.-China relations and the important opportunities and challenges facing the two countries. They agree that a sound and stable relationship between the United States and China serves the fundamental interests of both the American and Chinese peoples and is important to fulfilling their common responsibility to work for peace and prosperity in the 21st century.

They agree that while the United States and China have areas of both agreement and disagreement, they have a significant common interest and a firm common will to seize opportunities and meet challengs cooperatively, with candor and a determination to achieve concrete progress. The United States and China have major differences on the question of human rights. At the same time, they also have great potential for cooperation in maintaining global and regional peace and stability; promoting world economic growth; preventing the proliferation of weapons or mass destruction; advancing Asia-Pacific regional cooperation; combating narcotics trafficking, international organized crime and terrorism; strengthening bilateral exchanges and cooperation in economic development, trade, law, environmental protection, energy, science and technology, and education and culture; as well as engaging in military exchanges.

The two Presidents are determined to build toward a constructive strategic partnership between the United States and China through increasing cooporation to meet international challenges and promote peace and development in the world. To achieve this goal, they agree to approach U.S.-China relations from a long-term perspective on the basis of the principles of the three U.S.-China joint communiques.

China stresses that the Taiwan question is the most important and sensitive central question in China-U.S. relations, and that the proper handling of this question in strict compliance with the principles set forth in the three China-U.S. joint communiques holds the key to sound and stable growth of China-U.S. relations. The United States reiterates that it adheres to its "one China" policy and the principles set forth in the three U. S.-China joint communiques.

As permanent members of the United Nations Security Council, the United States and China Support the UN in its efforts, in accordance with the purposes and principles of the UN Charter, to play a positive and effective role on global issues, including peacekeeping and the promotion of economic and social development. Both countries support efforts to reform the UN and to make the Security Council more representative, while retaining and improving its effectiveness. Stressing the need to put the UN on a firmer financial basis, both countries will participate actively in discussions on the Scale of Assessments in the UN.

As two major countries in the Asia-Pacific region, the United States and China are ready to strengthen their cooperation to meet various challenges and make positive contributions to promoting stability and prosperity in the region. Recognizing that maintenance of peace and stability on the Korean Peninsula is of great importance, the two countries are working through the Four-Party Talks to help establish a durable peace on the Peninsula, and will continue consultations to this end. They also stress that it is in the interest of the two countries to maintain peace and stability in other important regions, including the Middle East, the Gulf, and South Asia.

The two Presidents agreed on a number of steps that will provide a framework for further promoting U. S.-China relations and strengthening their cooperation in international affairs.

High-Level Dialogue and consulations

The United States and China agree to regular visits by their Presidents to each other's capitals.

They agree to a Washington-Beijing presidential communications link to facilitate direct contact.

They also agree to regular exchanges of visits by cabinet and subcabinet officials to consult on political, military, security and arms control issues.

Engrgy and Environment Cooperation

The United States and China reaffirm the importance of bilateral cooperation across the broad range of environmental issues, as evidenced by the establishment of the U.S.-China Forum on Environment and Development in March 1997.

They consider it a critical challenge to develop and efficiently use energy sources, protect the global environment, and promote environmentally sound growth and development. Accordingly, they agree to strengthen their cooperation in energy and environment through an initiative to accelerate clean energy projects and the appropriate transfer of related technologies. The principal areas of cooperation will be in clean energy, unban air pollution control and rural electrification. This initiative also will foster broader cooperation on global environment issues such as climate change, deserification and bio-diversity. China's State Planning Commission and the U.S. Energy Department have signed the U. S.-China Initiative on Energy and Environment Cooperation to promote effective cooperation in these fields, including the use of clean energy.

Economic Relations and Trade

The two Presidents are prepared to take positive and effective measures to expand U.S.-China trade and economic ties. As both economies move into the 21st

century, information technology will be critical to spur-
ring technological innovation and improving productiv-
ity. In this regard, China indicated its intention to par-
ticipate as soon as possible in the Information Technol-
ogy Agreement. In addition, in the context of WTO
negotiations, China will continue to make further sub-
stantial tariff reductions.

The United States and China agree that China's full
participation in the multilateral trading system is in
their mutual interest. To this end, they agree to inten-
sify negotiations on market access, including tariffs,
non-tariff measures, services, standards and agriculture
and on implementation of WTO principles so that China
can accede to the WTO on a commercially meaningful
basis at the earliest possible date.

Peacful Nuclear Cooperation

The United States and China agree that it is their
mutual interest to cooperate in the peaceful uses of
nuclear energy. To this end, they each have taken the
steps necessary to implement the U.S.-China Agreement
on Peaceful Nuclear Cooperation concluded in 1985. In
addition, China's State Planning Commission and the U.
S. Department of Energy have signed an Agreement of
Intent to promote peaceful nuclear cooperation and

research between the two countries.

Nonproliferation

The United States and China agree to work to bring the Comprehensive Test Ban Treaty into force at the earliest possible date. They also agree to pursue at the UN Conference on Disarmament the early start of formal negotiations on the Treaty on the Prohibition of the Production of Fissile Materials Used in Nuclear Weapons and Other Nuclear Explosive Devices .

The United States and China reiterate their commitment not to provide any assistance to unsafeguarded nuclear facilities and nuclear explosion programs. China has placed controls on exports of nuclear and dual-use materials and related technology and will take further measures to strengthen dual-use export controls by mid-1998. The United States will continue to enforce firm controls on the export of nuclear and dual-use materials and related technology.

As original parties to the Chemical Weapons Convention, the United States and China agree to cooperate in implementing the Convention within a multilateral framework. Both countries agree on the importance of government oversight of chemical-related exports.

The United States and China agree to build on the

1994 Joint Statement on Missile Nonproliferation. They reaffirm their respective commitments to the guidelines and parameters of the Missile Technology Control Regime (MTCR).

Human Rights

The United States and China both recognize the positive role of the Universal Declaration on Human Rights and other international human rights instruments in promoting human rights. They reiterate their commitment to the promotion and protection of human rights and fundamental freedoms.

While the two countries have not resolved their differences on human rights, they have agreed to discuss them through dialogue at both governmental and non-governmental levels in the spirit of equality and mutual respect. The two countries agree to hold discussions on the strcuture and functins of an NGO forum on human rights.

Cooperation in the Field of Law

The United States and China agree that promoting cooperation in the field of law serves the interests and needs of both countries.

They will strengthen cooperation in combating

international organized crime, narcotics trafficking, alien smuggling, counterfeiting and money laundering. To this end, they intend to establish a joint liaison group for law enforcement cooperation composed of representatives of the relevant agencies of both governments. They agree to begin consultation on mutual legal assistance aimed at concluding a mutual legal assistance agreement.

The United States and China will assign counternarcotics officers to their respective embassies on a reciprocal basis.

Recognizing the importance the United States and China each attaches to legal exchanges, they intend to establish a joint liaison group to pursue cooperative activities in this area. These may include exchanges of legal experts; training of judges and lawyers; strengthening legal information systems and the exchange of legal material; sharing ideas about legal assistance; consulting on administrative procedures; and strengthening commercial law and arbitration.

As part of this program of legal cooperation, China' s Minister of Justice will visit the United States in November 1997 at the invitation of the U.S. Attorney General.

Military-to-Military Relations

The United States and China have reached agreement on the establishment of a consultation mechanism to strengthen military maritime safety, which will enable their maritime and air forces to avoid accidents, misunderstandings or miscalculations.

They agree to share information and discuss issues related to their respective experiences in the areas of humanitarian assistance and disaster relief.

Science and Technology, Educational and Cultural Exchanges

The U.S.-China Joint Commission on Science and Technology will continue to guide the active bilateral scientific and technological cooperation program, which involves more than 30 agreements reached since 1979, and will promote the further use of science and technology to solve national and global problems. The United States and China also will identify areas for cooperative projects using space of Earth science research and practical applications.

The United States and China will expand educational and cultural exchanges. Both Presidents believe that increased people-to-people exchanges will help cultivate long-term bilateral relations.

President Jiang Zemin expressed his thanks to President Clinton and the American people for their warm reception and invited President Clinton to visit China in 1998. President Clinton accepted this invitation with pleasure.

兩岸關係相關網頁選編

港、陸媒體

www.nineties.com.hk

　　九十年代

www.takungpao.com

　　大公報

www.wenweipo.com

　　文匯報

www.hkstandard.com

　　虎報

www.mingpao.com

　　明報

www.scmp.com

　　南華早報

www.singtao.com

　　星島日報

www.macaodaily.com

　　澳門日報

www.peopledaily.com.cn

　　人民日報

www.anu.edu.au/asia/chin/chiser.html

中國期刊信息庫

www.chinanews.com

中國新聞社

www.cyberexp.com/cnpaper/22/today/

北京日報

www.guangmingdaily.com.cn

光明日報

www.xinhua.org

新華社

www.cyberexp.com/cnpaper/09/today/

經濟日報

www.cyberexp.com/cnpaper/16/today/

農民日報

www.ccty.com

中央電台

黨、政單位

www.hongkong.org

香港特區政府

www.mac.gov.tw

大陸事務委員會

www.moea.gov.tw/#strait

經濟部兩岸經貿

www.mofa.gov.tw/eqc.htm/

　　外交部務實外交網頁

www.gio.gov.tw/info/mainland

　　新聞局大陸新聞網頁

www.ivnet.com.tw

　　大陸投資經商法律知識

www.kmt.org.tw

　　中國國民黨

www.dpp.org

　　民主進步黨

www.np.org.tw

　　新黨

www.nbut.org.tw

　　建國會

www.kmtdpr.org.tw

　　國民黨中央政策會

newcongress.yam.org.tw

　　新國會政策研究中心

www.wyfu.irg.tw

　　台灣國會辦公室

學術機構

iir.nccu.edu.tw

　　國立政治大學國際關係研究中心

140.136.1.50

  輔仁大學中國社會文化研究中心

ccntsr6.cc.nccu.deu.tw/nccncd/260/

  國立政治大學東亞研究所

ws2.sun.ndhu.edu.tw/～imcs/

  國立東華大學大陸研究所

www.nsysu.edu.tw/nsysu-school-2/social/HOMEP1.HTM

  國立中山大學大陸研究所

www.pccu.edu.tw/～mlmcm/

  文化大學大陸研究所

tagis.tku.edu.tw/～ticx/

  淡江大學大陸研究所

www.cier.edu.tw

  中華經濟研究院

www.tier.org.tw

  台灣經濟研究院

www.sinicaedu.tw

  台灣政治學會

www.cc.ntu.edu.tw/%7eyang/

  楊永明國際事務首頁

www.taconet.com.tw/～jasonccu/

  張淳翔個人首頁

民間資源

www.wctc.org.tw

　世華經貿會議

www.cnn.com/world/9603/china_taiwan

　有限電視新聞網報導

www.internet～directory.com/china/

　中國國際網路指南

disc.server.com/indices/14405.html/

　海峽兩岸論壇

www.haitang.net

　海棠國際商情

www.taiwan-strait.com

　海峽快訊

www.kitman.net

　網民參議院

www.whatsite.com/politics/issue

　哇塞中文網兩岸關係相關網址

www.formosa.com

　彭明敏台灣人自救運動宣言

www.csua.berkeley.edu/～zeg/

　中國軍事侵略首頁

taiwan.iis.sinica.edu.tw/topic/mar22/

　台灣民主首頁

www.geocities.colm/capitolhill/lobby/5464

　　中國眼

cta.yam.org.tw

　　台心聯誼會

exo.com/～datung/t0.html/

　　台灣免驚

兩岸關係書目選編

中文書目

丁樹範，《人民解放軍在未來中國大陸變局與兩岸關係中之角色》（台北：行政院大陸委員會，1992）。

于宗先、高長，《海峽兩岸經濟關係之探索》（台北：中華經濟研究院，1991）。

于宗先、陳麗瑛，《兩岸產業科技交流與合作之評估》（台北：中華經濟研究院，1992）。

工業技術研究院，《大陸地區科研成果產業化之研究：兼論兩岸科技政策比較及引進大陸產業技術》（台北：海峽交流基金會，1994）。

中國大陸研究學會（編），《江澤民政權與兩岸關係論文集》（台北：大陸學會，1996）。

中國大陸研究學會（編），《主權問題與兩岸關係論文集》（台北：中國大陸研究學會，1995）。

中國大陸研究學會（編），《鄧後大陸形勢暨兩岸關係論文集》（中國大陸研究學會，1995）。

中國社科院台灣研究所（編），《回顧與展望──論海峽兩岸關係》（北京：時事出版社，1989）。

中國國民黨中央委員會政策研究工作會（編），《外交、兩岸關係與大陸政策》（台北：中國國民黨中央委員會政策研

究工作會，1996) 。

王天擇，《中國統一之路》（台北：文史哲出版社，1991）。

王玉玲，《由兩岸關係探討台灣的統獨問題：以博奕理論析之》（台北：桂冠出版社，1997）。

王志文，《國際法與兩岸法律問題論集》（台北：月旦出版社，1996）。

王泰銓，《當前兩岸法律問題分析：中國社會主義法律研究（三）》（台北：五南出版社，1997）。

王泰銓，《大陸經濟體制改革與投資爭議問題》，（台北：月旦出版社，1995）。

王國琛，《一個中國與兩岸統一》（台北：環宇出版社，1995）。

王章陵，《三民主義統一中國的途徑》（台北：陸光出版社，1983）。

王綺年（編），《兩岸關係與總統大選》（台北：國家發展研究文教基金會，1996）。

王綺年（編），《美日大選結果對兩岸關係之影響》（台北：國家發展研究文教基金會，1996）。

王銘義，《兩岸和談：台灣與中國的對話》（台北：財訊出版社，1997）。

世界自由民主聯盟中華民國總會，《憲政民主與兩岸關係：紀念六四天安門事件四周年學術座談會紀實》（台北：世界自由民主聯盟中華民國總會，1993）。

包宗和，《時政導論：內政、外交與兩岸關係》（台北：永然文化出版公司，1993）

台北論壇基金會，《如何營建互信互利的兩岸關係》（台北：
　　兩岸論壇基金會，1995）。

台灣研究會（編），《當代台灣政治與兩岸關係經濟關係》
　　（上海：中國友誼出版公司，1993）。

外省人台灣獨立協進會（編），《外省人——台灣心》（台
　　北：前衛出版社，1992）。

民主基金會，《兩岸關係與中國前途學術研討會論文集》（台
　　北：民主基金會，1992）。

石之瑜，《人性與中國主權》（台北：世界書局，1995）。

石之瑜，《兩岸關係飛龍在天》（台北：世界書局，1995）。

石之瑜，《當代台灣的中國意識》（台北：正中書局，1993）。

石之瑜，《兩岸關係的深層結構——文化發展與政治認知》
　　（台北：永然出版公司，1992）。

石之瑜、李念祖，《漸行漸遠》（台北：世界書局，1996）。

石之瑜、李念祖，《實踐兩岸關係》（台北：正中書局，
　　1994）。

石之瑜、李念祖，《規範兩岸關係》（台北：五南出版社，
　　1992）。

石齊平，《新中國：二十一世紀海峽兩岸的出路》（台北：工
　　商時報，1996）。

朱天順（編），《當代台灣政治研究》（福建：廈門大學出版
　　社，1990）。

朱雲漢，《一九九七前夕的香港政經形勢與台港關係》（台
　　北：業強出版社，1995）。

朱新民，《到中國統一之路》（台北：永然文化出版公司，

1991）。

朱新民，《衝究？整合？：海峽兩岸統一政策之研究（1988-1992）》（台北：永然文化出版公司，1992）。

行政院大陸委員會，《跨越歷史的鴻溝：兩岸交流十年的回顧與前瞻》（台北：行政院大陸委員會，1997）。

行政院大陸委員會、教育部、中國大陸研究學會，《中國大陸暨兩岸關係課程教學研討會》（台北：行政院大陸委員會，1993）。

行政院新聞局，《從務實外交邁向互惠雙贏》（台北：行政院新聞局，1996）。

余紀忠，《從南非政權和平交替中擷取政治智慧：並思考兩岸關係發展值得借鏡之處》（台北：時報文化出版社，1994）。

余英時，《民主與兩岸動向》（台北：三民出版社，1993）。

吳玉山，《抗衡或扈從──兩岸關係新詮：從蘇聯看台灣與大陸的關係》（台北：正中出版社，1997）。

吳玉山、林文程、江水平，《後鄧時期對大陸及台灣的震盪》（台北：國家展研究文教基金會，1995）。

吳安家，《台海兩岸關係的回顧與前瞻》（台北：永業出版社，1996）。

吳安家、林鍾沂、魏鏞，《行政現代化與兩岸合作發展可能性之研究》（台中：台灣省政府研究發展考核委員會，1994）。

吳國光，《自由化、制度化、民主化》（台北：風雲論壇出版社，1997）

吳新興，《整合理論與兩岸關係之研究》（台北：五南出版社，1995）。

宋重陽，《台灣獨立運動私記》（台北：前衛出版社，1996）。

宋峻（編），《台灣兩岸人民關係條例評析》（北京：中國人民公安大學出版社，1994）。

李功勤，《當代中國與兩岸關係》（台北：幼獅出版社，1996）。

李功勤，《中國現代史與兩岸關係》（台北：美鐘，1995）。

李正中，《論兩岸關係與中國之未來》（台北：正中出版社，1997）。

李永然，《兩岸交流點線面》（台北：書泉出版社，1997）。

李永然、陳慶洪，《中共處理涉台事務法律要點》（台北：永然文化出版公司，1993）。

李永然、魏玉瑛，《透視兩岸商標的法律保護與實用》（台北：永然文化出版公司，1997）。

李孟洲，《兩岸異性關係》（台北：故鄉出版社，1989）。

李宗哲等著，鍾琴（編），《兩岸產業分工：理論與實際》（台北：中華經濟研究院，1996）。

李松林、齊福麟、許小軍、張桂蘭（編），《中國國民黨大事記》（天津：解放軍出版社，1988）。

李長順（編），《台灣憲政改革剖析》（台北：華藝出版社，1993）。

李後政，《兩岸民事關係條例與審判實務》（台北：永然文化出版公司，1994）。

李炳南，《政治協商會議與國共談判》（台北：永業出版社，

1993）。

李約瑟，《再次聆聽大洋兩岸的共鳴：回顧跨越太平洋的文化
　　科學交流》（美國：八方文化出版社，1991）。

李英明，《現階段大陸政經社會發展與兩岸關係》（台北：永
　　然文化出版公司，1994）。

李家泉，《李登輝主政台灣以來的兩岸關係》（香港：香港文
　　匯出版社，1996）。

李家泉，《「一國兩制」與台灣前途》（北京：人民日報出版
　　社，1991）。

李復甸，《兩岸關係與中國前途》（台北：民主文教基金會，
　　1992）。

李登科，《台海兩岸締結和平協調之研究》（台北：中國國民
　　黨中央委員會政策研究工作會，1996）。

李華夏、范錦明，《大陸國有企業改革對台商投資及兩岸關係
　　之影響》（台北：經濟部工業局，1994）。

李義虎、王建民，《海峽季風：多稜鏡下的兩岸關係透視》（北
　　京：文化藝術出版社，1996）。

李達，《美台關係與中國統一》（台北：風雲論壇出版社，
　　1989）。

李達，《一國兩制與台灣》（香港：廣角鏡出版社，1987）。

李鐘桂等著，《三民主義統一中國》（台北：台北市教師研習
　　中心，1984）。

杜松柏，《兩岸統一之躓礙及其化解：中國統一之道》（台
　　北：黎明文化出版社，1991）。

杜勉，《中國統一之條件：問題及中華民國政府因應之對

策》。

杜震華，《亞太營運中心的理論與實際》（台北：華泰出版
　　社，1996）。

沈駿（編），《當代台灣》（安徽：安徽人民出版社，1990）。

沈駿、趙玉南（編），《台灣各黨派與海峽兩岸關係》（湖北：
　　華中師範大學出版社，1994）。

周添城，《意見領袖的大陸經貿主張》（台北：業強出版社，
　　1993）。

周添城，《大陸經貿政策之策略規劃》（台北：行政院大陸委
　　員會，1992）。

明居正，《雙輸？雙贏？》（台北：致良出版社，1996）。

林正義（編），《中美關係報告書1990-1991》（台北：中央研
　　究院歐研所，1993）。

林正義（編），《中美關係報告書1988-1989》（台北：中央研
　　究院美研所，1991）。

林正義，《台灣安全三角習題：中共與美國的影響》（台北：
　　桂冠出版社，1989）。

林正義，《一九五八年台海危機期間美國對華政策》（台北：
　　台灣商務出版社，1985）。

林正義、葉國興、張瑞猛，《台灣加入國際組織策略分析》（台
　　北：張榮發基金會國家政策研究中心，1990）。

林永汀，《兩岸關係與大陸房地產》（新店：世潮出版社，
　　1992）。

林泉源，《大陸證券市場之發展及其對兩岸關係之影響》（台
　　北：行政院大陸委員會，1992）。

林國炯，《戰雲下的台灣》（台北：人間出版社，1996）。

林濁水，《國家的構圖》（台北：前衛出版社，1991）。

邵玉銘，《國際局勢與中國前途》（台北：黎明文化出版社，1987）。

邵玉銘，《奪機投誠與政治庇護》（台北：亞洲與世界社，1983）。

邵宗海，《兩岸關係：兩岸共識與兩岸歧見》（台北：五南，1998）。

邵宗海，《大陸台灣研究現況》（台北：華泰文化事業出版公司，1997）。

邵宗海，《兩岸關係與兩岸對策：一九九六年總統大選後的解析》（台北：時報文化出版社，1996）。

邵宗海，《大陸政策與兩岸關係》（台北：華泰出版社，1994）。

邱毅、邱樵、呂敏慧著，《兩岸農業交流的現況分析與策略規劃》（台北：中經院，1992）。

侯立朝，《民主統一與中國前途》（台北：帕米爾出版社，1988）。

姜殿銘（編），《台灣一九九六》（北京：九洲圖書出版社，1997）。

姜殿銘（編），《台灣一九九五》（北京：九洲圖書出版社，1996）。

姜殿銘（編），《台灣一九九四》（北京：北京出版社，1995）。

姜殿銘（編），《台灣一九九三》（北京：中國友誼出版社，

1994)。

姜殿銘（編），《台灣一九九二》（吉林：吉林文史出版社，
    1993）。

姜殿銘（編），《台灣一九九一》（北京：中國友誼出版社，
    1992）。

姜殿銘（編），《當代台灣研究》（北京：華藝出版社，
    1992）。

姜殿銘（編），《轉型期的台灣》（河南：河南人民出版社，
    1990）。

姜殿銘、蕭敬、周志懷（編），《大陸與台港澳的經濟關係與
    合作》（北京：中國友誼出版公司，1991）。

耶魯兩岸學會（編），《邁向二十一世紀的兩岸關係》（台
    北：時報文化出版社，1995）。

胡念祖，《我國海洋事務與專責機構之設計與定位》（台北：
    行政院研考會，1993）。

風雲論壇編輯委員會，《海峽兩岸的合與戰》（台北：風雲論
    壇出版社，1993）。

夏潮基金會，《開創與前瞻：後九七兩岸關係論壇論文集》
    （台北：夏潮基金會，1997）。

徐榮松，《「九七」後台灣駐港澳機構的定位與調整》（台
    北：永業出版社，1996）。

海峽兩岸關係協會，《兩岸關係里程碑：有關「海協會」之座
    談會紀要》（台北：海峽兩岸關係協會，1992）。

荊堯、常燕生、辛旗（編），《九○年代台灣政治》（北京：
    華藝出版社，1991）。

馬英九，《兩岸關係的回顧與前瞻》（台北：行政院大陸委員會，1992）。

馬起華，《兩岸關係》（台北：中華會，1995）。

馬起華，《兩岸關係國際空間》（台北：中華會，1995）。

馬起華，《政治發展與兩岸關係》（台北：中華會，1994）。

高文閣（編），《台灣與大陸風雲四十年》（吉林：吉林文史出版社，1991）。

高希均，《台商經驗：投資大陸的現場報導》（台北：天下文化出版社，1995）。

高希均、林祖嘉、李誠，《台灣突破兩岸經貿追蹤》（台北：天下文化出版社，1992）。

高希均、林祖嘉、林文玲、許彩雪，《台商經驗：投資大陸的現場報導》（台北：天下文化出版社，1995）。

高長，《兩岸經貿關係之探索》（台北：天一出版社，1997）。

高長，《大陸經改與兩岸經貿關係》（台北：五南出版社，1994）。

高英茂，《大陸政策宣導與社會反應評估研究報告》（台北：二十一世紀基金會，1992）。

高朗，《中華民國外交關係之演變（1972-1992）》（台北：五南出版社，1994）。

高朗，《中華民國外交關係之演變（1950-1972）》（台北：五南出版社，1993）。

國防部軍事情報局，《「海峽兩岸關係與和平統一研討會」大陸學者論文集》（台北：國防部軍事情報局，1992）。

國家發展研究文教基金會（編），《外交競賽與兩岸關係》

（台北：國家發展研究文教基金會，1996）。

國家發展文教基金會（編），《美國因素與兩岸關係》（台北：國家發展文教基金會，1995）。

國家發展研究文教基金會（編），《從李登輝總統的六項主張看兩岸三地關係未來發展》（台北：國家發展研究文教基金會，1995）。

國家發展研究文教基金會（編），《從廣島亞運事件來討兩岸交流與中日關係》（台北：國家發展研究文教基金會，1995）。

國務院台灣事務辦公室（編），《兩岸關係與和平統一：一九九一年重要談話和文章選編》（北京：國務院台灣事務辦公室）。

常征、王光儀，《海峽兩岸關係的法律探討》（四川：四川大學出版社，1992）。

張九，《兩岸關係與中華人民共和國憲法》（台北新店：中圖出版社，1995）。

張五岳，《分裂國家互動與統一政策之比較研究》（台北：業強出版社，1992）。

張火木，《兩岸關係發展對金門地位影響之研究》（台北：實踐學院，1995）。

張旭成，《一個新時代的開端：台灣外交與台灣安全》（台北：月旦出版社，1997）。

張旭成、拉沙特（編），沈玉慧（譯），《如果中共跨過台灣海峽：國際間將作何反應》（台北：允晨出版社，1995）。

張溥洋、林梓智（編），《一九九二廣東台灣研究論集》（廣東：廣東人民出版社，1992）。

張榮豐，《台海兩岸經貿關係》（台北：張榮發基金會國家政策研究中心，1990）。

張德水，《當前台灣獨立建國的課題》（台北：前衛出版社，1993）。

張磊、林家有、周興樑，《國共關係與兩岸關係研究：第五屆國共關係史暨第一次國共合作建立七十週年學術研討會論集》（武漢：湖北人民出版社，1993）。

張燦鍙，《台灣獨立運動三十年》（台北：前衛出版社，1991）。

張讚合，《兩岸關係變遷史》（台北：周知文化出版社，1996）。

梅高文（編），《柯江會談與兩岸關係》（台北：國家發展研究文教基金會出版社，1995）。

許士軍，《海峽兩岸中衛體系互動之探討》（1992）。

許世楷，《台灣獨立黨回歸祖國》（台北：前衛出版社，1994）。

許宗力、魏逢亨、呂榮海，《兩岸關係法的嘗試與突破》（台北：張榮發基金會國家政策研究發展中心，1990）。

許信良，《新興民族》（台北：遠流出版社）。

連根藤，《你所不知道的台灣獨立時間表》（台北：前衛出版社，1995）。

郭岳（編），《兩岸關係展望》（台北：永然文化出版公司，1993）。

郭相枝（編），《轉型期的台灣政治與兩岸關係》（北京：時事出版社，1991）。

郭相枝（編），《轉型期的台灣經濟與社會》（北京：時事出版社，1991）。

郭煥圭、趙復三（編），《第二屆「台灣之將來」學術討論會論文集》（北京：中國友誼出版公司，1985）。

郭煥圭、趙復三（編），《「台灣之將來」學術討論會論文集》（北京：中國友誼出版公司，1983）。

陳一諮（編），《中國前途與兩岸關係》（台北：風雲論壇出版社，1994）。

陳孔立（編），《台灣歷史綱要》（北京：九洲圖書出版社，1996）。

陳孔立（編），《台灣研究十年》（福建：廈門大學出版社，1990）。

陳奇文、李明強，黎鶴，《國共人物血緣情：國共關係與兩岸關係叢書》（武漢：武漢出版社，1996）。

陳春山，《兩岸經貿易政策解讀：兩岸經貿關係與台灣經濟之未來》（台北：月旦出版社，1994）。

陳昭南、曹添旺、胡春田、鍾俊文，《新台幣流通大陸地區對兩岸關係之影響》（台北：行政院大陸委員會）。

陳崇龐、謝俊，《海峽兩岸關係大事記》（北京：中共黨史出版社，1993）。

陳隆志，《台灣的獨立與建國》（台北：月旦出版社，1993）。

陳毓均，《一個中國與台北──華府──北京》（台北：環宇出版社，1996）。

陳煥文，《兩岸商務糾紛及仲裁實務》（台北：永然文化出版
　　股份有限公司，1993）。

陳義彥，《大陸政策與兩岸關係》（台北：行政院大陸委員
　　會，1994）。

陳義豐，《新企業新觀念大陸合資經營觀》（台中：夏河出版
　　社，1993）。

陳福成，《防衛大台灣：台海安全與三軍戰略大佈局》（台
　　北：金台灣出版社，1995）。

陳鳴鐘、陳興唐（編），《台灣光復和光復後五年省情（上）、
　　（下）》（江蘇：南京出版社，1989）。

陳儀深，《邁向民主獨立之路》（台北：前衛出版社，1993）。

陳德昇，《兩岸政經互動：政策解讀與運作分析》（台北：永
　　業出版社，1994）。

陳慶，《中共對台政策之研究》（台北：五南出版社，1990）。

陳豐祥，《近代日本的大陸政策》（台北：金禾出版社，
　　1992）。

陳璽安，《亞太營運中心對兩岸關係的衝擊》（台北：國家發
　　展研究文教基金會，1995）。

陳璽安，《後千島湖事件的兩岸關係》（台北：國家發展研究
　　文教基金會，1994）。

陸鏗，《陸鏗看兩岸》（台北：遠景出版社，1996）。

陸鏗，《中國統一問題論戰：新獨立評論選集》（香港：百姓
　　文化出版社，1988）。

傅亢，《三民主義與中國統一》（台北：國父遺教研究會，
　　1987）。

創意編輯部（編），《大陸市場探索：正視海峽兩岸經貿關係》（台北：創意力出版社，1988）。

曾憲義，《大陸學者論海峽兩岸關係暫行條例》（台北：蔚理法律出版社，1989）。

程建人，《媒體與兩岸談判》（台北：台北論壇基金會，1994）。

黃天中、張五岳，《兩岸關係與大陸政策》（台北：五南出版社，1993）。

黃發典（譯），Claude Geoffory（著），《台灣獨立運動：起源及一九四五年以後的發展》（台北：前衛出版社，1997）。

黃毓麟，《雙城對決：台北V.S上海》（台北：書泉出版社，1996）。

黃嘉樹，《台灣能獨立嗎──透視台獨》（海口：南海出版公司，1994）。

黃德怡（編），《從一九九五年APEC年會探討亞太區域合作與兩岸關係》（台北：國家發展研究文教基金會，1995）。

新華社台港澳情況編輯部（編），《台灣當局大陸政策匯編，續編2（1990.4-1991.8）》（北京：新華社台港澳情況關係編輯部，1991）。

楊力宇、朱永德、陳博中，《海峽兩岸關係文集》（香港：新亞洲文教基金會，1990）。

楊逢泰，《蔣中正先生與中國統一》（台北：黎明出版社，1991）。

楊渡,《穿梭兩岸的密使：兩岸關係密使1949-1980》（台北：
　　平氏出版社,1995）。

楊開煌,《縱論兩岸尋雙贏》（台北：歷史智庫出版社,
　　1996）。

楊開煌,《談判策略研究：與中共談判》（台北：冠志出版
　　社,1994）。

經緯（編）,《台灣問題的由來和前景》（北京：北京週報出
　　版社,1987）。

經濟部,《兩岸食品工業互動關係之研究》（台北：經濟部,
　　1994）。

經濟部,《兩岸高科技紡織業發展現況、發展策略及互動關係
　　之研究》（台北：經濟部,1994）。

葉明德,《一九九七過渡與台港關係》（台北：業強出版社,
　　1996）。

葉明德,《兩岸三地的政治》（台北：永然文化出版公司,
　　1996）。

葛劍雄,《統一與分裂：中國歷史的啓示》（北京：三聯書
　　店,1994）。

葛劍雄,《普天之下：統一分裂與中國政治》（台北：萬象出
　　版社,1993）。

詹中原,《九七後台港大陸關係之探討》（台北：中華民國團
　　結自強協會,1997）。

雷飛龍、華力進,《海峽兩岸四十年》（台北：革命實踐研究
　　院,1994）。

廖光生,《兩岸經貿互動的隱憂與生機》（台北：允晨出版

社，1995）。

臧士俊，《戰後日、中、台三角關係》（台北：前衛出版社，
　　1997）。

趙一龍，《大決戰的前夜：兩岸軍力對比》（台北：新視野出
　　版社，1996）。

趙先運，《大陸情勢與兩岸關係》（台北：世界自由民主聯盟
　　中華民國總會，1992）。

趙建民，《兩岸互動與外交競逐》（台北：永業出版社，
　　1994）。

趙炳霖，《兩岸經貿交流之法律理論與實務》（台北：永然文
　　化出版公司，1992）。

劉蓬春，《台灣地區入出境管理與兩岸關係的探討》（台北：
　　海基會，1992）。

德國統一經驗和台海兩岸關係展望研討會，《德國統一經驗和
　　台海兩岸關係展望研討會論文集》（德國：旅德中華社會
　　科學研究會，1992）。

潘錫堂，《中共外交與兩岸關係：兼論國際變局、蘇聯轉型與
　　國家發展》（台北：五南出版社，1994）。

蔣永敬，《國民革命與中國統一運動》（台北：正中出版社，
　　1977）。

蔡政文，《一九九七台灣新契機》（台北：國家發展基金會，
　　1995）。

蔡政文、吳榮義、林碧炤、林嘉誠，《我國對外政策及行動取
　　向》（台北：國家政策出版，1991）。

蔡政文、林嘉誠，《台海兩岸政治關係》（台北：張榮發基金

會國家政策研究中心，1989）。

鄭志明，《兩岸宗教交流之現況與展望》（嘉義：南華管理學院宗教文化研究中心，1997）。

鄭欽仁，《追尋自我定位的台灣》（台北：稻香出版社，1991）。

蕭全政，《劇變中的亞太與兩岸關係》（台北：業強出版社，1996）。

賴建國，《台灣主體意識發展與對兩岸關係之影響》（台北：賴建國，1997）。

謝仁和（編），《我國漁民生計與兩岸關係從一九九五年聯合國新海洋漁業公約談起》（台北：國家發展研究文教基金會，1996）。

謝正一，《一個中國與統獨大戰》（台北：環宇出版社，1995）。

鍾廣興，《解決中國問題與中國統一的途徑》（台北：海外出版社，1982）。

簡澤源，《崛起中的經濟金三角：中國大陸、香港、台灣》（台北：永業出版社，1994）。

蘇起、張良任（編），《兩岸文化交流：理念、歷程與展望》（台北：行政院大陸委員會，1996）。

龔鵬程，《兩岸文教交流現況與展望》（台北：行政院大陸委員會，1992）。

外文書目

Barnett, A. Doak, *The FX Decision: "Another Crucial*

Moment" in U.S.-China-Taiwan Relations (Washington, D.C.: Brookings Institution, 1981).

Chang, Parris H., Martin L. Lasater, *If China Crosses the Taiwan Strait: the International Response* (Lanham: University Press of America; University Park, Pa,: Center for East Asian Studies, Pennsylvania State University, 1993).

Chen, Lee-in, *The Economic Reunion of Taiwan and the Mainland China: The Impact on Industrial Development* (Taipei: Chung Hua Institute for Economic Research, 1992).

Cheng, Tun-jen, Chi Hunag, Samuel S.G Wu, *Inherited Rivalry: Conflict Across the Taiwan Strait* (Boulder, Colo.: Lynne Rienner Publishers, 1995).

Chiu, Hungdah, *China and the Question of Taiwan: Documents and Analysis* (New York: Praeger, 1973).

Chiu, Hungdah, *China and the Taiwan Issue* (New York: Praeger Publishers, 1979).

Downen, Robert L., *To Bridge the Taiwan Strait: The Complexities of China's Reunification* (Washington, D.C. The Council for Social and Economic Studies, 1984).

Hartland-Thunberg, Penelope, *China, Hong Kong, Taiwan and the World Trading System* (Houndmails, Basingstoke, Hampshire: Macmillan Professional and Academic, 1990).

Hook, Brian, Fujian: *Gateway to Taiwan* (Hong Kong, New York: Oxford University Press, 1996).

Hsing, You-tien, *Making Capitalism in China: The Taiwan Connection* (New York: Oxford University Press, 1997).

Khanna, Jane, *Southern China, Hong Kong, and Taiwan: Evolution of a Subregional Economy* (Washington, D.C.: Center for Strategic & International Studies, 1995).

Lee, Lai To, *The Reunification of China: PRC-Taiwan Relations in Flux* (New York: Praeger, 1991).

Leng, Tse-kang, *The Taiwan-China Connection: Democracy and Development across the Taiwan Straits* (Boulder, Colo.: Westview Press, 1996).

Lin, Bih-jaw, *Forces for Changes in Contomporary China* (Taipei: Institute of International Relations, National Chengchi University, 1992).

Merrill House Conference, *Republic of China in International Perspective* (New York: Carnegie Council on Ethics and International Affairs, 1993).

Sanford, Dan C, *The Future Association of Taiwan with the People's Republic of China* (Berkeley: Institute of East Asian Studies, University of California, Berkeley, Center for Chinese Studies, 1981).

Shaw, Yu-ming, *ROC-U.S. Relations: A Decade After the "Shanghai Communique"* (Taipei: Asian and World Institute, 1983).

Shih, Chih-yu, *Reform, Identity, and Chinese Foreign Policy* (Taipei: Vanguard Foundation, 1998).

Tsang, Steve Yui-Sang, *In the Shadow of China: Political Development in Taiwan Since 1949* (Honolulu: University of Haiwaii Press, 1993).

Wang, Yu-san, *Foreign Policy of the Republic of China on Taiwan: An Unorthodox Approach* (New York: Praeger, 1990).

Wu, Hsin-Hsing, *Bridging the Strait: Taiwan, China, and the Prospects for Reunification* (Hong Kong; New York: Oxford University Press, 1994).

兩岸關係概論

揚智叢刊 30

著　　者/石之瑜

出　版　者/揚智文化事業股份有限公司

發　行　人/葉忠賢

責任編輯/賴筱彌

登　記　證/局版北市業字第 1117 號

地　　　址/台北市新生南路三段 88 號 5 樓之 6

電　　　話/886-2-23660309　23660313

傳　　　眞/886-2-23660310

郵政劃撥/14534976

印　　　刷/偉勵彩色印刷股份有限公司

法律顧問/北辰著作權事務所　蕭雄淋律師

初版二刷/2001 年 5 月

定　　　價/新台幣 450 元

ISBN /957-8446-78-0

網址：http：//www.ycrc.com.tw

E-mail：tn605541@ms6.tisnet.net.tw

國家圖書館出版品預行編目資料

兩岸關係概論 ＝ On cross-Taiwan strait relations
/ 石之瑜著. -- 初版. -- 臺北市：
揚智文化，1998[民 87]
面；　公分. -- （揚智叢刊；30 ）
參考書目：面
ISBN 957-8446-78-0 （平裝）

1.兩岸關係

573.09　　　　　　　　　　87006100

創意的兩岸關係

Creative Discourses across the Taiwan Strait

　　兩岸關係的起起伏伏，又每況愈下，癥結在於人們濃郁的對抗心態。這種心態根深蒂固，反映早年帝國主義在中國的文化工程。要走出中國人彼此相蔑相輕的困境，必須靠感情、運氣與創意，用想像不到的角度中和看似不可妥協的立場，使人們釋懷於冷冰冰的抽象原則，享受純真、率性做人。

出版：揚智文化事業股份有限公司

著者：石之瑜

定價：新台幣 200 元整

開數：25K

新書預告

後現代教育
Post-modern Education

　　本書試圖帶領讀者在眾多有關後現代教育的文獻中，作一考察旅行。對於後現代教育的來龍去脈、課程觀、教學論和教育管理觀等，書中均有詳細之論述，為關心教育問題以及欲一窺後現代教育圖景之人士，提供了最佳的視角和參照。

出版：揚智文化事業股份有限公司

著者：張文軍

定價：200 元

開數：25K